Fontes Christiani

HIERONYMUS
ANMERKUNGEN ZUM PSALTER

FONTES CHRISTIANI

Zweisprachige Neuausgabe christlicher Quellentexte
aus Altertum und Mittelalter

Im Auftrag der Görres-Gesellschaft

herausgegeben von
Siegmar Döpp, Franz Dünzl,
Wilhelm Geerlings, Gisbert Greshake,
Rainer Ilgner, Roland Kany, Rudolf Schieffer

Band 79

HIERONYMUS
ANMERKUNGEN ZUM PSALTER

LATEINISCH
DEUTSCH

TURNHOUT
BREPOLS PUBLISHERS
2005

HIERONYMUS

COMMENTARIOLI IN PSALMOS

ANMERKUNGEN ZUM PSALTER

ÜBERSETZT UND EINGELEITET
VON
SIEGFRIED RISSE

TURNHOUT
BREPOLS PUBLISHERS
2005

Abdruck des lateinischen Textes nach G. Morin (CCL 72)

Fontes-Redaktion:
Silke Floryszczak, Melanie Kurek, Horst Schneider

Bibliografische Information der Deutschen Bibliothek

Die Deutsche Bibliothek verzeichnet diese Publikation in der Deutschen Nationalbibliografie; detaillierte bibliografische Daten sind im Internet unter <http:/dnb.ddb.de> abrufbar

Umschlagbild: Marmorplatte eines Lesepults,
Ravenna, S. Apollinare Nuovo, 6. Jh.

Satz: Arbeitsstelle Fontes Christiani, Bochum
Herstellung: Grafikon – Ter Roye, Oostkamp, 2005
D/2005/0095/74
ISBN 2-503-52155-X gebunden
ISBN 2-503-52154-1 kartoniert

INHALTSVERZEICHNIS

Einleitung

Text und Übersetzung

Anhang

EINLEITUNG

I. Überblick über die Arbeiten des Hieronymus zu den Psalmen[1]

Die *Commentarioli* des Hieronymus bieten durch ihre kurzgefassten Erklärungen eine gute Möglichkeit, sich mit dem Psalmenverständnis der Väterzeit vertraut zu machen. Ein Reiz dieser Psalmenerklärung besteht gerade darin, dass sie nur aus kurzen Notizen besteht. Dadurch verlangt sie vom Leser mehr eigenes Nachdenken als die ausführlicheren Kommentare. Der Leser wird nicht am Text der Psalmen entlang geführt, sondern er wird jeweils an eine bestimmte Stelle gesetzt und muss sich mit Hilfe der kurzen Notiz den Kontext erschließen.

1. Psalterrevisionen nach der Septuaginta und das Psalterium secundum Hebraeos

Eine der großen Leistungen des Hieronymus sind seine Bemühungen um eine bessere Übersetzung der Heiligen Schrift in die lateinische Sprache. Vom Psalter – dem in der Liturgie der Kirche eine große Bedeutung zukommt — erstellte er im Laufe seines Lebens drei lateinische Fassungen.

[1] Die Zählung der Psalmen folgt in diesem Band abweichend von der üblichen Vorgehensweise der Septuaginta, da Hieronymus diese den *Commentarioli* zugrunde legt. Eine Tabelle veranschaulicht die unterschiedlichen Zählungen nach dem hebräischen Text, der *Vulgata* und der *Septuaginta*, unten 24. Alle anderen Bibelstellen werden nach der modernen Zählung angegeben.

Eine erste Verbesserung des lateinischen Psalters hat Hieronymus[2] 384 in Rom vorgenommen.[3] Diese Überarbeitung geschah auf der Grundlage einer nichthexaplarischen Version der Septuaginta.[4] Lange Zeit sah man irrtümlich im *Psalterium Romanum*[5] das Ergebnis dieser Überarbeitung. Diese erste Psalterrevision des Hieronymus ist für die vorliegende Untersuchung von grundlegender Bedeutung, denn – wie De Bruyne nachgewiesen hat – wird dieser Psaltertext in den *Commentarioli* zitiert und ausgelegt.[6]

Nachdem Hieronymus sich 386 in Betlehem niedergelassen hatte, erstellte er circa 389 eine zweite lateinische Fassung des Psalters. Dieses Mal legte er die Septuagintaversion aus der Hexapla des Origenes zu Grunde. Das Ergebnis dieser Überarbeitung, das so genannte *Psalterium Gallicanum*, wurde Teil der Vulgata.[7]

Von 390 an griff Hieronymus bei seinen Übersetzungen der Bücher des Alten Testaments direkt auf den hebräischen Text zurück. Diese Übersetzungen gingen in die Vulgata ein, mit Ausnahme des Psalters. Die Übersetzung des Psalters aus dem Hebräischen, das *Psalterium secundum Hebraeos*[8], war von den vertrauten Fassungen des Psalters so verschieden, dass es sich im liturgischen Gebrauch nicht durchsetzen konnte und daher auch nicht in die Vulgata aufgenommen wurde.

---

[2] Zur Orientierung über das Leben des Hieronymus sei die Kurzbiographie bei FÜRST, *Hieronymus* 145–147, empfohlen.

[3] Vgl. *praef. Vulg. psalm.* (767 WEBER/GRYSON): „Vor langer Zeit, als ich in Rom lebte, habe ich den Psalter revidiert und ihn, wenn auch in Eile, zu einem großen Teil nach der Septuaginta verbessert."

[4] Zu *Septuaginta* und *Hexapla* siehe FÜRST, *Hieronymus* 91–100.

[5] DE BRUYNE, *Le Problème* 101–114.

[6] DE BRUYNE, *Le Problème* 114–122.

[7] Nach DE BRUYNE, *Le Problème* 119, ist die erste Psalterrevision des Hieronymus der zweiten in mancher Hinsicht überlegen. Zur Vulgata siehe SCHULZ–FLÜGEL, *Vulgata* 726f.

[8] Vgl. MARKS, *Der textkritische Wert* 147f.

2. *Psalmenhomilien*

In *De viris illustribus*, verfasst 392/393, nennt Hieronymus unter seinen bis dahin erschienenen Werken auch „sieben Traktate zu den Psalmen, vom zehnten bis sechzehnten".[9] Dieses Psalmenwerk ist verloren gegangen. Aber möglicherweise sind daraus die Erklärungen zu Ps 10 und 15 in der zweiten Reihe der *Tractatus* erhalten.[10]

Die *Tractatus sive Homiliae in Psalmos* veröffentlichte Morin 1897 (zu 59 Psalmen) und 1903 (zu 14 Psalmen) unter dem Namen des Hieronymus.[11] 1980 stellte Peri die These auf, dass Hieronymus hier nicht Verfasser, sondern Übersetzer sei.[12] Der eigentliche Verfasser dieser Homilien sei Origenes. Es spricht jedoch einiges dafür, dass es sich bei den *Tractatus* nicht um eine Übersetzung handelt, sondern um Homilien des Hieronymus, bei denen er vieles von Origenes übernommen hat.[13]

Die kurzen Erklärungen der *Commentarioli* werden in den *Tractatus* oft ausführlicher dargestellt, bisweilen auch geändert; in mancherlei Hinsicht ergänzen sich beide Psalmenauslegungen. Hieronymus hat die Homilien zu den Psalmen in Betlehem gehalten. In seiner Streitschrift gegen Rufin aus dem Jahr 401/402 erwähnt Hieronymus, dass er täglich in der Versammlung der Brüder die Heilige Schrift nach der Septuaginta erklärte.[14]

---

[9] *Vir. ill.* 135 (232 CERESA-GASTALDO).

[10] Siehe MORIN, *Études* 289–293. PEASE, *Notes* 107–131, stellt in seiner Stil-Analyse fest, dass die *Tractatus* zu Ps 10 und 15 (ebenso wie die *Commentarioli*) schriftlich verfasste, gelehrte Werke sind im Gegensatz zu den anderen Traktaten beider Reihen, die offenbar beim mündlichen Vortrag vor einfacheren Zuhörern mitgeschrieben wurden.

[11] Nachdruck in: *tract. in psalm.* (CCL 78,1–446).

[12] PERI, *Omelie*.

[13] Gegen die These von PERI argumentiert JAY, *Les Tractatus*. Siehe auch CROUZEL/BRÉSAR, *Introduction* 12f.

[14] *Adv. Rufin.* 2,24 (SCh 303,170). Über das Leben in den Klöstern des Hieronymus und der PAULA in Betlehem siehe KRUMEICH, *Feminae clarissimae* 108–111.

3. *Psalmenerklärungen in den Briefen*

Wie in anderen Werken des Hieronymus so werden auch in den Briefen einzelne Psalmstellen erklärt.[15] Hervorgehoben seien hier die Briefe, die kleine Monographien über ein Psalmenthema sind. So ist ein Brief an Marcella[16] aus dem Jahr 384 eine monographische Erklärung des Wortes SELA, das Hieronymus in den *Commentarioli* viel kürzer erklärt.[17] In einem weiteren Brief an Marcella[18], wahrscheinlich ebenfalls aus dem Jahr 384, untersucht er die Bedeutung von zwei Ausdrücken in Ps 126: *panem doloris* (‚Brot des Kummers') und *filii excussorum* (‚Söhne der Hinausgestoßenen'). Auch in diesem Fall ist die entsprechende Erklärung in den *Commentarioli* wesentlich kürzer. Ein Brief an Paula[19] aus dem gleichen Jahr ist eine Abhandlung über die mystische Bedeutung des Alphabets und die alphabetischen Psalmen. Zu diesem Thema äußert sich Hieronymus auch in den *Commentarioli* mehrmals.[20]

Ausführlichen Monographien gleichen auch zwei Briefe aus späterer Zeit: Zunächst der möglicherweise fiktive[21] Brief an die Goten Sunnia und Fretela[22], der etwa zwischen 404 und 410 entstand. Er ist eine detaillierte Untersuchung

---

[15] Über die Psalmenerklärungen, die in den Briefen aus der Zeit um 384 und in den *Commentarioli* in gleicher Weise vorkommen und nach der Ansicht des Verfassers sehr wahrscheinlich auf ORIGENES zurückgehen, siehe NAUTIN, *Origène* 284–288.

[16] *Epist.* 28 (CSEL 54,227–232). Zu MARCELLA siehe FÜRST, *Hieronymus* 190f.

[17] Siehe *in psalm.* 4,3b, unten 82–85; 9,17c, unten 102f, und Einleitung, unten 64f.

[18] *Epist.* 34 (CSEL 54,259–264). Eine eingehende Analyse dieses Briefs findet sich bei CONRING, *Briefschreiber* 142–170.

[19] *Epist.* 30 (CSEL 54,243–249). Zu PAULA siehe FÜRST, *Hieronymus* 200f.

[20] Vgl. Einleitung, unten 36f.

[21] DE BRUYNE, *La lettre* 1–13, hält ihn für fiktiv. Dem widerspricht ZEILLER, *La lettre* 238–250.

[22] *Epist.* 106 (CSEL 55,247–289).

über abweichende Lesarten in verschiedenen Ausgaben des Psalters.

Eine Erklärung des Psalms 44 ist der Brief an Principia.[23] Und die wohl letzte Schrift des Hieronymus, in der er sich mit den Psalmen befasst, ist ein Brief vielleicht aus den Jahren 414/415 an einen Presbyter Cyprianus.[24] Dieser Brief ist eine Erklärung des Psalms 89. In beiden Briefen erklärt Hieronymus den jeweiligen Psalm Vers für Vers.

Für die Frage, wer die vertraute Person ist, an die sich Hieronymus in der Vorrede zu den *Commentarioli* wendet, sind die Briefe besonders interessant, in denen Hieronymus sich darauf bezieht, wie er und Frauen aus seinem Kreis – vor allem Marcella und Paula – sich gemeinsam mit den Psalmen beschäftigt haben und wie dabei der Wunsch an ihn herangetragen wurde, eine Erklärung zu den jeweiligen Psalmenthemen auch schriftlich zu geben.

In einem Brief an Marcella aus dem Jahr 384 schreibt Hieronymus: „Heute morgen, um die dritte Tagesstunde etwa, hatten wir angefangen, den zweiundsiebzigsten Psalm, den ersten Psalm des dritten Buches, zusammen zu lesen. Ich glaubte mich verpflichtet, darauf aufmerksam zu machen, dass seine Überschrift teilweise zum Ende des zweiten Buches gehört, während nur das letzte Stück den Anfang des dritten Buches bildet. Die Worte: ‚Es endigen die Lieder Davids, des Sohnes Jesses', sind der Abschluß des zweiten Buches, während das folgende Buch mit den Worten: ‚Ein Psalm Asafs' beginnt. Wir waren gerade zu der Stelle gelangt, an welcher der Gerechte spricht: ‚Ich dachte bei mir selbst: Wenn ich so rede, dann habe ich das Geschlecht deiner Kinder verworfen', eine Stelle, die in den lateinischen Handschriften einen anderen Wortlaut hat."[25]

---

23 *Epist.* 65 (CSEL 54,616–647). Zu PRINCIPIA siehe FÜRST, *Hieronymus* 208.

24 *Epist.* 140 (CSEL 56,269–289). Zum Presbyter CYPRIANUS FÜRST, *Hieronymus* 166.

25 *Epist.* 23,1 (CSEL 54,211 f; Übersetzung: 2,8 SCHADE).

Die Erklärung, die Hieronymus hier erwähnt, findet sich auch in den *Commentarioli*.

Auch in einem anderen Brief an Marcella aus dem gleichen Jahr schreibt Hieronymus wieder von gemeinsamen Lesen der Psalmen und von Marcellas dringender Bitte, das Thema schriftlich auszuführen.[26] Die Bitte erfüllt Hieronymus mit diesem Brief. Er beginnt ihn mit den Worten: „Als ich den neunzigsten Psalm las, hatte ich an der Stelle, wo es heißt: ‚Wer in der Obhut des Allerhöchsten wohnt, im Schutz des Himmelsgottes weilt', gesagt, dass bei den Hebräern für ‚Himmelsgott' ‚Schaddai' steht, welches Aquila mit ἱκανόν übersetzt, was wir als ‚stark' und ‚mächtig zu allen Taten' verstehen können, und dass dies einer der zehn Namen ist, mit denen bei ihnen Gott angerufen wird. Da hast du sofort auf das Eifrigste gefordert, dass ich dir alle Namen mit ihrer Bedeutung zusammenstelle".[27]

Ebenfalls in dem schon oben angesprochenen Brief an Paula erwähnt Hieronymus eine ähnliche Situation, indem er den Anlass für diesen Brief beschreibt: „Es ist drei Tage her, dass ich versuchte, dir den hundertachtzehnten Psalm zu erschließen, und sagte, dass jede moralische Weisung darin enthalten ist ... da hast du dich auf das Eifrigste erkundigt, was die hebräischen Buchstaben sagen wollen, die dem Psalm, den wir lasen, eingefügt schienen ... Mehrmals hast du dringend verlangt, dass ich dir die Bedeutung der einzelnen Buchstaben darlege. Ich sagte: Einverstanden! Aber weil wegen des Elends der Sprache alles dem Gedächtnis entgleitet, was wir gesagt haben, wünschst du, dass ein *commentariolum* erstellt werde, damit durch Nachlesen das Vergessen behoben werden kann, wenn du in irgendeinem Punkte vielleicht unsicher wirst".[28]

---

[26] Vgl. den Text in *epist.* 25,1 (CSEL 54,218): *legens ... studiosissime postulasti* mit dem Prolog der *Commentarioli: legeremus ... studiose et sedule postulasti*, siehe unten 68f.

[27] *Epist.* 25,1 (CSEL 54,218).

[28] *Epist.* 30,1f (CSEL 54,243f).

4. Die Commentarioli in Psalmos

a) Anlass

In der Vorrede berichtet Hieronymus, wie es zu den *Commentarioli* gekommen ist. Er spricht in dieser Vorrede jemanden an, mit dem er sich sehr verbunden fühlt. Gemeinsam mit dieser vertrauten Person hatte er eine kurze Psalmenerklärung des Origenes[29] gelesen, welche dieser selbst *Enchiridion*[30] genannt habe. Beiden war diese Psalmenerklärung zu kurz und knapp. Die vertraute Person habe ihn dann nachdrücklich aufgefordert, eine erweiterte Psalmenerklärung zu verfassen. Morin vermutet, dass es Rufinus sein könnte[31], mit dem Hieronymus in seinen frühen Jahren befreundet, ab 393 jedoch durch den origenistischen Streit verfeindet war. Aber schon zur Zeit der Abfassung der *Commentarioli* war die Beziehung zwischen beiden wohl nicht mehr so eng.[32] Wahrscheinlicher ist, dass es sich bei dieser vertrauen Person um eine der Frauen handelt, die zum Kreis des Hieronymus gehörten und denen er den Psalter erklärt hat.[33] Diese Annahme wird gestützt durch die oben zitierten Briefe.[34] Ergänzend dazu sei noch ein Brief an Paula aus dem Jahr 389 erwähnt, in dem Hieronymus schreibt, dass Paula und ihre Tochter Blesilla darin

---

29 Zu ORIGENES (um 185–253/254) siehe VOGT, *Origenes* 528–536; *Origenes, Origenismus* 1131–1135.

30 Dieses *Enchiridion* ist wie die meisten Werke des ORIGENES nicht erhalten. Von dessen umfangreichem Werk zu den Psalmen sind nur noch die Predigten zu den Pss 36–38 in lateinischer Übersetzung vorhanden (*sel. in Ps.* [SCh 411]), abgesehen von dem, was in Katenen und in Werken von nachfolgenden Exegeten wie zum Beispiel Hieronymus mit oder ohne Namensnennung überliefert wurde. Vgl. DEVREESSE, *Commentateurs grecs* 1–88.

31 MORIN, *Hieronymus* 171. Siehe auch GRÜTZMACHER, *Hieronymus* 3,22. Anders NAUTIN, *Origène* 282: „Jérôme écrit à un ami ou une amie".

32 Zu RUFIN VON AQUILEIA siehe FÜRST, *Hieronymus* 209–211.

33 Zu diesen Frauen siehe FÜRST, *Hieronymus* 52–55.

34 Siehe Einleitung, oben 11f.

wetteiferten, die hebräischen Psalmen (offensichtlich unter Anleitung des Hieronymus) zu lernen und zu singen.[35]

Diese Vermutung wird auch gestützt durch die These von De Bruyne, Hieronymus habe seine erste Psalterrevision, deren Text den *Commentarioli* zu Grunde liegt, für Marcella und Paula erstellt.[36]

b) Intention

In seiner Vorrede legt Hieronymus weiterhin dar, welche Art von Psalmenerklärung er beabsichtigt. Der Form nach soll es keine Homilie und auch kein ausführlicher Kommentar sein, sondern Notizen oder Anmerkungen zu einigen Psalmstellen. Er nennt dieses Werk „einen kurzgefassten kleinen Kommentar"[37]. Damit bleibt er bei der Form, die auch das *Enchiridion* des Origenes schon hatte. Ziel des Hieronymus ist es, die zu knappen Erklärungen des *Enchiridion* zu erweitern, vor allem aus dem, was Origenes in seinen Homilien und Kommentaren über die Psalmen geschrieben hat.[38]

c) Der zugrundeliegende lateinische Text

Morin stellte fest, dass der Psaltertext der *Commentarioli* mit keiner der beiden Psalterrevisionen, die Hieronymus nach der Septuaginta vorgenommen hat, übereinstimmt. (Morin sah noch im *Psalterium Romanum* die erste Psalterrevision des Hieronymus.) Er überließ es jedoch ‚Kundigeren', herauszufinden, woher der Psaltertext der *Commentarioli* stammt.[39]

---

[35] *Epist.* 39,1 (CSEL 54,294). Vgl. auch *epist.* 121,26 (CSEL 55,34f).
[36] De Bruyne, *Le Problème* 124f.
[37] *In psalm. prol.*: *angustum commentariolum*, unten 68f; vgl. Einleitung, unten 23.
[38] Vgl. Einleitung, unten 29f; siehe Geerlings, *Lateinisch-patristische Kommentare*; Fuhrer, *Kommentar* 437–439.
[39] Morin, *Hieronymus* 172.

Wie bereits erwähnt, wurde dieses Problem 1930 von De Bruyne gelöst. Er fasst das Ergebnis seiner Untersuchungen zusammen: „le premier psautier de Jérôme est celui qu'il cite dans ses lettres écrites à Rome et dans ses Commentarioli rédigés au début de son séjour en Palestine.“[40]

Abgesehen von den Zitaten in den *Commentarioli* und einigen Briefen, ist die erste Psalterrevision des Hieronymus nicht mehr erhalten.[41] Der Psaltertext der *Commentarioli* ist daher von besonderem Interesse.

d) Zeit der Entstehung

Hieronymus erwähnt zu Ps 1,4[42], dass er in der Bibliothek von Caesarea die Hexapla eingesehen habe. Falls diese Angabe des Hieronymus wörtlich zu nehmen ist[43], dann geschah dieser Besuch in Caesarea entweder 385 auf seiner Reise durch Palästina oder wahrscheinlicher, erst nachdem er sich 386 in Betlehem niedergelassen hatte. In den *Commentarioli* legt Hieronymus den Text seiner ersten Psalterrevision zu Grunde und nicht den der zweiten von circa 388. Wäre die zweite Psalterrevision zur Zeit der Abfassung der *Commentarioli* schon vorhanden gewesen, hätte Hieronymus doch wohl diese kommentiert. Aus diesen beiden Beobachtungen kann man ableiten, dass die *Commentarioli* in den Jahren 386 bis 388 entstanden sind.[44]

e) Der einzige Hinweis des Hieronymus auf seine *Commentarioli*

Hieronymus hat nur einmal die *Commentarioli* erwähnt, und zwar 401 in seiner *Apologia contra Rufinum*. Es geht an

---

[40] De Bruyne, *Le Problème* 125.

[41] Siehe Einleitung, oben 8.

[42] *In psalm.* 1,4, unten 74f. Vgl. auch *in psalm.* 4,8, unten 84f.

[43] Vgl. die kritischen Äußerungen von Nautin, *Origène* 326–332.

[44] Zu einem ähnlichen Ergebnis kommt auch Swete, *Jerome* 433f. Morin, *Hieronymus* 172, und Fürst, *Hieronymus* 301, geben als Entstehungszeit ‚vor 393‘ an.

der Stelle um die Übersetzung von Ps 2,12a. Der Text zeigt, wie Hieronymus bei der Übersetzung einer schwierigen Stelle vorgeht.

„Er soll auch dies bekritteln, dass ich in der Übersetzung des zweiten Psalms für das, was wir im Lateinischen lesen ‚Nehmet Zucht an' und wofür in der hebräischen Buchrolle NESCU BAR steht, in meinen *Commentarioli* ‚Betet den Sohn an' gesagt habe; und dass ich andererseits bei der Übersetzung des ganzen Psalters ins Lateinische[45] – als ob ich meine alte Übersetzung vergessen hätte – dafür ‚Betet in Reinheit an' gesetzt habe. Es ist natürlich allen klar, dass dies einander widerspricht. – Und das muss man ihm wirklich verzeihen, wenn er die Wahrheit der hebräischen Sprache[46] nicht kennt, er, der bisweilen sogar im Lateinischen unsicher ist. NESCU, um es wörtlich zu übersetzen, heißt ‚küsst'. Da ich nicht geschmacklos übersetzen wollte, habe ich mehr nach dem Sinn übersetzt: ‚Betet an'. Denn die Anbetenden pflegen die Hand zu küssen und den Kopf zu verneigen, was der selige Ijob, wie er sagt, vor den Elementen und den Götzenbildern nie getan hat: ‚Wenn ich die Sonne in ihrem Glanz sah und den Mond leuchtend dahinwandeln, wurde dann mein Herz verlockt und habe ich dann meine Hand mit meinem Mund geküsst? Das ist größter Frevel und Ablehnung gegen Gott, den Allerhöchsten' (Ijob 31,26–28 Vg.). Und die Hebräer setzen entsprechend ihrem Sprachgebrauch ‚Küssen' für ‚Verehren'. Ich habe so übersetzt, wie die es verstehen, deren Wort es ist. BAR aber bezeichnet bei ihnen Verschiedenes. Es bedeutet nämlich ‚Sohn' ... auch ‚Weizen' und ‚Garbe' und ‚erwählt' und ‚rein'. Was habe ich also Schlimmes getan, wenn ich das mehrdeutige Wort verschieden

---

[45] Gemeint ist das *psalt. sec. Hebr.*

[46] Zu ‚Wahrheit des Hebräischen' siehe FÜRST, *Hieronymus* 102–106. Der Ausdruck *hebraea veritas* findet sich *in psalm.* 16,14de, unten 110f. Häufiger noch spricht Hieronymus von der *Hebraica veritas*.

übersetzt habe, und nachdem ich in den *Commentarioli*, wo man die Freiheit hat, etwas ausführlich zu erörtern, ‚Betet den Sohn an' gesagt hatte, in der eigentlichen Psalterübersetzung aber, um nicht als gewaltsamer Übersetzer zu erscheinen und den Juden keine Gelegenheit zur Krittelei zu bieten, ‚Betet in Reinheit an' oder ‚in auserlesener Weise' gesagt habe? So haben auch Aquila und Symmachus[47] übersetzt. Was schadet es dem kirchlichen Glauben, wenn der Leser belehrt wird, auf wie viele Weisen ein Vers bei den Hebräern erklärt wird?"[48]

Bis auf diesen Fall scheint es Hieronymus vermieden zu haben, seinen kleinen Psalmenkommentar zu erwähnen. In der Aufzählung seiner Werke in *De viris illustribus* (392/93) ist er nicht genannt. Den Grund dafür sieht Morin in dem Streit um Origenes.[49] Hieronymus habe sich nicht mehr dazu bekennen wollen, dass er in den *Commentarioli* weitgehend Origenes wiedergibt und sogar fragwürdige Lehren dieses Exegeten unkritisch erwähnt. De Bruyne wendet dagegen ein, dass aus solchem Grund Hieronymus den größten Teil seiner Kommentare und seine Übersetzungen der Homilien des Origenes hätte verschweigen müssen.[50] De Bruyne weist darauf hin, dass Hieronymus auch seine erste Psalterrevision, die er in den *Commentarioli* benutzt, später verschwiegen hat. Hieronymus sei es darauf angekommen, die zweite Psalterrevision, die auf der hexaplarischen Septuaginta beruht, herauszustellen und zur Geltung zu bringen. Dass wir heute kein Manuskript von der ersten Psalterrevision mehr haben, sei die Schuld des Hieronymus, der dafür sorgte, dass diese verschwinden sollte. Damit diese erste Psalterrevision in Vergessenheit

---

47 Zu AQUILA und SYMMACHUS vgl. Einleitung, unten 30.
48 *Adv. Rufin.* 1,19 (CCL 79,19).
49 MORIN, *Hieronymus* 172f.
50 Vgl. DE BRUYNE, *Le Problème* 122f.

gerate, hat Hieronymus nach De Bruyne auch die *Commentarioli* bis auf das eine Mal verschwiegen.

f) Der Titel

Von den Handschriften, die der Ausgabe Morins zu Grunde liegen, hat eine die Überschrift *Enchiridion* (Handbuch), die anderen *Excerptum* oder *Excerpta de Psalterio*.[51] Den Ausdruck *excerpta* erklärt Hieronymus in der Vorrede zu einem von ihm übersetzten Werk des Origenes. Er weist darauf hin, dass es bei Origenes drei Gattungen von Werken zur Bibel gibt: Anmerkungen, Homilien und Kommentare.[52] Zu der ersten Gattung schreibt er: „Erstens *excerpta*, was griechisch σχόλια heißt, darin berührt er summarisch und kurz, was ihm unklar und irgendwie schwierig erschien".[53]

Hieronymus selbst nennt sein Werk in der Vorrede *commentariolum* (‚kleiner Kommentar') und in seiner Apologie gegen Rufinus[54] spricht er von *commentarioli* (‚kurze Erklärungen'). *Excerpta* und *commentarioli* bedeuten im Wesentlichen das Gleiche und können mit ‚Glossen', ‚kurze Erklärungen' oder ‚Anmerkungen' übersetzt werden.

g) Zur Arbeitsweise des Hieronymus

Die Eigentümlichkeiten der *Commentarioli* lassen sich besser verstehen, wenn man sich die Arbeitsweise des Hieronymus vor Augen führt. Hieronymus äußert sich an mehreren Stellen über Anlaß und Arbeitsweise seiner exegetischen Schriften. Viele Bücher der Bibel kommentierte er für Freunde und Bekannte, die nach einem Kommentar aus seiner Feder verlangten. Da er selber nicht in der Lage war zu schreiben, war er auf Schreiber angewiesen, die

---

[51] MORIN, *Hieronymus* 172f.
[52] Vgl. die Aufzählung der Psalmenerklärungen des ORIGENES, Einleitung, unten 29.
[53] *Hom. Orig. in Ezech. praef.* (SCh 352,30–32).
[54] Siehe Einleitung, oben 16f.

natürlich bezahlt werden mussten. Für die Kosten kamen wohl meist die Auftraggeber oder reiche Gönner auf. So schreibt er in der Vorrede zum dritten Buch des Galater–Kommentars: „Dazu kommt, dass ich wegen meiner schlechten Augen und meiner allgemeinen Körperschwäche nicht selber schreiben kann. Ich kann auch nicht, wie man es von Vergil erzählt –, der seine Bücher leckte wie eine Bärin ihre Jungen –, meine Schwerfälligkeit im Formulieren durch sorgfältiges Feilen ausgleichen. Ich bin auf einen Schreiber angewiesen, dem ich diktiere, was mir auf die Lippen kommt. Und wenn ich einen Augenblick nachdenken möchte, um einen besseren Ausdruck zu finden, spüre ich den Vorwurf, den er mir schweigend macht: Er trommelt mit den Fingern, zieht die Brauen hoch und gibt mir durch seine ganze Haltung zu verstehen, dass er für nichts und wieder nichts dasitzt.“[55]

Nach dem Diktieren folgt normalerweise das Durchlesen und Verbessern des Manuskripts. In seinem Kommentar zu Sacharja beklagt sich Hieronymus darüber, dass er keine Zeit mehr hatte, das Manuskript zu verbessern. Der Mönch Sisinnius, der den Kommentar seinem Bischof in Toulouse überbringen sollte, drängte darauf, abreisen zu können. Hieronymus schreibt zu Beginn des dritten Buches: „Der Bruder Sisinnius drängt mich, ihm einfach die Rohfassung zu überlassen, so daß ich nicht nur zum Verbessern, sondern sogar zum Durchlesen keine Zeit habe.“[56]

Im Prolog des dritten Buches des Amos-Kommentars[57] schreibt Hieronymus, er habe nun mit Gottes Hilfe die Kommentierung der zwölf (kleinen) Propheten abgeschlossen. Allerdings habe er sie nicht entsprechend der üblichen Reihenfolge systematisch kommentiert, vom

---

[55] *In Gal.* 3, praef. (PL 26,427; Übersetzung: STEINMANN, *Hieronymus* 173f).

[56] *In Zach.* 3, praef. (CCL 76A, 848; Übersetzung: STEINMANN, *Hieronymus* 290).

[57] Siehe *in Am.* 3, praef. (CCL 76,300).

ersten bis zum letzten, sondern so, wie er konnte, bzw. wie man einen Kommentar von ihm verlangte. Schließlich meint Hieronymus, der ja auf Grund seiner schlechten körperlichen Verfassung nicht selbst schreiben konnte, dass er seine Freude zum Risiko durch die Schnelligkeit, mit der er diktiere, offen zur Schau gestellt habe. Denn das, was andere sich nicht trauten, zu schreiben, weil sie – Zeichen ihrer Skrupulösität – den Griffel hin- und herwendeten, das überlasse er einfach dem Zufall. Der Zufall folge ja immer den Diktierenden und schaffe in Verbindung mit Genialität und Gelehrsamkeit ein Produkt des Wagemuts. Außerdem komme es bei der Erklärung der Heiligen Schrift nicht auf den rhetorischen Schmuck und die stilistische Vollkommenheit an, sondern vielmehr auf Gelehrtheit und die einfache Wahrheit.

Aus diesen Gegebenheiten erklären sich dann einige Ungereimtheiten in den Kommentaren. So läßt er in den *Commentarioli* manche Fragen, die sich bei der Exegese ergeben, einfach unbeantwortet.

Zum Beispiel zu Ps 50,7b („In Sünden empfing mich meine Mutter") sagt Hieronymus ausdrücklich, dass ihm der Text Schwierigkeiten bereitet: „Diese Stelle ist dunkel und muss noch tiefer überdacht werden".[58] Die weitere Bemühung um den Text überlässt Hieronymus allerdings dem Leser.[59]

Zu Ps 88,38[60] („Und sein Sitz ist wie die Sonne vor mir und wie der Mond, welcher für ewig geschaffen und ein zuverlässiger Zeuge am Himmel ist") stellt Hieronymus eine Frage, ohne sie zu beantworten: Wieso bleibt der Thron Davids oder der Thron Christi so lange wie Sonne und Mond bestehen? Das sei doch weder in dem einen oder dem anderen Fall leicht zu verstehen. Was David angeht, so ist

---

[58] *In psalm.* 50,7b, 148f.

[59] Vgl. Einleitung, unten 25f.

[60] *In psalm.* 88,38, unten 182f.

sein Thron, seine Dynastie, schon lange erloschen. Was Christus angeht, so wird in Mk 13,24–26 bzw. Mt 24,29f berichtet, dass Sonne und Mond aufhören zu scheinen, wenn am Ende der Zeiten der Menschensohn zum Gericht kommen wird. Die gleiche Frage („Wie ist das von Christus zu verstehen?") stellt Hieronymus auch zu Ps 71,5 und lässt sie auch hier unbeantwortet.

Im Kommentar zu Ps 3,1 versucht Hieronymus — etwas künstlich — die nicht in chronologischer Abfolge nacheinander stehenden Psalmen[61] durch eine moralische Exegese in einen logischen Zusammenhang zu bringen. Die in der Überschrift genannte Situation („Psalm Davids, als er floh vor Abschalom, seinem Sohn") weist auf eine spätere Zeit im Leben Davids hin, als für manche der folgenden Psalmen angegeben ist. Warum steht dieser Psalm vor anderen Psalmen, die früheren Zeiten Davids zugeordnet sind? Hieronymus erklärt das damit, dass David uns die Reihenfolge der Prüfungen lehren will. Üblicherweise stehe zuerst Tadel und Strafe wegen der Sünde und später Lob und Anerkennung wegen der Tugend. Im Leben Davids sei aber die Reihenfolge umgekehrt: Bei der Verfolgung durch Saul (vgl. Ps 17; 51; 53; 56; 58) habe er sich ehrenvoll verhalten und werde dafür gelobt; die spätere Flucht vor seinem aufständischen Sohn Abschalom (vgl. Ps 3) gelte als Strafe wegen des Mordes an Urija — hier werde er getadelt und bestraft. Hieronymus meint nun, David habe im Psalter das in seinem Leben Spätere (Tadel und Strafe) vor das in seinem Leben Frühere (Lob und Anerkennung) gesetzt, um uns so die richtige bzw. „moralische"

---

[61] Vgl. *in psalm.* 3,1, unten 78–81. Schon ORIGENES hat sich mit diesem Problem befasst. Er bietet zwei andere Lösungsversuche an: Die Abfolge der betreffenden Psalmen weist auf Grund der Zahlensymbolik eine Ordnung höherer Art auf. Oder: Die ungeordnete Abfolge geht auf die redaktionelle Tätigkeit des ESRA und anderer Gelehrten zurück, welche die Psalmen nach zufälligen Gesichtspunkten angeordnet haben. Siehe dazu NEUSCHÄFER, *Origenes* 75f.

Reihenfolge zu lehren. Man darf annehmen, daß Hieronymus mit dieser Lösung ganz zufrieden war, so daß er wieder weiter diktieren konnte.

Manchmal interpretiert Hieronymus einen Vers absolut, ohne auf den Zusammenhang zu achten. So schreibt er zu Ps 31,6b („Doch in der Flut vieler Wasser – zu ihm werden sie nicht gelangen"): „Ohne Bedrängnisse, sagt er, die gewissermaßen mit überschwemmenden Wassern verglichen werden, werden die Heiligen nicht zu Gott gelangen können; denn ‚wer aushält bis zum Ende, der wird gerettet sein' (Mk 13,13)".[62] Der Text sagt jedoch eigentlich: Zu ihm (*sc.* dem in Vers 6a genannten Heiligen) werden die Wasserfluten nicht gelangen (*sc.* und ihn nicht verschlingen).

Mitunter führt Hieronymus seine Exegese nicht zu Ende bzw. deutet das, was er meint, nur an. So schreibt er im Kommentar zu Ps 126,5a: „Da er die Pfeile voranschickte, um sie mit den Heiligen zu vergleichen, so fügte er sachgemäß nun den Köcher an, der mit Pfeilen zu füllen ist."[63] Was unter dem Köcher zu verstehen ist und wer der Mann ist, der in Vers 5 selig gepriesen wird, weil er seinen Köcher mit Pfeilen gefüllt hat, das herauszufinden, überlässt Hieronymus den Lesern. Das Diktiertempo hatte ihn möglicherweise also schon wieder weitergeführt. In einem Brief an Marcella führt er für diese Stelle unter anderem die Deutung an, es seien „die Apostel, die ... unter dem Bild der Pfeile von der Hand des Herrn gehalten werden".[64]

---

62 *In psalm.* 31,6b, unten 132f.
63 *In psalm.* 126,5a, unten 218f.
64 *Epist.* 34,4 (CSEL 54,264).

II. Form und Merkmale der Commentarioli in Psalmos

1. Erklärung durch kurze Anmerkungen

Wie Hieronymus in seiner Vorrede ausführt, war es nicht seine Absicht, einen ausführlichen Psalmenkommentar zu schreiben, sondern es sollte ein „kurzgefasster kleiner Kommentar“[65] sein, der mehr knappe Hinweise, als ausführliche Erklärungen böte. Diese Hinweise sollten aber von solcher Art sein, dass man mit ihrer Hilfe auch diejenigen Teile des Psalters verstehen kann, die nicht eigens erläutert werden. Hieronymus vergleicht seine Aufgabe mit dem der Kartographen.[66] Wie diese die Lage von Ländern und Städten auf einer kleinen Tafel darstellen und damit einen Überblick über ausgedehnte Gebiete geben, so sollen die kurzen Anmerkungen einen Überblick über den gesamten Psalter geben.

2. Die Psalmzitate

a) Die Zählung der Psalmen

Die Psalmen werden hier gezählt wie in der LXX und Vulgata. Den Unterschied zur hebräischen und heute üblichen Zählung zeigt folgende Tabelle[67]:

---

[65] *In psalm.* prol.: *angustum commentariolum*, unten 68f.

[66] Diesen Vergleich benutzt Hieronymus auch in *epist.* 73,5 (CSEL 55,17) und *epist.* 123,13 (CSEL 56/1,87).

[67] Zur besseren Orientierung wurde schon in der CCL-Ausgabe die Verszählung beigefügt. In dieser Ausgabe wird außerdem durch Buchstaben angegeben, welche Versteile im Text zitiert sind.

Hebräisch	Septuaginta / Vulgata
1–8	1–8
9/10	9
11–113	10–112
114/115	113
116,1–9	114
116,10–19	115
117–146	116–145
147,1–11	146
147,12–20	147
148–150	148–150

b) Die Auswahl der Psalmzitate in den *Commentarioli*

Die *Commentarioli in Psalmos* sind kein fortlaufender Kommentar zum ganzen Psalter. Die Psalmen sind zwar der Reihe nach mit erklärenden Anmerkungen versehen; dabei werden aber fünfundzwanzig Psalmen übersprungen und sind ohne jede Erklärung.[68] Hieronymus zitiert jeweils Versteile oder ganze Verse (selten mehr) und fügt daran eine oder mehrere Erklärungen in Form kurzer Notizen oder Glossen an. Bei wenigen Psalmen wird mehr oder weniger der ganze Text erklärt, bei den meisten aber nur wenige Vers(teil)e oder nur ein einziger.

Die Erklärungen beziehen sich oft nicht nur auf die zitierten Worte, sondern auch auf den näheren oder weiteren Kontext. An einigen Stellen macht Hieronymus das deutlich, indem er an das Psalmenzitat *et cetera* bzw. *et reliqua*[69] („und so weiter") anfügt. Aber meist setzt er die Kenntnis

---

[68] Ohne jede Erklärung sind Pss 12; 42; 45f; 49; 52 (= Ps 13) – 54; 56; 60; 63; 69f; 78; 91; 127; 129f; 137; 141f; 147–150.

[69] *Et cetera* findet sich *in psalm.* 30,21, unten 132f; 93,9a, unten 184–185. *Et reliqua* ist belegt *in psalm.* 138,8, unten 228f; 145,2d.3, unten 234f.

des vorhergehenden oder nachfolgenden Textes einfach voraus.

3. *Die erklärenden Anmerkungen*

Des öfteren gibt Hieronymus nicht nur eine Erklärung, sondern zwei oder mehrere, die er mit *aliter* (‚anders', ‚eine andere Auffassung' oder ‚Erklärung'), *alii* (‚andere') oder mit *aut* oder *vel* (‚oder') aneinander reiht. Manchmal sind die Erklärungen im Telegrammstil verfasst.

Als Beispiel seien die Erläuterungen zu Ps 1,1a genannt.[70] Zunächst wird das Fehlen einer Überschrift erklärt: „Einige sagen", weil dieser Psalm selbst eine Vorrede ist, brauche er keine Überschrift; „andere sagen", auf den ersten Psalm als Anfang des Psalters eigens hinzuweisen, sei eine unnötige Verdoppelung. Die nächste, mit „anders" angefügte Erklärung informiert darüber, dass von einigen Textzeugen Ps 1 und 2 als ein einziger Psalm aufgefasst werden; diese Zusammengehörigkeit sei auch angedeutet durch die Seligpreisungen, die die beiden Psalmen am Anfang und Ende einschließen. Bei den drei folgenden, jeweils mit „anders" eingeleiteten Anmerkungen geht es um die Frage, auf welchen „Mann" sich der Psalm bezieht: Er kann erstens vom ethischen Verhalten, zweitens von seinem religiösen Glauben her bestimmt und drittens mit Tertullian auf eine konkrete Person, nämlich Josef von Arimathäa, oder auf diejenigen, welche nicht zu den Schauspielen gehen, bezogen werden.

An einigen Stellen wird deutlich, dass die Anmerkungen zu eigenem Weiterdenken anregen sollen. So fordert Hieronymus zum Beispiel in der Anmerkung zu Ps 26,1a und 81,1bc den Leser ausdrücklich zu eigenem Überlegen auf und bei Ps 62,2b zur näheren Beschreibung des Sachverhaltes.[71] In den Erklärungen zu Ps 103,6b.7a und 106,10

---

[70] Siehe *in psalm.* 1,1a unten 70f.

[71] Siehe *in psalm.* 26,1a, unten 126f; 81,1bc, unten 172f; 62,2b, unten 154f.

weist er auf die allegorische Bedeutung der Stellen hin, überlässt es aber dem Leser, diese Bedeutung selbst zu finden. Ebenso setzt er im Kommentar zu Ps 88,1 voraus, dass der Leser die „notwendige Einsicht“ selbst findet.[72]

Bei den Psalmen, bei denen Hieronymus nur einen Vers mit einer Erklärung versehen hat, kann man fragen, ob er in diesem Vers den oder einen Schlüssel zum Verständnis des ganzen Psalms gesehen hat. Das könnte zutreffen etwa bei den Pss 38; 41; 48; 63; 82.

III. Der hebräische Text als maßgebliche Grundlage

Wie oben dargelegt[73], zitiert Hieronymus in den *Commentarioli* den Psalmtext nach seiner ersten Psalterrevision. Diesen lateinischen Text erklärt er; er tut dies aber mit Blick auf den hebräischen Text. An manchen Stellen wirken die *Commentarioli* wie eine Vorarbeit für seine Psalterübersetzung nach dem Hebräischen. Eine Reihe von Korrekturen, die Hieronymus auf Grund des Hebräischen in den *Commentarioli* anmerkt, gehen in diese Psalterübersetzung ein.[74]

---

[72] Siehe *in psalm.* 103,6b.7a, unten 192f; 106,10, unten 198f; 88,1, unten 180f.

[73] Siehe Einleitung, oben 8 und 14f.

[74] Siehe *in psalm.* 1,4ab, unten 74f; 3,8a, unten 80–83; 4,8, unten 84f; 7,10c.11a, unten 96–99; 8,6a, unten 100f; 9,1a.12b.17c, unten 100–103; 13,3c.5b, unten 106f; 18,6a, unten 112f; 21,2ab.3.17a, unten 120–123; 23,9a, unten 124f; 26,1a, unten 126f; 36,38b, unten 140f; 44,10b, unten 146f; 55,1, unten 148–151; 76,1a.11a, unten 168f; 87,11, unten 178f; 89,9c.12, unten 182f; 90,10b, unten 184f; 92, unten 184f; 99,3b, unten 190f; 105,48b, unten 198f; 114,9, unten 208f; 119,4, unten 212f; 123,5a, unten 214f; 124,5ab, unten 216f; 125,1c, unten 216f; 126,2c.5a, unten 216–219; 128,4, unten 218f; 131,2a, unten 218f; 133,1d, unten 220–223; 134,4, unten 222f; 136,8a, unten 226f; 138,11, unten 228f; 140,7, unten 230–233.

Dass der hebräische Text für ihn der ‚wahre' Psaltertext ist, zeigt er in der Erklärung zu Ps 16, 14de, wo er von der *Hebraea veritas* (die ‚Wahrheit des Hebräischen') spricht.[75] Dies wird auch deutlich durch seine Bemerkung zu Ps 93: „Auch dieser hat bei den Hebräern keine Überschrift; daher ist es überflüssig, sich über den Titel auseinanderzusetzen".[76]

An zahlreichen weiteren Stellen bezieht sich Hieronymus auf den hebräischen Text. Nicht nur zu Ps 93 erwähnt er, dass im Hebräischen keine Überschrift überliefert ist, sondern auch zu Ps 95 (die gleiche Bemerkung zu Ps 97 trifft allerdings für den masoretischen Text nicht zu)[77]; ferner stellt er fest, dass bestimmte Worte der Übersetzung im Hebräischen keine Entsprechung haben.[78] Er vermerkt, dass dort ein Wort oder eine Wendung mit anderer Bedeutung steht, dabei nennt er oft das hebräische Wort; auch wo ein bekannter hebräischer Ausdruck — wie Amen, Halleluja, Hosanna — ins Lateinische übersetzt ist, zitiert er die

---

75 *In psalm.* 16, 14de, unten 110f. Zu den Hebräischkenntnissen des Hieronymus und zu seiner Wertschätzung und Verteidigung der *Hebraica* oder *Hebraea veritas* siehe FÜRST, *Hieronymus* 76–79 und 102–114; REBENICH, *Vir trilinguis* 50–77.

76 *In psalm.* 93, unten 184–187.

77 Siehe *in psalm.* 93, unten 184–187; 95, unten 186f; 97, unten 188f.

78 Siehe *in psalm.* Ps 1, 4a.b, unten 74f; 4, 8, unten 84f; 13, 3c.5b, unten 106f; 26, 1a, unten 126f; 44, 10b, unten 146f; 105, 48b, unten 198f; 133, 1d, unten 220–223; 144, unten 232–235.

hebräische Form.[79] An manchen Stellen weist er darauf hin, dass das Hebräische mehrdeutig ist[80] oder wegen der Ähnlichkeit der Buchstaben verschieden gelesen werden kann[81], dass im Hebräischen eine andere Satzteilung vorliegt[82] oder ein anderer Kasus[83]. Mehrmals geht Hieronymus auf hebräische Namen ein.[84] Nur in einzelnen Fällen sind die Hinweise auf das Hebräische nicht ganz korrekt[85] oder weisen auf einen anderen hebräischen Text hin als den masoretischen.

Hieronymus berücksichtigt das Hebräische jedoch nicht immer. Zum Beispiel deutet er das *pueri* in Ps 112,1b im

---

[79] Siehe *in psalm.* 1,1c, unten 70–73; NESCU BAR: *in psalm.* 2,12ab, unten 78f; LEHI: *in psalm.* 3,8ab, unten 80–83; RACHA: *in psalm.* 7,5b, unten 96f; iod, he, vav, he: *in psalm.* 7,12b, unten 98f; 8,2a, unten 98f; ELOIM: *in psalm.* 8,6a, unten 100f; *in psalm.* 9,1, unten 100f; 9,12b, unten 102f; 16,14de, unten 110f; 18,6a, unten 112f; 19,10, unten 116f; 20,13b, unten 118f; 21,1a, unten 120f; BASAN: *in psalm.* 21,13b, unten 122f; CALABIN: *in psalm.* 21,17a, unten 122f; SABAOTH: *in psalm.* 23,9a, unten 124f; 23,10b, unten 124f; ZOTH: *in psalm.* 26,4a, unten 126f; 36,38b, unten 140f; *amen, amen*: *in psalm.* 40,14, unten 144f; 44,1a, unten 144–147; *in psalm.* 55,1, unten 148–151; *in psalm.* 71,20, unten 164f; *in psalm.* 76,1a, unten 169f; SADDAI: *in psalm.* 90,1c, unten 184f; *in psalm.* 99,3b, unten 190f; *satan*: *in psalm.* 108,6b, unten 200f; *in psalm.* 114,9, unten 208f; KIVZHB: *in psalm.* 115,2, unten 208f; *alleluia*: *in psalm.* 116,1a, unten 210f; OSIANNA: *in psalm.* 117,25a, unten 210f; *in psalm.* 119,4, unten 212f; *in psalm.* 123,5a, unten 214f; *in psalm.* 124,3ab, unten 216f; *in psalm.* 126,5a, unten 218f; *in psalm.* 128,4, unten 218f; *in psalm.* 131,1bc.2a, unten 218f; *in psalm.* 131,15, unten 220f; NAZER: *in psalm.* 131,18b, unten 220f; SUGULLA: *in psalm.* 134,4, unten 222f; ALLELUIA: *in psalm.* 138,11, unten 228f; *in psalm.* 146,1bc, unten 234f; *in psalm.* 59,2b, unten 152f.

[80] *In psalm.* 87, unten 178f.

[81] *In psalm.* 109,7, unten 204f.

[82] *In psalm.* 7,10c.11a, unten 96–99.

[83] *In psalm.* 136,8a, unten 226f.

[84] Siehe dazu Einleitung, unten 34f. Die Korrekturen und Erläuterungen, die Hieronymus auf Grund des hebräischen Textes zum griechischen und damit auch zum lateinischen Psalmen-Text gegeben hat, sind aufgelistet bei SWETE, *St. Jerome* 427–430.

[85] Zum Beispiel *in psalm.* 28,6a, unten 130f; *in psalm.* 51,2b, unten 148f; 103,6a, unten 192f.

Kommentar als ‚Kinder': „Lobet, ihr Kinder, den Herrn." Das hebräische Wort bedeutet jedoch ‚Knechte'. Während er sich in den *Commentarioli* noch von dem Wort Jesu: „Habt ihr nie gelesen: Aus dem Munde der Unmündigen und Säuglinge hast du dir Lob bereitet?" (Mt 21, 16) bestimmen lässt, übersetzt er es dann aber im *Psalterium secundum Hebraeos* mit *servi*.

IV. Von Hieronymus benutzte Quellen

1. *Origenes*

Als seine Hauptquelle für die *Commentarioli* nennt Hieronymus in der Vorrede die Schriften des Origenes (um 185–253/254). Dessen *Enchiridion* erwähnt er als Anstoß und Ausgangspunkt.[86] Neben dem *Enchiridion* will Hieronymus jedoch auch anderes, „was jener in Kommentaren und Homilien auseinandergesetzt hat", für seine Erklärungen heranziehen. In einem Brief an Paula vermutlich aus dem Jahr 384 führt Hieronymus die zahlreichen Werke des Origenes auf[87]; darunter Kommentare zu verschiedenen Psalmen[88], Homilien[89] sowie *Excerpta* zu einzelnen Psalmen[90] und zum ganzen Psalter.[91] Letzteres wird das *Enchiridion* sein.[92] Der größte Teil der *Commentarioli* dürfte auf

[86] Vgl. Einleitung, oben 13f.

[87] Siehe NAUTIN, *Origène* 227–241.

[88] Kommentare zu Pss 1–16; 20; 24; 29; 38; 40; 43–46; 50–53; 57–59, 62–65; 68; 70f; 103.

[89] Homilien zu Pss 3f; 8; 12f; 15f; 18; 22–27; 36–39; 49; 51f; 54; 67; 71–77; 79–85; 87; 108; 110; 118; 120–125; 127–129; 131–135; 137–139; 144–147; 149; zu einigen Psalmen mehrere Homilien, insgesamt 132.

[90] *Excerpta* zu den Pss 1–15.

[91] *Epist.* 33,4 (CSEL 54,255–258).

[92] So auch MORIN, *Hieronymus* 177, mit Berufung auf HARNACK, *Geschichte* 1,356, der sich wiederum auf REDEPENNING, *Schriften des Origenes* 74, bezieht. Siehe auch NAUTIN, *Origène* 259.282–284.

Origenes zurückgehen. Im Kommentar selbst nennt er ihn aber namentlich nur zu Ps 2,5a als Zeugen für eine bestimmte Auslegung.[93] Zwei weitere Male wird Origenes als der Urheber der *Hexapla* namentlich genannt.[94]

2. *Die Hexapla*

In der Erklärung zu Ps 1,4[95] hebt Hieronymus hervor, dass er selbst die *Hexapla* des Origenes in Caesarea eingesehen habe. Die *Hexapla* (‚die Sechsfache') des Origenes war eine Bibelausgabe in sechs Spalten. In der ersten Spalte stand der hebräische Text, dessen Umschrift in griechischen Buchstaben in der zweiten Spalte, die sehr wörtliche Übersetzung des Aquila in der dritten, die um gutes Griechisch bemühte Übertragung des Symmachus in der vierten, die von Origenes überarbeitete Septuaginta in der fünften und die Version des Theodotion in der sechsten Spalte. Im Psalter kamen noch bis zu drei weitere Übersetzungen hinzu. Hieronymus nennt sie die Fünfte, Sechste und Siebte Edition.[96] Die *Hexapla* mit ihren verschiedenen Übersetzungen ist die Quelle, die Hieronymus am häufigsten nennt. Aquila und Symmachus nennt er jeweils 26-mal, die Siebzig (*sc.* Übersetzer) 17-mal, Theodotion 6-mal, die Fünfte 8-mal, die Sechste 5-mal.[97]

---

[93] *In psalm.* 2,5a, unten 76–79.

[94] *In psalm.* 1,4, unten 74f, und 4,8, unten 85f.

[95] *In psalm.* 1,4, unten 74f; vgl. auch *in psalm.* 4,8, unten 85f.

[96] Zur *Hexapla* und ihren Übersetzungen siehe FÜRST, *Hieronymus* 94–100.

[97] Ein Verzeichnis der von Hieronymus angeführten Zitate aus der *Hexapla* findet sich bei MORIN, *Hieronymus (AMar)* 105–108. Siehe auch das Verzeichnis bei SWETE, *St. Jerome* 430–433.

3. Andere namentlich genannte Autoren

Namentlich erwähnt Hieronymus nur wenige andere Autoren, deren Bücher er benutzt hat. Dies sind in der Erklärung zu Ps 1, 1 a Tertullian (circa 160–220) mit seinem Buch über die Schauspiele (*De spectaculis*), zu Ps 2,5 Laktanz (circa 250–325) mit dem Buch über den Zorn Gottes (*De ira Dei*) und zu Ps 105, 19 und Ps 118 Josephus Flavius (37/38 bis nach 100) mit seinen Büchern über die jüdischen Altertümer (*Antiquitates Judaicae*).

4. Weitere Quellen

Sehr häufig nennt Hieronymus die Autoren, auf die er sich bezieht, nicht namentlich[98], sondern spricht von *quidam* (‚einige', 14-mal) oder *plerique* (‚die meisten', 3-mal), *multi* (‚viele', 2-mal), *alii* (‚andere', 1-mal), *inquiunt* (‚man sagt', 1-mal). Oft handelt es sich dabei um Meinungen, die Hieronymus nicht teilt und denen er seine eigene Auffassung entgegensetzt. An wenigen Stellen bezeichnet er die andere Deutung ausdrücklich als *mendaciter* (‚trügerischerweise'), *per errorem* (‚irrtümlich') oder *male* (‚schlecht', ‚unglücklich').[99] In anderen Fällen setzt er seine eigene Erklärung mit *melius* (‚besser'), *potius* (‚eher')[100] oder ohne solche Kennzeichnung dagegen. In der Erklärung zu Ps 7, 1 spricht Hieronymus von *eruditissimi viri* (‚hochgebildete Männer'), deren Meinung, der Psalm sei gegen Abschalom und nicht gegen Saul verfasst, er ausdrücklich widerspricht.[101] Die von

---

[98] In einem Brief an AUGUSTINUS nennt Hieronymus eine Reihe griechischer und lateinischer Autoren mit Namen, die den Psalter erklärt haben; siehe *epist.* 112, 20 (FC 41/1, 220–223).

[99] *In psalm.* 32, 15, unten 134f; 44, 9b, unten 146f; 77, 66, unten 170f; 103, 6a, unten 192f.

[100] *In psalm.* 34, 15, unten 136f; 98, 5b, unten 188f; *in psalm.* 110, unten 204.

[101] Siehe *in psalm.* 7, 1, unten 94–97.

Hieronymus abgelehnte Auffassung findet sich bei Eusebius von Caesarea[102], Athanasius von Alexandrien[103], Basilius[104], Johannes Chrysostomus[105], Cyrill von Alexandrien[106]. Hieronymus könnte deren Kommentare oder wenigstens einige davon gekannt haben.

V. Mittel und Methoden der Psalmenauslegung in den Commentarioli

1. Die Heilige Schrift mit der Heiligen Schrift erklären

Häufig erklärt Hieronymus[107] in den *Commentarioli* eine Psalmstelle mit mehreren anderen oder auch nur einer anderen Stelle der Heiligen Schrift.[108]

Zum Beispiel besteht der Kommentar zu Ps 1,6a („Denn der Herr kennt den Weg der Gerechten") aus einer Aneinanderreihung von verschiedenen Bibelstellen: „Nichts anderes kennt der Herr, als was seiner Beachtung würdig ist. ‚Der Herr kennt ja die, welche sein sind' (2 Tim 2,19). Und: ‚Wenn jemand nicht erkennt, der wird auch nicht erkannt werden' (1 Kor 14,38). Und zu den Sündern heißt es: ‚Weichet von mir, ihr Übeltäter, ich kenne euch nicht' (Lk 13,27). Der Weg der Gerechten aber ist der, so glaube ich, der sagt: ‚Ich bin der Weg' (Joh 14,6). Von dem auch der Prophet sagt: ‚Schauet, welches der gute Weg ist' (Jer 6,16)."[109]

---

[102] Eusebius von Caesarea, *In psalm.* 7,2f (PG 23,121).
[103] Athanasius von Alexandrien, *Exp. Ps.* 7,1 (PG 27,77).
[104] Basilius von Caesarea, *Hom. in Ps.* 7,1 (PG 29,229).
[105] Johannes Chrysotomus, *Exp. in Ps.* 7,1 (PG 55,80f).
[106] Cyrill von Alexandrien, *Ps.* 7,1 (PG 69,748).
[107] Eine übersichtliche Darstellung der Exegese des Hieronymus bietet Conring, *Briefschreiber* 150–153.
[108] Es handelt sich um ein paganes Prinzip, das Eingang in die christliche Exegese fand. Vgl. Neuschäfer, *Origenes* 276–285.
[109] *In psalm.* 1,6a, unten 74f.

2. *Worterklärungen*

Worterklärungen gibt Hieronymus zum Beispiel zu Ps 108,6b, wo er auf das hebräische Wort ‚Satan' (übersetzt als ‚Widersacher') hinweist und das lateinische *diabolus* als griechisches Wort mit der Bedeutung ‚Verleumder' erklärt.[110] Im Kommentar zu Ps 135,23a differenziert er die Bedeutung von *humilitas*, das hier nicht *mansuetudo* (‚Sanftmut') bedeute, sondern *angustia* (‚Bedrängnis').[111] In der Erklärung zu Ps 146,1bc erläutert er, dass Halleluja ‚Lobet Jah' bedeutet und ‚Jah' „einer von den zehn Namen Gottes" ist.[112] Bei der Erläuterung von Ps 96,10a weist er darauf hin, dass *malum* etwas Böses oder den Bösen, das heißt den Teufel, bezeichnen kann und beides zu bedenken ist.[113]

3. *Zahlensymbolik*

An zwei Stellen benutzt Hieronymus die Zahlensymbolik für seine Auslegung. Beide Male geht es vor allem um die Zahl Acht. Diese Zahl bezeichnet für ihn das Geheimnis der Auferstehung, das Geheimnis des Heils, der Rettung aus Unheil oder Sünde. Dafür gibt er mehrere biblische Beispiele an.[114] Die Acht und die Achtzig stehen ihm zufolge auch für das Geheimnis der Kirche; und in der Zahl Dreiundachtzig sieht Hieronymus einen Hinweis darauf, „dass in der Dreifaltigkeit das Geheimnis der Auferstehung und der Kirche enthalten ist".[115] In der Erklärung zu Ps 6,1 schreibt er, dass die Acht in der Zahl Sechs enthalten sei. Die Bedeutung der Zahl Sechs setzt er hier als bekannt voraus. Die

---

110 *In psalm.* 108,6b , unten 200f.
111 *In* psalm. 135, 23a, unten 224f.
112 *In psalm.* 146,1bc, unten 234f.
113 *In psalm.* 96,10a, unten 188f.
114 *In psalm.* 6,1, unten 88–91.
115 *In psalm.* 8,1, unten 98.

Sechs steht für die Welt, die nach Gen 1,1 – 2,4a in sechs Tagen erschaffen wurde.[116] Das Heil, die Kirche (die Acht), ist in der Welt (die Sechs).

4. Berücksichtigung unterschiedlicher Übersetzungen

Wenn ein Wort oder ein Ausdruck des Hebräischen in den Übersetzungen der *Hexapla* verschieden wiedergegeben wird, berücksichtigt Hieronymus dies für seine Auslegung. Zum Beispiel weist er zu Ps 4,3b darauf hin, dass das hebräische SELA von der Septuaginta, von Symmachus und Theodotion mit *diapsalma* (etwa ‚Zwischengesang'), von Aquila dagegen mit *semper* (‚immer') übersetzt wird. Seine Erklärung benutzt beide Übersetzungen: SELA könnte eine musikalische Anweisung sein oder es solle die Fortdauer dessen anzeigen, was davor gesagt wurde. Wo immer das Wort SELA stehe, beziehe sich „das Folgende oder das Vorhergehende nicht so sehr auf die gegenwärtige Zeit, sondern auf die ewige".[117] Hieronymus überlässt allerdings die Deutung der Übersetzungen manchmal dem Leser.

5. Übersetzung hebräischer Namen

Für seine Auslegung nutzt Hieronymus auch die Bedeutung der Namen.[118] In der Erläuterung zu Ps 67,15b („Durch Schnee werden sie weiß werden auf dem Zalmon")

---

[116] *In psalm.* 6,1, unten 88–91. Hieronymus schreibt *in Ezech.* 41,1f (CCL 75,588) bezüglich der Zahl Sechs: „Sie enthält das Geheimnis aller Kreaturen — in sechs Tagen nämlich wurde die Welt erschaffen". Siehe auch MEYER/SUNTRUP, *Zahlenbedeutungen* 442–479.565–580.

[117] *In psalm.* 4,3b, unten 82–85; vgl. auch *in psalm.* 9,17c, unten 102f. Ausführlicher erklärt Hieronymus das SELA in *epist.* 28 (CSEL 54,227–232); siehe Einleitung, oben 10. In seinem *Psalterium secundum Hebraeos* übersetzt er es jeweils mit ‚immer'. Weitere Beispiele, wo Hieronymus andere Übersetzungen heranzieht: *in psalm.* 1,3ab, unten 72f; 88,11a, unten 181f; 88,20a, unten 181f; 89,9c, unten 182f.

[118] Vgl. MARTI, *Übersetzer* 111–113.

erklärt er: „‚Zalmon‘, der Name eines Berges, kann mit ‚Schatten‘ übersetzt werden.“ Er bezieht diesen Satz dann auf die Apostel und Vorsteher der Kirche, denen Christus nicht volles Licht, volle Einsicht in die Mysterien Gottes gibt, sondern gewissermaßen nur Schatten bzw. schattenhafte Erkenntnis.[119] Zu den Völkernamen in Ps 59,8–10 und der Parallelstelle 107,8–10 schreibt Hieronymus, dass die Bedeutung dieser Namen auf die Tugenden der bekehrten Heidenvölker bzw. der Kirche zu beziehen ist.[120] Er überlässt dabei dem Leser, nach der Bedeutung dieser Namen an anderer Stelle zu suchen. Der findet sie etwa in seinem *Liber interpretationis Hebraicorum nominum*.[121]

6. Bemerkungen zur Einteilung des Psalters

Hieronymus schenkt der Einteilung des Psalters in fünf Bücher große Aufmerksamkeit. Am Ende des ersten Buches erklärt er das abschließende ‚Amen‘ (lateinisch *fiat*) und gibt für alle fünf Bücher an, welche Psalmen sie jeweils umfassen.[122] Auch auf das Ende des zweiten, dritten und

---

[119] *In psalm.* 67,15b, unten 158f. Für weitere Beispiele siehe *in psalm.* 13,1b, unten 104f; 35,13b, unten 138f; 47,8, unten 146f; 67,23a.24, unten 158–161; 86,4a, unten 176–179; 88,11a, unten 180f; 132,3ab, unten 220f; 136,7a, unten 226f, vgl. auch 7,1, unten 94–97.

[120] Vgl. *in psalm.* 59,9a, unten 152f; 107,10b, unten 200f.

[121] „Buch der Übersetzung hebräischer Namen“ (*nom. Hebr.*). Zum Beispiel: EFRAIM = *frugifer sive crescens* (‚der Fruchtbare oder der Wachsende‘ [CCL 72,65]); GILEAD = *acervus testimonii sive transmigratio testimonii* (‚Fülle des Zeugnisses oder Weitergabe des Zeugnisses‘ [CCL 72,7]); JUDA = *laudatio sive confessio* (‚Lobpreis oder Bekenntnis‘ [CCL 72,67]); MANASSE = *oblitus vel necessitas* (‚Vergessen oder Notwendigkeit‘ [CCL 72,69]).

[122] *In psalm.* 40,14, unten 144f.

vierten Buches weist Hieronymus eigens hin und auf das jeweils abschließende doppelte oder einfache ‚Amen'.[123]

7. Erklärung von Psalmgruppen

a) Alphabetische Psalmen

An fünf Stellen geht Hieronymus auf die alphabetischen Psalmen ein. Er ist in seinen diesbezüglichen Anmerkungen nicht ganz konsequent. Zu Ps 110 führt er aus: „Dieser ist als erster nach der Reihenfolge der Buchstaben geschrieben, mögen auch viele meinen, dass der vierundzwanzigste und der sechsunddreißigste Psalm[124] im Hebräischen ebenfalls nach der Reihenfolge der Buchstaben geschrieben sind.[125] Aber in diesen fehlen entweder irgend welche Buchstaben oder sind überzählig; und während bisweilen ein Vers kurz ist, ist ein anderer in seiner maßlosen Länge zu groß.[126] Daher meine ich, das sei eher durch die Wahrnehmung der Lesenden als durch das Bestreben des Schreibers hervorgebracht. Schließlich wollten auch die siebzig Übersetzer, weil in ihnen sich irgend ein Bedenken regte, in der Übertragung nicht die hebräischen Buchstaben setzen."[127] In gewissem Gegensatz dazu stehen seine Bemerkungen zu Ps 27,8b (gehört zu Ps 24 oder 33) und 144, bei denen ein Buchstabe übergangen ist, die Hieronymus aber dennoch

---

[123] *In psalm* 71,20, unten 164f; *in psalm.* 88,1.53b, unten 180–183; *in psalm.* 105,48b, unten 198f. Erklärungen zu den fünf Büchern des Psalters gibt Hieronymus auch *in epist.* 26,4 (CSEL 54,222) und *epist.* 140,4 (CSEL 56/1,272).

[124] *In psalm.* 110, unten 204f. An anderer Stelle rechnet Hieronymus den Ps 36 jedoch zu den alphabetischen Psalmen; siehe *praef. Vulg. reg.* (364 WEBER/GRYSON; vgl. PL 28,596 mit Anm.).

[125] Vgl. *epist.* 30,3 (CSEL 54,245): „Es gibt einige, die meinen, auch andere (*sc.* Psalmen außer Pss 110f; 118; 144) beginnen in dieser Reihenfolge, aber ihre Meinung ist falsch."

[126] Das trifft auch auf den Ps 9 zu.

[127] Die LXX-Ausgabe von RAHLFS setzt nur in Ps 118 hebräische Buchstaben.

unter die alphabetischen Psalmen rechnet.[128] In den Erklärungen zu Ps 110f; 118 und 144 geht er auf die unterschiedliche Versgestaltung der alphabetischen Psalmen ein: In Ps 110 und 111 beginnt jeder Halbvers jeweils mit dem nächstfolgenden Buchstaben des hebräischen Alphabets, in Ps 144 jeder Vers und in Ps 118 gibt es für jeden Buchstaben eine Strophe von acht Versen, die alle mit dem gleichen Buchstaben beginnen.[129]

In den Anmerkungen zu den alphabetischen Psalmen 118 und 144, und nur hier, äußert sich Hieronymus auch über das Versmaß (*metrum*).[130]

Hieronymus sieht in der Reihenfolge oder Ordnung der Buchstaben (*ordo litterarum*) eine Entsprechung zur Ordnung des Lebens. Er nennt den Ps 111 deshalb einen „Ethik-Psalm, der uns gute Sitten lehrt und der durch elementare Anfänge weiterführt zu Größerem".[131] Ähnlich äußert er sich in einem Brief an Algasia aus dem Jahr 406: „Der hundertachtzehnte Psalm und alle anderen, die mit Buchstaben bezeichnet sind, führen uns durch das sittliche Handeln zur höheren Schau und lassen uns von den Anfangsgründen des tötenden Buchstabens, der zerstört wird, übergehen zum lebendigmachenden Geist".[132]

b) Stufenpsalmen

Die Psalmen 119 bis 133 haben im Hebräischen die Überschrift ‚Aufstiegslied' oder ‚Wallfahrtslied', in der Septuaginta und in den lateinischen Übersetzungen steht dafür

---

128 Siehe *in psalm.* 27,8b, unten 128f; 144, unten 232–235.

129 Siehe *in psalm.* 110, unten 204f; 111, unten 204–207; 118, unten 210f; 144, unten 232–235.

130 Vgl. *in psalm.* 118, unten 210f; 144, unten 232–235.

131 *In psalm.* 111, unten 204–207.

132 *Epist.* 121,10 (CSEL 56/1,50). Mit den alphabetischen Psalmen und der Bedeutung der hebräischen Buchstaben befasst sich Hieronymus ausführlich in einem Brief an PAULA (*epist.* 30 [CSEL 54, 243–249]) aus dem Jahr 384.

‚Stufenlied' (*canticum graduum*). Hieronymus schreibt dazu, dass schon andere die Stufenpsalmen ausführlich behandelt haben; deshalb sei es unnötig, hierzu noch kurze Anmerkungen zu machen. Er weist aber doch darauf hin, dass die Betenden in diesen Psalmen über mehrere Stufen fortschreiten, bis sie schließlich den Herrn in den Vorhöfen des Tempels preisen können.[133] Beim letzten Vers des letzten Stufenpsalms hebt Hieronymus hervor, dass der Vers als Segensspruch vom Zion her ein passendes Ende sei für den Stufengesang.[134]

In ähnlicher Weise deutet Hieronymus die Stufenpsalmen auch in anderen Werken. So erklärt er in seinem Kommentar zu Kohelet: „Und nach jenem Ethik-Psalm, das ist der hundertundachtzehnte, stehen die fünfzehn Stufenpsalmen, durch die wir zuerst über das Gesetz belehrt werden, und danach, nachdem die Zahl Sieben erfüllt ist (das heißt nach sieben Psalmen), steigen wir durch die Acht (das heißt die folgenden acht Psalmen) zum Evangelium hinauf."[135] Und in seinem Werk gegen Jovinianus schreibt er: „Was bedeutet es ... dass wir im Psalter nach den Anfangsgründen[136] des hundertachtzehnten Psalms, durch die wir über das mystische Alphabet belehrt werden, über fünfzehn Stufen bis dorthin gelangen, dass wir singen können: ‚Wohlan, nun preiset den Herrn, all ihr Knechte des Herrn, die ihr steht im Hause des Herrn, in den Vorhöfen im Haus unseres Gottes' (Ps 133,1)?".[137]

---

133 *In psalm.* 119, unten 210f; 122,1, unten 214f.
134 Vgl. *in psalm.* 133,3 unten 222f.
135 *In eccles.* 11,2 (CCL 72,344f).
136 Der lateinische Ausdruck *elementa* kann die Buchstaben des Alphabets bezeichnen, nach denen der Ps 118 gegliedert ist, und hier zugleich die Anfangsgründe eines gottgefälligen Lebens, die in diesem Psalm dargestellt werden.
137 *Adv. Iovin.* 2,34 (PL 23,346).

c) Halleluja-Psalmen

In der Erklärung zu Ps 104, 1a spricht Hieronymus ausführlich über die mit Halleluja versehenen Psalmen. Er weist darauf hin, dass Juden und Christen das Halleluja beim Beten der Psalmen verschieden gebrauchen: Die Juden singen das Halleluja nur bei den Psalmen, denen im Psalter ein Halleluja voran- oder nachgestellt ist; die Christen pflegen es unterschiedslos zu gebrauchen, selbst bei solchen Psalmen, zu denen das Halleluja inhaltlich nicht passt.[138]

Danach kommt er auf die Stellung des Halleluja im Psalter zu sprechen: Ein Psalm, an dessen Anfang ein Halleluja steht, hat auch eins am Ende.[139] Dieses Halleluja am Psalmende würde oft irrtümlich für den Anfang des folgenden Psalms gehalten; infolge dieses Irrtums finde man häufig zwei Halleluja am Anfang eines Psalms.

---

[138] *In psalm.* 104, 1a, unten 196f.

[139] Das trifft für den masoretischen Text in den meisten Fällen zu; an der zitierten Stelle aber steht im masoretischen Text das Halleluja statt am Anfang von Ps 105 (104 LXX/Vg.) am Ende von 104 (103 LXX/Vg.). Im *psalt. sec. Hebr.* hat Hieronymus die von ihm aufgestellte Regel ziemlich genau befolgt, während LXX und Vg. das Halleluja nur am Anfang der jeweiligen Psalmen haben; nur der letzte Ps 150 hat in diesen Versionen auch ein Halleluja am Ende.

VI. Die Auslegung der Psalmen

1. Leitlinien der Auslegung

a) David als der prophetische Autor der Psalmen

Für Hieronymus ist David der Verfasser der Psalmen, wenigstens des größeren Teils.[140] Diese Auffassung liegt dem ganzen Kommentar zu Grunde.[141] Nach dem Verständnis des Hieronymus spricht David in den Psalmen aber nicht nur für sich in eigener Person, sondern als Prophet (vgl. Apg 2,30) spricht er vor allem von Christus und in der Person Christi. Im Kommentar zur Überschrift von Ps 101 stellt Hieronymus diese Verständnis kurz dar: Die Psalmen sind von David verfasst, aber es sind ihnen auch andere Sprecher zugeordnet, unter deren Namen die Psalmen verstanden werden sollen; so ist zum Beispiel der Sprecher des Ps 101 laut Überschrift ein Armer; dieser ist nach der Deutung des Hieronymus kein anderer als Christus.[142]

b) Der zweifache Sinn

Origenes, dessen Psalmenauslegung Hieronymus weitgehend folgt, ging von einem dreifachen Sinn der Schrift aus. Entsprechend dem Leib, der Seele und dem Geist des Menschen nahm er einen wörtlichen, einen moralischen und einen geistlichen Sinn an.[143] Der moralische Sinn spielt

---

140 Hieronymus schreibt einige Psalmen gemäß den Überschriften anderen Autoren zu. Im Kommentar zu Ps 8,1a spricht er von den Psalmen verschiedener Menschen, nämlich Davids, Asafs und der Söhne Korachs, unten 98f. Vgl. zu Ps 80,1b: „unter Asafs Namen", unten 172f. Zu Ps 87,1bc erklärt er, der Psalm sei durch Heman dem Esrachiter verfasst worden, unten 178f, und zu Ps 126, unten 216–219, dass dieser Psalm in der Überschrift den Namen Salomo trägt, weil dieser selbst hier lehrt.

141 Siehe etwa *in psalm.* 26,10a, unten 126–129; 88,20a, unten 180f.

142 Siehe *in psalm.* 101, unten 190f.

143 Origenes, *princ.* 4,2,4 (SCh 268,310–313). Zur allegorischen Bibelauslegung des Origenes vgl. Altaner/Stuiber, *Patrologie* 205f; Fenger, *Mysterium* 30–33.

in seiner Schrifterklärung aber kaum eine Rolle, so dass man bei ihm praktisch von einem zweifachen Schriftsinn sprechen kann: dem wörtlichen und dem geistlichen oder allegorischen Sinn.

Auch Hieronymus[144] spricht an wenigen Stellen vom dreifachen Schriftsinn.[145] In den *Commentarioli* schreibt er in der Erklärung zu Ps 136[146], dass dieser Psalm auf dreifache Weise verstanden werden könne (*tripliciter intellegi potest*), und führt dann drei Deutungen an, die man als wörtliche, moralische und geistliche verstehen kann. Aufs Ganze gesehen spielen aber auch bei ihm nur der historische Sinn, das heißt der Literalsinn, und der geistliche Sinn eine Rolle.[147] In der Kommentierung zu Ps 107,10b spricht er daher vom zweifachen Sinn (*sensus duplex*).[148]

Zur Bezeichnung dieser beiden Schriftsinne benutzt er eine Vielzahl von Ausdrücken.[149] Auf den historischen Sinn bezieht er sich in den *Commentarioli* mit Formulierungen wie *iuxta / secundum historiam*[150], *historiam sonare*[151], *iuxta litteram*[152].

---

144 Über die Exegese des Hieronymus siehe BROWN, *Vir Trilinguis* 121–165.

145 Diese Stellen sind aufgeführt bei SCHADE, *Inspirationslehre* 108–111.

146 *In psalm.* 136, unten 224–227.

147 SCHADE, *Inspirationslehre* 111. Im Mittelalter wurde die Lehre vom Schriftsinn systematisiert zu einem vierfachen Schriftsinn. Vgl. DOHMEN, *Vielfacher Schriftsinn* 16–22.

148 *In psalm.* 107,10b, unten 200f.

149 Einige dieser Ausdrücke sind näher erläutert bei BROWN, *Vir Trilinguis* 142–151.

150 *In psalm.* 30,12c, unten 132f; 88,1, unten 180f; 103,6b.7a.20, unten 193–195.

151 *In psalm.* 106,43 , unten 200f.

152 *In psalm.* 67,14, unten 156–159.

Auf den geistlichen Sinn beziehen sich Ausdrücke wie *per tropologiam*[153], *allegoria* oder *secundum / iuxta allegoriam*[154], *iuxta anagogen*[155], *per metaforam*[156], *iuxta prophetiam / prophetia*[157], *mystice*[158], *spiritaliter*[159], *secundum altiorem intellegentiam*[160], *ad Christum proprie pertinere*[161].

Besonders häufig benutzt Hieronymus die Wendung *ex persona / nomine / voce* (prosopologische Exegese[162]). Damit kann er sowohl den historischen Sinn bezeichnen: *ex persona David*[163], als auch den geistlichen: *ex persona Christi / Domini*[164], *ex persona eius (sc. ecclesiae)*[165], *ex voce populi ad Christum loquentis*[166], *ex apostolorum persona*[167], *ex persona paenitentis*[168]. Im Kommentar zu Ps 21,2b lässt er Christus sprechen: *non ex propria persona loquor, sed populi*; und in der Erklärung zu Ps 20,4b bezieht er einen Ausspruch des Paulus auf die Kirche *sub persona credentium*.[169]

---

153 *In psalm.* 8,9b, unten 100f; 9,1, unten 100f; 98,5b, unten 188f.

154 *In psalm.* 77,66, unten 170f; vgl. auch 103,6b.7a, unten 192f; 106,10, unten 198f.

155 *In psalm.* 103,20, unten 192–195.

156 *In psalm.* 106,23.24a, unten 200f.

157 *In psalm.* 30,12c, unten 132f; 92, unten 184f.

158 *In psalm.* 18,6c, unten 114f.

159 *In psalm.* 35,6, unten 136f.

160 *In psalm.* 138,16c, unten 230f.

161 *In psalm.* 15,1a, unten 106f.

162 Zur prosopologischen Exegese siehe Hilberath, *Personbegriff* 258–260; Andresen, *Personbegriff* 11–25; Drobner, *Person-Exegese* 19–81; Neuschäfer, *Origenes* 263–276.

163 *In psalm.* 34,14, unten 136f.

164 *In psalm.* 34,13.14, unten 136f; vgl. auch 37,6, unten 140f; 58,5b, unten 150f; 68,2, unten 160f.

165 *In psalm.* 5,1, unten 84f.

166 *In psalm.* 19,2a, unten 114f.

167 *In psalm.* 143,2d, unten 232f.

168 *In psalm.* 37,2a, unten 140f.

169 *In psalm.* 21,2b, unten 120–123; 24,2b, unten 116f.

Beide Sinndeutungen scheinen vereint zu sein in den Wendungen *sub persona David ad Christum pertinet* oder *sub David nomine de Christo intellegitur.*[170]

Häufig werden beide Schriftdeutungen nebeneinander gestellt.[171] Hierher gehören auch die *captivitas carnalis et spiritalis* und *spiritale et carnale bellum.*[172]

Die Ausdrücke für den geistlichen Sinn sind bei Hieronymus weitgehend synonym. So stellt Hagemann fest: „Bei Hieronymus darf man nicht trennen zwischen Typologie und Allegorie, Tropologie und Anagoge. Es sind bei ihm auswechselbare Begriffe für die geistige Schriftauslegung."[173]

c) Die Bedeutung des geistlichen Sinns

Welcher Rang den beiden Sinndeutungen zukommt, erläutert Hieronymus im Kommentar zu Ps 67,14[174]: Der Glaube findet in beiden Testamenten den Heiligen Geist. Den Text der Heiligen Schrift nach dem Buchstaben zu verstehen, mag schön sein, aber alle leuchtende Kraft ist im geistlichen Sinn zu finden. Den Wortsinn kann man mit Silber vergleichen, die tieferen Geheimnisse des geistlichen Sinns mit Gold.

Auch aus anderen Bemerkungen in den *Commentarioli* kann man erkennen, dass Hieronymus besonders am geistlichen Sinn interessiert ist. Er spricht von den „Liebhabern

---

170 *In psalm.* 17,2, unten 110f; 88,20c.21a, unten 180f.

171 Siehe *in psalm.* 3,2b, unten 80f; 30,12c.21, unten 132f; 34,14, unten 136f; 85,2a, unten 176f; 86,4a, unten 176–179; 88,38a, unten 182f; 103,6b.7a.20, unten 192–195; 107,10b, unten 200f; 136,1b.8bc, unten 224–227; 138,16c, unten 230f; 143,2d, unten 232f.

172 *In psalm.* 73,1a, unten 166f; 143,1bc, unten 232f.

173 HAGEMANN, *Wort* 74. In der späteren Systematisierung des vierfachen Schriftsinns bezeichnet ‚Tropologie' speziell den ‚moralischen Sinn', ‚Allegorie' den ‚dogmatischen' und ‚Anagogie' den ‚eschatologischen Sinn'. Vgl. DOHMEN, *Vielfacher Schriftsinn* 16–22.

174 *In psalm.* 67,14, unten 156–157.

allein des historischen Sinns“[175], den „Liebhabern des Buchstabens“[176], von denen, „welche die Schriften nicht geistlich verstehen wollen“[177]. Hieronymus könnte damit Vertreter der sogenannten Antiochenischen Schule meinen, welche die Allegorese der so genannten Alexandrinischen Schule ablehnten.[178] Hieronymus setzt sich von diesen ab; er benutzt ja für seine *Commentarioli* die Arbeiten des Origenes, des einflussreichsten Vertreters der Alexandrinischen Schule.

Wie wichtig Hieronymus der geistliche Sinn ist, zeigt sich auch in seiner Bemerkung zu Ps 106,43: „Mag auch das, was geschrieben ist, wie Historie klingen, es verlangt dennoch ein geheiligteres Verständnis“.[179]

Die Bedeutung des geistlichen Sinns besteht vor allem darin, dass diese Deutung den alttestamentlichen Text unmittelbar von Christus und seinem Heilswerk künden lässt. Die geistliche Psalmenauslegung des Hieronymus ist weitgehend christologisch. Bei mehreren Psalmen[180] vermerkt er jeweils ausdrücklich, dass der ganze Psalm auf Christus zu beziehen ist, teilweise zugleich auch auf einen Gerechten oder einen Büßenden. Ebenso sind andere Psalmen, die er ausführlicher erklärt, christologisch gedeutet, wie Ps 20f, auch Ps 95, den er auf die Bekehrung der Heidenvölker und auf die Kirche Christi bezieht.[181] Dazu kommen die christologischen Deutungen an vielen anderen Stellen.

---

[175] *In psalm.* Ps 3,8b: *amici solius historiae,* unten 82f.

[176] *In psalm.* 6,8a: *amici litterae,* unten 92f.

[177] *In psalm.* 35,6b: *qui spiritaliter scripturas nolunt intellegere,* unten 136f.

[178] Vgl. HAINTHALER, *Antiochenische Schule* 766f; BIENERT, *Alexandrinische Schule* 379; FÜRST, *Hieronymus* 121–128.

[179] *In psalm.* 106,43: *historiam videantur sonare,* unten 200f.

[180] Siehe *in psalm.* 4, unten 82–85; 9, unten 100–103; 15, unten 106–109; 17, unten 110–113; 37, unten 140–143; 58, unten 150–153; 68, unten 160–163; 71, unten 164f.

[181] Vgl. *in psalm.* 20, unten 116–119; 21, unten 120–123; 95, unten 186f.

Hieronymus sucht allerdings eine übertriebene Allegorese zu vermeiden. Die Geschichtspsalmen 77 und 104f werden von ihm nur historisch gedeutet. Zu Ps 77 lehnt er ausdrücklich die allegorische Auslegung anderer Exegeten ab, weil hier offensichtlich eine historische Darstellung vorliege.[182] Zur christologischen Deutung des Ps 90 äußert er sich sehr zurückhaltend.[183]

2. *Eine Theologie der Psalmen*

Hieronymus beabsichtigt nicht, in den *Commentarioli* eine systematische Theologie darzulegen, sondern er lässt sich stark vom Wortlaut der Psalmen bestimmen und will diesen theologisch deuten. Dabei ergeben sich zum Teil überraschende Aussagen und Formulierungen.

a) Gott

(1) Anthropomorphes Sprechen von Gott

In den Psalmen wird an vielen Stellen sehr menschlich von Gott gesprochen. In seiner Anmerkung zu Ps 2,4 („Der in den Himmeln wohnt, wird über sie lachen; und der Herr verhöhnt sie“) geht Hieronymus darauf ein: „Durch Beispiele menschlicher Redeweise lernen wir die Gefühle Gottes kennen, nicht dass er irgendjemanden auslacht, sondern dass wir Dinge tun, die verdienen ausgelacht zu werden. Verhöhnung im eigentlichen Sinn wird ausgedrückt durch gerunzelte Stirn und gerümpfte Nase. Es sei daher fern von uns, das von Gott körperlich aufzufassen, was manche schon bei besonnenen Männern als tadelnswert erachten.“[184]

---

182 *In psalm.* 77, unten 170f; 104, unten 196f; 105, unten 196–199.

183 *In psalm.* 90, unten 184f.

184 *In psalm.* 2,4, unten 76f. Vgl. Einleitung, unten 57.

(2) Gott der Schöpfer

Von Gott als dem Schöpfer der Welt spricht Hieronymus selten.[185] Zu Ps 18,2a („Die Himmel erzählen die Herrlichkeit Gottes“) erklärt Hieronymus: „Aus den Geschöpfen wird entsprechend der Schöpfer erkannt.“ Aus der Herrlichkeit der Geschöpfe können wir also die Herrlichkeit Gottes erkennen.[186]

In Ps 113,6 werden Berge und Hügel gefragt, warum sie hüpfen wie Widder und Lämmer. Den folgenden Vers 7 („Vom Angesicht des Herrn wurde die Erde erschüttert“) versteht Hieronymus als Antwort, die der Psalmist im Namen der Berge und Hügel auf diese Frage gibt; denn alles sei gemacht, „damit Gott es anschaue und alles ihn spüre, der der Schöpfer von allen ist“. Berge und Hügel werden gewissermaßen vom Anblick Gottes erschüttert und sie spüren, dass Gott sie erschaffen hat; aus Freude darüber hüpfen sie wie Widder und Lämmer.[187]

(3) Gottes Größe und Allgegenwart

Zu Ps 64,7b („Umgürtet in Stärke“) schreibt Hieronymus: „Gottes Gürtung hält das Gewand zusammen; wir können ihn nämlich nicht erkennen, wenn das Gewand seiner Stärke ausgebreitet ist“. Zeigte sich Gott in seiner ganzen Größe und Macht, wäre der Mensch nicht fähig, ihn zu erkennen (vgl. Ex 33,18–23).[188]

In Ps 138 wird die Allgegenwart Gottes gepriesen. Zu Vers 7 („Wohin werde ich gehen vor deinem Geist oder vor deinem Angesicht wohin fliehen?“) schreibt Hieronymus: „Wie aber kann ich deine Kenntnis begreifen, da alles in dir ist und es nichts gibt, das vor dir fliehen kann, und überall

---

185 Außer den zitierten Stellen siehe noch *in psalm.* 103,24ab, unten 194f; 115,4, unten 208f, und 138,16c, unten 230f. Zu *in psalm.* 103,24ab, unten 194f, siehe auch Einleitung, unten 59.

186 *In psalm.* 18,2a, unten 112f.

187 *In psalm.* 113,7a, unten 206f.

188 *In psalm.* 64,7b, unten 154f.

dein Geist ist? Woraus wir erkennen, dass Gott der ist, der überall ganz da ist" und zu Vers 8 („Wenn ich zum Himmel aufsteige, so bist du dort; wenn ich zur Unterwelt hinabsteige, du bist da") vermerkt er: „Keine Höhe ist höher als du; keine Tiefe tiefer als du. Osten und Westen werden in deiner Hand zusammengehalten".[189]

(4) Gottes Gerechtigkeit und Barmherzigkeit

Ein Thema, auf das Hieronymus in seinem Kommentar häufiger zu sprechen kommt, ist Gottes Heilswille, seine Güte und Barmherzigkeit, die größer sind als seine strafende Gerechtigkeit.

In der Erklärung zu Ps 2,5a („Dann wird er zu ihnen sprechen in seinem Zorn") heißt es im Kommentar, „dass es nicht so sehr Zorn sei, als vielmehr notwendiges Schelten, wie der Vater den Sohn, der Arzt den Kranken, der Lehrer den Schüler schilt; es erscheine aber denen, die es erleiden, als Zorn; es ist aber nicht so, dass Gott voller Zorn züchtigt".[190]

„Nicht die Gottlosen werden vergehen, sondern die Gottlosigkeit" lautet der Kommentar zu Ps 1,5.[191] „Nicht die Sünder, sondern den Weg der Sünder wird er zugrunde richten" meint Hieronymus im Kommentar zu Ps 145,9c.[192] „Gott ist nicht Zorn, sondern Besserung", so die Erläuterung zu Ps 57,10.[193] „Niemand ist ausgeschlossen vom Heil", so sein Kommentar zu Ps 144,9.[194] Gott „richtet nicht nur manche auf, sondern alle: Sowohl der Ehebrecher als auch der Unzüchtige und der Mörder können, wenn sie

189 *In psalm.* 138,7f, unten 228f.
190 *In psalm.* 2,5a, unten 76–79; vgl. *in psalm.* 20,10b, unten 118f.
191 *In psalm.* 1,5, unten 74f.
192 *In psalm.* 145,9c, unten 234f.
193 *In psalm.* 57,10, unten 150f.
194 *In psalm.* 144,9, unten 232–235.

Buße tun, Heilung erlangen", heißt es in der Erklärung zu Ps 144,14[195]. Gott fordert, dass der Mensch von seiner Sünde umkehrt; deshalb deutet Hieronymus Ps 5,7a („Herr, du hasst alle, die Unrecht tun") folgendermaßen: „Wenn er gesagt hätte ‚die Unrecht getan haben', gäbe es keine Hoffnung für die Reue und er würde alle hassen. Nun hat er aber Hass gegen die, welche Unrecht tun, das heißt, die in der Bosheit verharren."[196]

Über das Verhältnis von Erbarmen und Strafen bei Gott spricht Hieronymus im Kommentar zu Ps 74. Nach seinem Verständnis geht es in Vers 9 um zwei Kelche und „Er schenkte ein aus diesem in jenen" heißt nach ihm: Gott schenkte ein „aus dem Kelch des Erbarmens in den Kelch der Strafen". Gott mildert die Strafen durch Erbarmen. Aber der Vers enthält auch eine Warnung. Zu „Doch ist seine Hefe nicht ausgeleert" erklärt Hieronymus: „Damit nicht der, welcher das Erbarmen vernommen hatte, nachlässiger würde, ist Strenge der Milde beigemischt".[197]

Um Gottes Gerechtigkeit geht es im Kommentar zu Ps 50,6b („Damit du für gerecht befunden wirst in deinen Worten und siegst, wenn man dich richtet.") Hieronymus weist darauf hin, wie Paulus diesen Vers im Römerbrief (Röm 3) erörtert hat, und erklärt dann: „Obwohl Gott über uns mit richterlicher Autorität entscheiden kann, möchte er mit uns gerichtet werden, damit um so mehr die Gerechtigkeit des Richtenden offenbar werde".[198]

Seine Liebe und Hilfe schenkt Gott uns im Überfluss. In Ps 28,10a („Der Herr wohnt in der Flut") findet Hiero-

---

[195] *In psalm.* 144,14, unten 234f. Vgl. auch *in psalm.* 50,15a, unten 148f.
[196] *In psalm.* 5,7a, unten 86f.
[197] *In psalm.* 74,9, unten 166–169.
[198] *In psalm.* 50,6b, unten 148f.

nymus das Wort ,Flut' besonders beachtenswert. Nach ihm zeigt es „den Überfluss der geistlichen Gnade" an, mit der Gott uns beschenken will.[199]

Eine erstaunliche Aussage über den eigentlich unwandelbaren Gott findet sich in der Erklärung zu Ps 26,10a. Dort schreibt Hieronymus: „Im Allgemeinen wird die Liebe der Eltern zu ihren Kindern durch den Tod beendet; Gottes Liebe dagegen wächst mit der Zeit."[200]

(5) Der dreieine Gott

Vom dreieinen Gott ist in den *Commentarioli* nur selten die Rede. Eine Offenbarung des dreifaltigen Gottes sieht Hieronymus in Ps 32,6 („Durch das Wort des Herrn sind die Himmel festgemacht und durch den Hauch seines Mundes all ihre Stärke"): „Die Dreifaltigkeit wird ganz offen verkündet: Der Herr, das Wort, der Geist des Herrn". Dabei ist zu beachten, dass im Lateinischen wie im Griechischen und Hebräischen das Wort für ,Hauch', ,Atem' und für ,Geist' ein und dasselbe ist.[201]

Auch in Ps 35,10b („In deinem Licht werden wir das Licht sehen") sieht Hieronymus die Dreifaltigkeit verkündet: „Das Licht des Vaters ist Christus. In Christus werden wir durch das Licht des Vaters das Licht, den Heiligen Geist, sehen".[202]

Das gemeinsame Wirken des dreifaltigen Gottes betont er in der Erklärung zu Ps 134,7c: „Er führt Winde heraus aus seinen Vorratskammern. Die verschiedenen Gnadengaben des Geistes werden vom Vater und dem Sohn und dem Heiligen Geist hervorgebracht."[203]

---

199 *In psalm.* 28,10a, unten 130f.
200 *In psalm.* 26,10a, unten 126–129.
201 *In psalm.* 32,6, unten 134f.
202 *In psalm.* 35,10b, unten 138f.
203 *In psalm.* 134,7c, unten 222f.

b) Der Mensch

(1) Sein Leben

Ein Thema der Psalmen ist die Vergänglichkeit des Menschen. „Jeder Mensch ist Täuschung und Hinschwinden, weil er schnell vergeht und wie ein Schattenbild wandelt und gleich einem Schatten unser Leben nach kurzem Lauf beendet wird.“[204] Die Lebensspanne des Menschen ist von Gott bestimmt: „Alle Lebenszeit, für die schon vom Lebensanfang an der Ablauf bestimmt ist, durchläuft der Mensch mit gewissem Ende und da ist nicht ein einziger Tag mehr oder weniger, als du, Schöpfer, gewollt hast.“[205] Obwohl das Leben kurz ist, ist es ein Geschenk Gottes, der uns aus dem Nichts erschaffen hat: „Für diese Wohltat, dass Gott mir das Leben schenkte, dass er mich aus dem Nichts hat entstehen lassen — was kann ich da anderes tun, als meinen Schöpfer das darzubringen, was er mir gab?“[206]

(2) Die Seele

Zur Herkunft der menschlichen Seele finden sich in den *Commentarioli* zwei kurze Bemerkungen. Den Traduzianismus, das Hervorgehen der Seelen aus den Seelen der Eltern, lehnt Hieronymus in der Erklärung zu Ps 32, 15 a ausdrücklich ab.[207] Die Lehre vom ‚Abstieg der Seele in den Körper‘ erwähnt er bei Ps 57, 4 a; 68, 34 b und 136, 1 b als die Meinung von ‚einigen‘.[208]

---

[204] *In psalm.* 115, 2(11), unten 208 f. Zum Kapitel ‚Der Mensch‘ vgl. BARTELINK, *Fragilitas* 9–20.

[205] *In psalm.* 138, 16 c, unten 230 f.

[206] *In psalm.* 115, 4(13), unten 208 f.

[207] *In psalm.* 32, 15 a, unten 134 f.

[208] *In psalm.* 57, 4 a, unten 150 f; 68, 34 b, unten 162 f; 136, 1 b, unten 224 f. Vgl. auch Einleitung, unten 59 f.

(3) Der Zwiespalt im Menschen

Der Mensch ist ein zwiespältiges Wesen. Einerseits hängt der Mensch von Jugend an gründlich am Bösen[209], leidet unter der „aufreizenden Lust des Leibes"[210] und „Niemand ist ohne Sünde, auch wenn sein Leben nur einen Tag währt. Und mag jemand später ein Heiliger sein, so hat dennoch der Teufel irgendwann einmal über ihn geherrscht".[211] Aber andererseits gibt es niemand, in den nicht die „Samenkörner der Erkenntnis Gottes"[212] gesät sind. Heilung vom Bösen gibt es nur durch Gott: „Niemand kann von dem Sündenschmutz der Gedanken befreit werden, außer durch das Kommen des Heiligen Geistes."[213] Daher „sehnt sich die Seele nach Gott, aber man gelangt zum Ziel des Ersehnten durch die Mühen des Fleisches. Deshalb verlangt das Fleisch vielfältig nach Gott, weil es von vielen Verletzungen heimgesucht wird. Beschreibe eines gerechten Mannes Armut, Plagen, durchwachte Nächte, Krankheit, Hunger"[214].

(4) Bewährung in der „Nacht dieser Weltzeit"

In der „Nacht dieser Weltzeit" ist der Mensch von feindlichen Mächten bedroht.[215] Die Drangsale dieser Welt sind „Versuchungen, damit die Bewährten, wer es auch sei, offenbar werden"[216]. Im Kommentar zu Ps 9,26d wird das Verhältnis zum Bösen, zum Teufel, in einer überraschenden Weise dargestellt: „Niemand ist so sehr ein Feind des Teufels wie der, welcher ein Sünder ist, insofern auch wegen dessen Sünden der Teufel später bestraft wird. Der Gerechte dagegen ist ein Freund des Teufels; wegen eines Gerech-

---

209 *In psalm.* 17,24, unten 112f.

210 *In psalm.* 37,8a, unten 140f.

211 *In psalm.* 9,26d, unten 102f; siehe auch *in psalm.* 1,1b, unten 70f; 138,16c, unten 230f. Vgl. VISINTAINER, *La dottrina* 63–91.

212 *In psalm.* 18,7c, unten 114f.

213 *In psalm.* 18,13a, unten 114f.

214 *In psalm.* 62,2b, unten 154f.

215 *In psalm.* 103,20, unten 192–195.

216 *In psalm.* 90,10b, unten 184f.

ten wird ja der Teufel nicht bestraft werden ... Wenn wir getauft werden und dem Teufel und seiner Pracht widersagen, schließen wir auch mit ihm einen Bund und treten mit ihm in eine solche Freundschaft, dass weder er uns anrührt, noch wir etwas von dem, das sein ist, ergreifen. Solange wir einen solchen Vertrag halten, wird der Teufel nicht über uns herrschen. Wenn wir aber den Bund brechen und zu Sünden hin abgleiten, dann wird der Teufel über uns als Feinden und Pflichtverletzern herrschen".[217]

(5) Der Weg zum Heil

„Wer immer in Christus getauft wurde, wird auch selbst Christus (Gesalbter) genannt", so heißt es im Kommentar zu Ps 27,8b. „Auf wessen Gesicht das Licht des Herrn gezeichnet ist, der schaut mit unverhülltem Gesicht die Herrlichkeit des Herrn" schreibt Hieronymus zu Ps 4,7a. Ps 115,5a(14) „Meine Gelübde werde ich dem Herrn erfüllen" deutet Hieronymus als ein Lobpreis auf Gott nach dem Tod; denn das Ende des Lebens ist nicht Vernichtung.[218]

c) Christus

(1) Gottessohn und Menschensohn

An einigen Stellen der *Commentarioli* finden sich Hinweise auf christologische Streitpunkte der Väterzeit. In der Erklärung zu Ps 109,1b wendet sich Hieronymus gegen die Arianische Irrlehre, der Sohn sei geringer, der Vater größer.[219] Die Gottheit Christi stellt er ebenfalls heraus im Kommentar zu Ps 94,3a („Denn ein großer Gott ist der Herr"): „Wenn *ein* Herr ist (Eph 4,5), Jesus Christus, dann wird aber dieser Herr großer Gott genannt. Also ist auch Christus , der Herr, ein großer Gott".[220] Zu Ps 20,5a („Le-

---

217 *In psalm.* 9,26d, unten 102f.

218 *In psalm.* 27,8b, unten 128f; 4,7a, unten 84f; 115,5a(14), unten 208f.

219 Siehe *in psalm.* 109,1b, unten 202f; vgl. Einleitung, unten 60.

220 *In psalm.* 94,3, unten 186f.

ben hat er erbeten und du hast es ihm gegeben“) heißt es: „Als Mensch ist er gestorben und als Mensch ist er auferstanden; als Gott konnte er ja das Leben nicht fordern“ und zu Ps 98,5b („Und betet an den Schemel seiner Füße!“): „Einige meinen, unter dem Schemel der Füße Christi müsse sein Fleisch verstanden werden, das auch selbst anzubeten sei — zusammen mit dem Wort. Aber wir müssen dies besser als Bildrede auffassen: Wie der Thron Gottes als Himmel bezeichnet wird, so wurde auch als Schemel (seiner) Füße die Erde genannt oder die Macht, die ihm Himmlisches und Irdisches unterwirft“.[221]

(2) Das Verhältnis zwischen Vater und Sohn

Christus ist „der geliebte Sohn“ heißt es im Kommentar zu Ps 44,1a.[222] Auch er wird Allerhöchster genannt.[223] Zu Ps 37,19b („Und ich werde beunruhigt sein wegen meiner Sünde“) schreibt Hieronymus: „Die Sünde Christi, das sind die Vergehen des menschlichen Geschlechts. Deretwegen — so heißt es — ist er jetzt auch dem Vater unterworfen“.[224] Die Zeit der Passion ist für Christus die Zeit, Gott zu gefallen.[225] In seinem Leiden hat Christus den Willen des Vaters erfüllt, nicht seinen eigenen, das heißt des Menschen, den er angenommen hat.[226] Zu Ps 88,39 „Du aber hast verworfen und verschmäht, du hast weggetan deinen Christus“ heißt es in den *Commentarioli*: „Verworfen und verschmäht hat der Vater den Sohn, als er ihn im Leiden aufgegeben hat, da dieser sagte: ‚Gott, mein Gott, warum hast du mich verlassen?‘ Weggetan (*sc.* für eine bestimmte Zeit) aber hat er ihn, auf dass die Heiligen, die glaubten, er werde in jener Zeit als König herrschen, darauf harren,

---

221 *In psalm.* 20,5a, unten 116f; 98,5b, unten 188f.
222 *In psalm.* 44,1a, unten 144–147.
223 *In psalm.* 86,5a, unten 178f.
224 *In psalm.* 37,19b, unten 142f.
225 *In psalm.* 68,14b, unten 162f.
226 *In psalm.* 108,27, unten 202f.

dass er am Tag des Gerichtes in seiner Erhabenheit kommen wird".[227] Das Gericht hat nämlich der Vater ganz dem Sohn gegeben.[228]

(3) Erlöser der Menschen

Christus ist der Erlöser, der aus freiem Willen für unsere Sünden gelitten hat.[229] Er ist der Friedensstifter.[230] Die Gerechten sehen ihn als Sonne der Gerechtigkeit, die Sünder als Feuer.[231] Christus hat sein Blut für alle vergossen; deshalb versteht Hieronymus Ps 19,4a („Er gedenke all deines Opfers") als Bitte an Gott: „Lass nicht zu, dass irgendeiner verloren geht, da er für alle gestorben ist".[232] In der Auferstehung des Erlösers werden alle Leiber dem Leben geweiht.[233] „Wir sind ja mit Christus auferstanden".[234] „Wenn Christus offenbar in Herrlichkeit kommt, dann wird allen kund werden, warum er früher in der Niedrigkeit des Fleisches herabgestiegen ist".[235] Den Ps 92 versteht Hieronymus als „Weissagung über die Königsherrschaft Christi, zu der er, der früher in Niedrigkeit in die Welt gekommen ist, später ja mit Erhabenheit kommen wird".[236] „Da Christus diese Welt zum Wettkampf bestimmt hat, wird er selbst auch den Siegeskranz geben und die Segnungen" heißt es weiter zu Ps 83,7a.[237]

---

227 *In psalm.* 88,39, unten 182f.
228 *In psalm.* 9,8b, unten 100f.
229 Vgl. *in psalm.* 67,23a.24, unten 158–161; 85, 2a, unten 176f.
230 *In psalm.* 71,1, unten 164f.
231 *In psalm.* 57,9b, unten 150f; ferner *in psalm.* 18,6c, unten 114f.
232 *In psalm.* 19,4, unten 114f.
233 *In psalm.* 29,1, unten 130f.
234 *In psalm.* 27,7c, unten 128f.
235 *In psalm.* 66,2b.3a, unten 156f; vgl. 79,18b, unten 170f.
236 *In psalm.* 92, unten 184f.
237 *In psalm.* 83,7a, unten 174f.

(4) Christus und die Kirche

Die Kirche wird als Leib Christi gesehen, wenn Hieronymus an einigen Stellen sagt, dass diese „auf Christus und durch ihn auf alle Heiligen“ zu beziehen sind.[238] „Was er erbat, ist erfüllt: Wie er selbst und der Vater eins sind, so sind auch wir in ihm eins“.[239] Christus ist „König und Gott der Kirche“.[240] Die Kirche, die aus vielen Völkern gesammelt wurde, ist die Krone des Herrn.[241]

Die Kirche soll heilig sein. Deshalb schreibt Hieronymus zu Ps 100,8b („Damit ich aus der Stadt Gottes alle vertreibe, die Unrecht tun“): „Das sagt auch der Apostel: ‚Schafft weg den Bösen aus eurer Mitte‘(vgl. 1 Kor 5,13). Wenn die Stadt des Herrn die Kirche Christi ist, dann ist jeder, der Unrecht tut, aus der Stadt Gottes zu vertreiben.“[242]

In der Erklärung zu Ps 67 finden sich mehrere Bezüge auf die Kirche, zum Beispiel zu Vers 17ab: „Ihr dürft nicht meinen, es gäbe mehrere Kirchen, die die Fülle der Lehren hätten und die Glaubenden mit der Milch des Wissens nähren könnten. Es gibt nur eine Kirche und nur den einen Bräutigam der Kirche, Christus.“[243]

---

238 *In psalm.* 3,2b, unten 80f, *in psalm.* 4,2a, unten 82f; *in psalm.* 34,13a, unten 136f.

239 *In psalm.* 20,3, unten 116f.

240 *In psalm.* 5,3b, unten 84f; vgl. 19,2a, unten 114f; 20,2a, unten 116f.

241 *In psalm.* 20,4b, unten 116f.

242 *In psalm.* 100,8b, unten 190f. Vgl. *in psalm.* 136,1b, unten 224f. In *tract. in psalm. I* 100 (CCL 78,177) deutet Hieronymus diese Stelle milder: „‚Dass ich vertreibe.‘ Das heißt: Dass ich den, der sündigt, anklage und schelte, damit er Buße tut und die Bosheit aus seinem Herzen vertreibt. Er (*sc.* der Psalmist) hat nämlich nicht gesagt, der Sünder solle verworfen werden.“

243 *In psalm.* 67,17ab, unten 158f.

d) Gericht und Vollendung der Welt

Zur Überschrift in Ps 5,1 („Zum Ende, für diejenige, die das Erbe erlangt") erklärt Hieronymus: „Dieser Psalm spricht von der Kirche, die am Ende und bei der Vollendung der Welt das Erbe erlangen wird, indem alle Nationen an Christus glauben". Alle Völker sind der Kirche als ihr Erbteil bestimmt; dieses Erbe wird ihr am Ende der Weltzeit in vollem Maße zuteil.[244]

In den *Commentarioli* gibt es eine Stelle, die man im Sinne der Apokatastasis verstehen kann, das heißt der Lehre des Origenes, dass am Ende alle vernünftigen Seelen in einen vollkommenen Zustand zurückgeführt werden. Hieronymus schreibt zu Ps 5,6b („Und die Ungerechten werden vor deinen Augen nicht bestehen"): „Nicht dass die Ungerechten nicht bestehen blieben und auf ewig verschwinden würden, sondern dass sie aufhören, Ungerechte zu sein". Der Kommentar zu Ps 5,7 und 5,11 deutet aber eher auf die Besserung der Bösen in dieser Weltzeit hin.[245]

Es gibt jedoch auch Stellen, an denen das endgültige Schicksal der Guten und der Bösen verschieden ist. Zu Ps 1,5 („Deshalb stehen die Gottlosen nicht auf im Gericht und die Sünder nicht in der Versammlung der Gerechten") kommentiert Hieronymus: „Nicht dass sie nicht auferstehen, vielmehr dass sie nicht zum Gericht auferstehen; es ist nämlich über sie das Urteil schon ergangen.[246] Wenn die Sünder nicht auferstehen in der Versammlung der Gerechten, dann ist die Auferstehung von Sündern und Gerechten verschieden".[247] Und zu Ps 11,9a („Ringsum wandeln die Gottlosen") heißt es: „Wenn er uns aus der gegenwärtigen in die zukünftige Weltzeit hinübergebracht

---

244 *In psalm*. 5,1, unten 84f.

245 *In psalm*. 5,6.7b.11, unten 86–89.

246 Vgl. Joh 3,18: „Wer nicht glaubt, ist schon gerichtet."

247 *In psalm*. 1,5 unten 74f. Vgl. *adv. Pelag*. 1,29 (CCL 80,36f).

hat, dann werden die Gottlosen außerhalb wandeln; und sie werden nicht eintreten können mit den Heiligen, die du gemäß deiner Größe mit deinem Eifer gerettet hast".[248]

3. Auseinandersetzung mit Häretikern und Juden

a) Bemerkungen zu Häretikern und Häresien

In den *Commentarioli* finden sich einige allgemeine Bemerkungen zu Häretikern. In der Erklärung zu Ps 1,1a nennt Hieronymus als eine der Deutungen: „Selig, der kein ... Häretiker ist".[249] Die Irrlehrer werden vergehen, weil sie gegen Gott Lüge reden. Ihre Worte sind todbringend und töten Unschuldige. Sie sollen durch Gottes Gericht zurechtgewiesen werden.[250]

An wenigen Stellen nennt er Irrlehren, ohne deren Vertreter namentlich zu nennen. Die Anmerkungen zu Ps 2,4 richten sich gegen einen Anthropomorphismus, wie ihn die Audianer vertraten mit ihrer Auffassung, dass Gott körperliche Gestalt habe.[251]

Um eine christologische Irrlehre geht es im Kommentar zu Ps 1,3e. Dort erklärt Hieronymus: „Besser verstehen wir den Psalm von dem Menschen, der von unserem Retter angenommen und erlöst ist."[252] Dieser Satz könnte von seinen Lesern falsch verstanden werden, nämlich in dem Sinn, dass der Sohn Mariens ein anderer sei als der Sohn Gottes, eine Lehre, die erst nach dem Tod des Hieronymus

---

[248] *In psalm.* 11,9a, unten 104f.
[249] *In psalm.* 1,1a, unten 70f.
[250] *In psalm.* 5,7b.10b.11ab, unten 86f.
[251] Siehe *in psalm.* 2,4, unten 76f. Vgl. PUECH, *Audianer* 913. In seiner Fortschreibung der Chronik des EUSEBIUS führt Hieronymus für das Jahr 341 an: *Audeus in Syria Coele clarus habetur. A quo haeresis Audiana* (chron. 341 [GCS 235]).
[252] *In psalm.* 1,3e, unten 72f.

auf dem Konzil von Ephesus (431) verworfen wurde.[253] Gegen diese Lehre wendet sich Hieronymus, indem er fortfährt: „Nicht dass wir bezeugen wollten, dass einer angenommen habe, ein anderer angenommen worden sei; sondern dass der eine und selbe Gottessohn und Menschensohn, der vor den Zeiten als das Wort immer war (vgl. Joh 1,1) — dass dieser später geruht hat, auch Fleisch anzunehmen (vgl. Joh 1,14).“[254]

Im Kommentar zu Ps 32,15a („Der ihre Herzen einzeln gebildet hat“) erklärt er sich gegen diejenigen, die trügerischerweise (*mendaciter*) diese Stelle darauf beziehen, dass die Seelen der Menschen aus den Seelen ihrer Eltern hervorgebracht würden und dass in Adam die Seelen aller Menschen enthalten seien.[255] Die Vertreter dieser Meinung verstünden das griechische κατὰ μόνας, das Hieronymus hier mit *per singulos* übersetzt, nicht im Sinne von ‚einzeln', sondern von ‚durch die vielen einzelnen jedweden'.

---

253 Diese Irrlehre wurde — wohl zu Unrecht — dem NESTORIUS (um 381–451) zugeschrieben und dieser deshalb 431 auf dem Konzil zu Ephesus verurteilt. Vgl. AMATO, *Nestorius* 745–749.

254 *In psalm.* 1,3e, unten 72f.

255 Siehe *in psalm.* 32,15a, unten 134f. Eine solche Auffassung, den so genannten Traduzianismus, vertritt TERTULLIAN, *anim.* 27 (CCL 2,822–824). Über die verschiedenen Theorien zur Entstehung der Seelen gibt Hieronymus einen guten Überblick in *epist.* 126,1 (FC 41/1,60–70). Den Vers Ps 32,15 führt Hieronymus an anderer Stelle (*c. Ioh.* 22 [CCL 79A,35]) für den Kreatianismus an und schreibt: „Oder ist es nicht so, ... dass Gott täglich Seelen bildet, er, für den Wollen gleich Tun (wörtlich: Getanhaben) ist, und der nicht aufhört, Schöpfer zu sein?“ Den Traduzianismus hat Hieronymus immer kritisiert; vgl. *in eccles.* 12,6–8 (CCL 72,357): „Deswegen sind diejenigen ziemlich lächerlich, die glauben, dass die Seelen mit den Körpern gesät werden und nicht von Gott, sondern vom leiblichen Erzeuger hervorgebracht werden. Da nämlich das Fleisch zur Erde zurückkehrt und der Geist zu Gott gelangt, der ihn gegeben hat, so ist es offenbar Gott, der die Seelen hervorbringt, und sind es nicht die Menschen“; vgl. ferner *adv. Rufin.* 2,10 (CCL 79,41). Vgl. SCHULTE, *Generatianismus* 449f; ders., *Kreatianismus* 433f; ders., *Traduzianismus* 161f.

In der Erläuterung zu Ps 103,24ab („Wie erhaben sind deine Werke, Herr; alles hast du mit Weisheit gemacht") wendet sich Hieronymus gegen diejenigen, welche behaupten, Gott sei der Schöpfer einer unvollkommenen Welt: „Wenn er alles mit Weisheit gemacht hat, wo sind dann die, welche den Schöpfer schmähen, dass er Schlangen, Eidechsen, Flöhe, Wanzen und die übrigen gleichartigen kleinen Tiere — teils überflüssige, teils schädliche — gemacht hat?"[256] Welche Irrlehrer hier gemeint sind, sagt Hieronymus in einer Homilie zum Psalm 91; dort heißt es zu Vers 6 („Wie groß sind deine Werke, Herr"): „An dieser Stelle brechen Marcion und Manichäus los. Was sagen sie nämlich? Wenn Gott alles gemacht hat und es zum Nutzen der Menschen gemacht hat, warum war es notwendig, Wanze und Floh zu machen? Ich antworte dir kurz: Damit deine Gebrechlichkeit deutlich werde, o Mensch! Denn du, der du dein Denken und Sinnen auf den Himmel richtest, gib Acht, du wirst von einer Wanze gebissen und erzitterst. Was erhebst du dich bis zum Himmel und was steigt dein Denken bis zum Himmel auf? Siehe, von einer Wanze kannst du verletzt werden."[257]

Dreimal bezieht sich Hieronymus auf eine Lehrmeinung des Origenes, die er später als Irrlehre ablehnt, in den *Commentarioli* aber ohne Kritik und ohne Namensnennung erwähnt. Er erklärt nämlich zu Ps 57,4a („Entfremdet sind die Sünder vom Mutterschoß an"): „Einige meinen, dies handle vom Abstieg der Seele in den Körper"[258] und zu Ps 68,34b („Und seine Gefesselten verachtete er nicht"): „Einige meinen auch, dies sei von den Seelen zu verstehen, dass sie, eingeschlossen in Körpern, nicht von Gott verachtet sind"[259]. Bei Ps 136,1b führt er als dritte Deutung an,

---

256 *In psalm.* 103,24ab, unten 194f.

257 *Tract. in psalm. I* 91,6 (CCL 78,136f). Vgl. BARTELINK, *Fragilitas* 14f.

258 *In psalm.* 57,4a, unten 150f.

259 *In psalm.* 68,34b, unten 162f.

man könne den Psalm auch verstehen „von der, wie einige wollen, höheren Gefangenschaft, durch welche die einst edle Schar (*sc.* die präexistenten Seelen) ins Tal der Tränen weggeführt wurde".[260] Im Jahr 396 führt Hieronymus in seiner Streitschrift gegen Johannes, den Bischof von Jerusalem, eine Liste von acht Irrlehren des Origenes an, darunter: „Zweitens, dass die Seelen in diesem Leibe wie in einem Gefängnis angebunden seien; und bevor der Mensch im Paradies geschaffen wurde, weilten sie (*sc.* die Seelen) unter den vernunftbegabten Geschöpfen in den himmlischen Räumen".[261]

Zwei Irrlehren nennt Hieronymus in den *Commentarioli* mit Namen. In der Anmerkung zu Ps 109,1 wendet er sich gegen die „Arianische Häresie"[262], die aus dem Vers „Es sprach der Herr zu meinem Herrn: Setze dich zu meiner Rechten" ableiten will, dass der Sohn Gottes geringer sei als der Vater. Hieronymus entgegnet darauf, das zweite ‚Herr' sei zwar ein geringerer Name als das erste ‚Herr', das für JHWH steht; aber dieser geringere Name passe zu dem,

---

260 *In psalm.* 136,1b, unten 224f. Diesen Präexistentianismus erwähnt Hieronymus ohne Kritik auch *in Eph.* 6,1–3 (PL 26,538f) und *in eccles.* 4,2f (CCL 72,284): „Andere aber verstehen diese Stelle so: ... Bevor unsere Seelen zu diesen Körpern hinabsteigen, weilen sie bei den Himmlischen und sind solange selig, wie sie vom himmlischen Jerusalem und dem Chor der Engel umfangen werden." Nach 393 jedoch hat sich Hieronymus im Zuge seiner Distanzierung von ORIGENES oft gegen diese Lehre geäußert. Vgl. die Liste solcher Stellen bei FÜRST, *Hieronymus* 245f Anm. 139.

261 *C. Ioh.* 7 (CCL 79A,13; Übersetzung: 91 VOGT). Vgl. auch *epist.* 51,4 (CSEL 54,400–403). Der Brief 51 ist die Übersetzung eines Briefes des EPIPHANIUS VON SALAMIS an JOHANNES VON JERUSALEM. Die Liste der origenianischen Irrlehren hat Hieronymus aus diesem Brief übernommen. Zum unrühmlichen Verhalten des Hieronymus im Streit um den Origenismus siehe FÜRST, *Hieronymus* 33–36.

262 *In psalm.* 109,1, unten 202f. Die Lehre des ARIUS (um 260–336) wurde 325 auf dem ersten Ökumenischen Konzil in Nicaea verurteilt. Vgl. WILLIAMS, *Arius, Arianismus* 981–989; BÖHM, *Arius* 61f. Über das Verhältnis des Hieronymus zum ‚Arianismus' siehe FÜRST, *Hieronymus* 25–30.

dem geboten wird sich zu setzen; es passe also zu diesem Sprachgestus, ohne einen Wesens- oder Rangunterschied auszudrücken.

Im Kommentar zu Ps 144,9 erwähnt Hieronymus die Novatianer, gegen die man mit diesem Psalm argumentieren könne. Novatian[263] besaß 250/251 während der Sedisvakanz nach dem Tod des römischen Bischofs Fabian eine wichtige Stellung in der Kirchenleitung und schrieb im Namen des römischen Klerus an Cyprian.[264] Novatian stimmte zu dieser Zeit mit Cyprian darin überein, dass man diejenigen, die während der Verfolgung am Götzendienst teilgenommen hatten, nach entsprechender Buße wieder in die Kirche aufnehmen dürfe. Der neugewählte römische Bischof Cornelius verfuhr in dieser Frage offenbar noch etwas milder. Novatian, der wohl selber auf das Amt gehofft hatte, verweigerte Cornelius die Anerkennung und vertrat jetzt die Auffassung, dass die Wiederaufnahme der Abgefallenen unerlaubt und sündhaft sei und die Kirche nicht das Recht und die Vollmacht zur Vergebung habe. Hieronymus leitet aus Ps 144,9 ab, „dass niemand ausgeschlossen ist vom Heil". Und in der Erklärung zu Vers 14 bekräftigt er noch einmal: „Sowohl der Ehebrecher als auch der Unzüchtige und der Mörder können, wenn sie Buße tun, Heilung erlangen. Und die Irrlehren werden ausgetilgt, welche die Vergebung größerer Vergehen verwerfen".[265]

---

263 Vgl. VOGT, *Novatian, Novatianismus* 939; ders., *Novatian* 522f. In *vir. ill.* 70 (176 CERESA-GASTALDO) schreibt Hieronymus: „Nachdem Novatian, Priester in Rom, versuchte die bischöfliche Kathedra gegen Cornelius einzunehmen, stellte er das Dogma der Novatianer, was auf Griechisch die ‚Reinen' bedeutet, auf, da er nicht wollte, dass die Abgefallenen, wenn sie Buße täten, wieder aufgenommen würden".

264 NOVATIAN, *Cypr. epist.* 30f; 36 (CCL 4, 199–206.227–234.247–250).

265 *In psalm.* 144,9.14, unten 232–235.

b) Bemerkungen über die Juden

Hieronymus erwähnt oft die Juden oder Hebräer.[266] Manchmal geht es um sachliche Hinweise: Bei den Hebräern gilt der erste und der zweite Psalm als ein einziger. Die Juden meinen, der Ps 1 handle von Joschija.[267] Der Gottesname bei den Hebräern hat vier Buchstaben und gilt bei ihnen als unaussprechlich.[268] Die Hebräer meinen, der Ps 21 beziehe sich auf Ester.[269] Ps 86,4 ist nach Hieronymus eher von der Berufung der Heidenvölker als von der Gefangenschaft der Juden zu verstehen.[270] Im Kommentar zu Ps 104,1a stellt er fest, bei den Juden sei es Brauch, nur bei den Halleluja-Psalmen das Halleluja zu singen und zwar am Anfang und am Ende des jeweiligen Psalms.[271]

Häufig geht es um den Unglauben der Juden und ihre Bestrafung. In diesem Zusammenhang finden sich in den *Commentarioli* auch geradezu antijüdische Äußerungen. Zu Ps 1,1a lautet eine der vorgelegten Deutungen: „Selig, der nicht Jude, Heide, Häretiker ist".[272] Gott hat Christus vor den Pharisäern und Juden (zunächst) bewahrt.[273] Die Juden haben Christus geschmäht, aber er hat für sie gebetet.[274] Die Juden schrien „Kreuzige, kreuzige ihn!" und wurden dabei angestachelt von den Dämonen.[275] Sie sollen aber wissen, dass Christus nicht durch ihre und die Macht

---

266 Zum Thema ‚Hieronymus und die Juden' siehe SCHRECKENBERG, *Adversus Judaeos-Texte* 333–339; BROWN, *Vir Trilinguis* 167–183

267 *In psalm.* 1,1a.3, unten 70–73.

268 *In psalm.* 8,2a, unten 98f.

269 *In psalm.* 21,1a, unten 120f.

270 *In psalm.* 86,4, unten 176–179.

271 *In psalm.* 104,1a, unten 196f.

272 *In psalm.* 1,1a, unten 70f. Vgl. *in psalm.* 17,44, unten 112f.

273 *In psalm.* 30,21, unten 132f.

274 *In psalm.* 68,14a, unten 160–163, vgl. auch 21,7b, unten 122f.

275 *In psalm.* 67,23a.24, unten 158–161.

des Pilatus und Herodes gelitten hat, sondern durch den Willen des Vaters.[276] Weil die Juden den Sohn Gottes nicht anbeten wollten, zürnte ihnen Gott und sie gingen verloren vom rechten Weg.[277] Die Juden sind von Gott entfremdet.[278] Sie sollen die tieferen Geheimnisse des Gesetzes nicht erkennen. Sie sollen den Römern immer dienen. Ihr Haus wird ihnen öde gelassen; als Christus sich von Judäa zurückzog, zogen sich mit ihm auch die Heere der Engel zurück.[279] Zu Ps 15, 6 a wird Christus in den Mund gelegt: Statt des einen Israel habe ich als Erbe den ganzen Erdkreis erlangt.[280] Während Israel verschmäht wurde, werden die Heidenvölker zur Kirche Christi zusammengerufen.[281] Gott liebt die Kirche mehr als alle Zelte der Juden.[282] Juden gelten als Feinde der Kirche.[283] Die verruchte Synagoge soll schweigen.[284] Gott hat den Wahnglauben des alten Gesetzes aufgehoben und die Opfer und Zeremonien der Juden zur Gottesverehrung des Evangeliums gewandelt.[285] Ps 58, 12 bc wird gedeutet: „Vernichte die Juden nicht völlig, weil sie immer dein Volk genannt worden sind; zerstreue sie vielmehr auf dem ganzen Erdkreis, damit sie wenigstens so gezüchtigt werden und daher aufhören, sich zu überheben."[286]

---

276 *In psalm.* 108, 27, unten 202f

277 *In psalm.* 2, 12, unten 78f.

278 *In psalm.* 57, 4a unten 150f.

279 *In* psalm. 68, 24ab.26b, unten 162f.

280 *In psalm.* 15, 6a, unten 108f.

281 *In psalm.* 95, 7a, unten 186f.

282 *In psalm.* 86, 2, unten 176f.

283 *In psalm.* 67, 12, unten 156f.

284 *In psalm.* 20, 5b, unten 116f.

285 *In psalm.* 39, 7c.8, unten 142f, vgl. auch 67, 10b unten 156f.

286 *In psalm.* 58, 12bc, unten 152f. Solche antijüdischen Äußerungen sind miteinzuschließen, wenn das Zweite Vatikanische Konzil 1965 sagt: „Im Bewusstsein des Erbes, das sie mit den Juden gemeinsam hat, beklagt die Kirche ... alle Hassausbrüche ... und Manifestationen des Antisemitismus, die sich zu irgendeiner Zeit und von irgendjemandem gegen die Juden gerichtet haben." (VATICANUM II, *Declaratio de ecclesiae habitudine ad religiones non-christianas* 493).

Es gibt aber in den *Commentarioli* auch positive Aussagen über die Juden: Das Heil kommt von den Juden und dort ist auch der Anfang der Kirche.[287] Christus ist aus dem Stamm Juda hervorgegangen.[288] Die Fürsten unseres Glaubens, die Apostel, stammen von den Juden.[289] Israel mag Gott belogen haben, dennoch wird er an seinem Versprechen festhalten, das er ihren Vätern gegeben hat und er wird das Versprochene erfüllen, auf dass, wenn die Fülle der Völker zum Heil gelangt ist, dann auch ganz Israel gerettet werde.[290]

4. Empfehlung für den Gebrauch einiger Psalmverse

An drei Stellen empfiehlt Hieronymus einen Psalmvers für besondere Situationen. Der Vers Ps 9,29 („Er sitzt im Hinterhalt mit den Reichen, um im Verborgenen den Schuldlosen zu töten") sei treffend zu gebrauchen, wenn noch einmal durch Senatsbeschluss eine Verfolgung gegen die Christen veranlasst werde.[291] Ps 68,34 („Denn Gott erhört die Armen und seine Gefesselten verachtete er nicht") würde sich gut eignen für eine Ansprache zum Lob der Märtyrer.[292] Und für den Fall, dass wir einmal einen ungerechten Richter ertragen müssen, fordert er uns auf, den Vers Ps 145,7 („Der die Treue wahrt in Ewigkeit, der Recht schafft denen, die Unrecht leiden") zu bedenken und darauf zu vertrauen, dass wir in Gott einen gerechten Richter haben.[293]

Eine ansprechende Empfehlung gibt Hieronymus zu dem in den Psalmen 71-mal vorkommenden Wort *diapsal-*

---

287 *In psalm.* 67,27b, unten 160f.
288 *In psalm.* 59,9c, unten 152f.
289 *In* psalm. 67,26, unten 160f.
290 *In psalm.* 80,16, unten 172f; vgl. auch 58,7, unten 150–153.
291 *In psalm.* 9,29, unten 102f.
292 *In psalm.* 68,34, unten 162f.
293 *In psalm.* 145,7, unten 234f.

ma (hebräisch SELA). Aquila hat es mit ‚immer' übersetzt. Hieronymus meint deshalb, es zeige die Fortdauer von dem an, was davor gesagt wurde. Und wir sollten bedenken: Überall, wo das SELA steht, beziehe sich der Text nicht so sehr auf die gegenwärtige Zeit, sondern auf die ewige.[294]

VII. Zum Text und seiner Überlieferung

Ein Großteil der *Commentarioli* wurde schon früh (5.–8. Jahrhundert)[295] mit Psalmerklärungen anderer Herkunft zu einem neuen Werk verarbeitet. Das Ergebnis, das *Breviarium in Psalmos*, wurde unter dem Namen des Hieronymus tradiert. Es wurde aber schon im 16. Jahrhundert erkannt, dass dieses Werk nicht als Ganzes auf Hieronymus zurückgehen kann.[296]

Ende des 19. Jahrhunderts wurden die ursprünglichen *Commentarioli in Psalmos* von Morin in fünf Handschriften (aus dem 8., 9., 10. und 12. Jahrhundert) wiederentdeckt und 1895 in einer kritischen Ausgabe veröffentlicht.[297] Diese wurde 1959 in *Corpus Christianorum*, *Series Latina* 72 und 1960 in *Patrologia Latina*, *Supplementum II*, nachgedruckt.

In seiner *Praefatio* beschreibt Morin die von ihm benutzten Handschriften und seine Kriterien für die Auswahl der Lesarten.[298] Von Morins Text, der sich vor allem nach den

---

294 Siehe Einleitung, oben 34; *in psalm.* 4,3b, unten 82–85.

295 Vgl. CPL 629.

296 Vgl. Morin, *Hieronymus* 165f.170f.

297 Eine von Swete, *St. Jerome* 429, angeregte Textkorrektur zu Ps 123 (*apud Graecos* statt *apud Hebraeos*) wurde später von Morin, *Un essai* 386, akzeptiert.

298 Morin, *Hieronymus* 168–170.

älteren Handschriften richtet, wird in dieser Ausgabe an einigen wenigen Stellen abgewichen, wo andere Lesarten dem Zusammenhang besser entsprechen.[299]

Die vorliegende Ausgabe legt den Nachdruck im *Corpus Christianorum, Series Latina* zugrunde. Die im *Thesaurus Sancti Hieronymi, Series A, XLV,* verzeichneten Druckfehler wurden korrigiert.[300] Die Buchstaben *v* und *u* wurden nach den Regeln der Fontes Christiani gesetzt.[301]

---

[299] *In psalm.* 3, 8 ab, unten 80–83: LECHI statt LEHI; 5, 8 a, unten 86 f: *in domum* statt *ad domum*; 19, 4 a, unten 114 f: *mortuus sit* statt *mortuus sis*; 24, 16 b, unten 124 f: *unicus* statt *unigenitus*; 140, 7, unten 230–233: *scindit* statt *scindet*. Ferner wurde *in psalm.* 114, unten 208 f, ein überflüssiges *habet* in eckige Klammern gesetzt. Zu der Lesart *in psalm.* 76, 1 b, unten 168 f, *veteribus* statt *veris,* vermerkt MORIN im Apparat: „Obwohl ich diese Lesart für zutreffender halte, wollte ich sie dennoch nicht gegen das Zeugnis der wichtigeren Kodizes übernehmen"; lateinisch: *quam quidem lectionem etsi magis probem, tamen contra fidem praecipuorum recipere nolui* (MORIN, *Hieronymus* 218).

[300] Ebenso ein weiterer Druckfehler *in psalm.* 68: *mensam* statt *mensum*, unten 162.

[301] Diese Arbeit ist ALFRIED DANNENBERG und ADELHEID VOGELWIESCHE-DANNENBERG gewidmet.

TEXT UND ÜBERSETZUNG

Sancti Hieronymi
Excerpta de Psalterio

Prologus

Proxime cum Origenis psalterium, quod „Enchiridion“ ille vocabat, strictis et necessariis interpretationibus adnotatum in commune legeremus, simul uterque deprehendimus nonnulla eum vel praestrinxisse leviter, vel intacta penitus reliquisse, de quibus in alio opere latissime disputavit: quo scilicet non putaret rem magnam brevi sermone concludere. Igitur pro familiaritate, quae inter nos est, studiose et sedule postulasti, ut quaecumque mihi digna memoria videbantur, signis quibusdam potius quam interpretationibus adnotarem; et quod solent ii facere, qui in brevi tabella terrarum et urbium situs pingunt, et latissimas regiones in modico spatio | conantur ostendere, ita in psalterii opere latissimo quasi praeteriens aliqua perstringerem, ut ex paucis quae tetigissem, intellegantur et cetera, quae omissa sunt, quam vim habeant atque rationem. Non quo putem a me posse dici quae ille praeteriit: sed quod ea quae in tomis vel in omiliis ipse disseruit, vel ego digna arbitror lectione, in hunc angustum commentariolum referam. Explicit prologus.

Des heiligen Hieronymus Anmerkungen zum Psalter

Vorrede

Neulich, als wir das Psalterium des Origenes, welches dieser „Enchiridion“[1] nannte und das mit knappen und notwendigen Erklärungen versehen ist, gemeinsam lasen, haben wir beide zugleich festgestellt, dass er manches entweder nur leicht gestreift oder ganz unberührt gelassen hat, womit er sich dann in einem anderen Werk ausführlich auseinandersetzte. Dabei meinte er natürlich nicht, dass er eine große Sache nur mit wenigen Worten abschließen wollte. Entsprechend der Vertrautheit, die zwischen uns herrscht, hast du daraufhin eifrig und nachdrücklich gefordert, dass ich, was immer mir erwähnenswert erscheint, lieber mit einigen weiterführenden Hinweisen als bloß mit solchen Erklärungen versehen sollte. Und ich sollte so, wie es diejenigen zu tun pflegen, die auf einer kleinen Tafel die Lage von Ländern und Städten darstellen und weitausgedehnte Gebiete auf kleinem Raum zu zeigen versuchen, in dem ausgedehnten Werk des Psalters gleichsam im Vorbeigehen einiges nur kurz antippen, so dass aus dem Wenigen, was ich berührt hätte, auch das Übrige verstanden werden könne, das übergangen wurde: welche Bedeutung und welchen Sinn es habe. Nicht weil ich etwa glaubte, von mir könne gesagt werden, was jener übergangen hat; vielmehr will ich, was jener in Kommentaren und Homilien auseinandergesetzt hat oder was ich für lesenswert halte, in diesen kurzgefassten kleinen Kommentar einbringen.[2]
Ende der Vorrede.

[1] Siehe Einleitung, oben 29.
[2] Siehe Einleitung, oben 13f.

I.

1a *Beatus vir qui non abiit in consilio impiorum.* Quidam dicunt hunc psalmum quasi praefationem esse Spiritus sancti, et ideo titulum non habere; alii, in eo quod primus sit ordinis sui, habere principium, et πλεονασμοῦ esse vitium, eum primum dicere, ante quem nullus sit. Aliter: apud Hebraeos et | primus et secundus unus est psalmus, | 179 quod in apostolorum quoque Actibus conprobatur. Denique quia a beatitudine coeperat, in beatitudine desivit, dicens: Beati omnes qui confidunt in eum. Aliter: beatus qui non cogitavit, non fecit, non docuit mala. Aliter: beatus qui non est Iudaeus, gentilis, haereticus. Aliter: Tertullianus in libro de Spectaculis adserit hunc psalmum et de Ioseph posse intellegi, qui corpus Domini sepelivit, et de his qui ad spectacula gentium non conveniant.

1b *Et in via peccatorum non stetit.* Non dixit: ‚Et in via peccatorum‘ non ambulavit; hoc quippe inpossibile est, quia nullus absque peccato, ne si unius quidem horae fuerit vita eius: [nullum sine peccato dicit]; sed: ‚In via peccatorum non stetit‘, hoc est, qui non perseveravit in delicto, sed per paenitentiam ad meliora conversus est.

1c *Et in cathedra pestilentium non sedit.* Pro ‚pestilentibus‘, in hebraeo ‚delusores‘, habet, quod scilicet

---

[3] Die Anmerkungen zu Ps 1,1a sind ein Musterbeispiel für die Form der Kommentierung. Siehe dazu Einleitung, oben 25.

[4] Unter Pleonasmus (von πλεονάζω ‚überflüssig sein‘) versteht man das Nebeneinander von sinngleichen Aussagen.

[5] Vgl. BABYLONISCHER TALMUD, Berakhoth 9b.10a (1,32 GOLDSCHMIDT).

[6] Die meisten Textzeugen überliefern in Apg 13,33: „im zweiten Psalm“. Hieronymus benutzte — wie auch ORIGENES und HILARIUS — eine Ausgabe mit der Lesart: „im ersten Psalm“.

[7] Ps 2 endet mit dieser Seligpreisung.

[8] TERTULLIAN, *spect.* 3 (SCh 332,102 114; Übersetzung: 106–108 KELLNER).

I.

1a *Selig der Mann, der nicht wegging im Rat der Gottlosen.* Einige sagen,[3] dieser Psalm sei gleichsam die Vorrede des Heiligen Geistes und habe deshalb keine Überschrift; andere sagen, weil er der erste in seiner Ordnung sei, bilde er den Anfang und es sei ein Pleonasmus-Fehler[4], ihn als Ersten zu bezeichnen, vor dem es keinen anderen gebe. Eine andere Erklärung: Bei den Hebräern ist der erste und der zweite Psalm ein einziger,[5] was auch in der Apostelgeschichte[6] bestätigt wird. Außerdem hat er, da er mit einer Seligpreisung begonnen hatte, auch mit einer Seligpreisung geendet, indem er sagte: Selig alle, die auf ihn vertrauen.[7] Eine andere Erklärung: Selig, der Böses nicht dachte, nicht tat, nicht lehrte. Eine andere Erklärung: Selig, der nicht Jude, Heide, Häretiker ist. Eine andere Erklärung: Tertullian erklärt im Buch über die Schauspiele,[8] dieser Psalm könne sowohl von Josef verstanden werden, der den Leib des Herrn begraben hat (vgl. Mt 27,57–60; Mk 15,42–46; Lk 23,50–53; Joh 19,38–42), als auch von denen, die zu den Schauspielen der Heiden nicht hingehen.

1b *Und auf dem Weg der Sünder nicht stand.* Er sagt nicht: ‚Und auf dem Weg der Sünder' nicht wandelte. Das ist freilich unmöglich, weil keiner ohne Sünde ist, auch nicht, wenn sein Leben nur eine Stunde gedauert hätte.[9] [Keiner ist ohne Sünde, sagt er.][10] Sondern: ‚Auf dem Weg der Sünder nicht stand'. Das heißt: der in der Übertretung nicht verharrte, sondern durch Buße sich zum Besseren bekehrt hat.

1c *Und auf dem Lehrstuhl der Verpesteten nicht saß.* Für ‚Verpestete' steht im Hebräischen ‚Spötter', weil nämlich

---

[9] Vgl. Ijob 14,4–5a LXX: „Denn wer ist rein von Befleckung? Niemand, wenn auch sein Leben auf Erden nur einen Tag währte".

[10] Vermutlich handelt es sich um eine nachträglich in den Text geratene Randglosse (vgl. MORIN, *Hieronymus* 179).

omnes discipulos perversus doctor inludat. Unde et Hieremias: „Non sedi“, ait, „in concilio ludentium“.

2a *Sed in lege Domini voluntas eius.* Tribus duo rettulit: ut habeat voluntatem, ut voluntati iungat et studium.

2b *Et in lege eius meditabitur die ac nocte.* Meditatio legis Dei est, non solum in legendis scripturis, sed etiam in his quae scripta sunt perpetrandis. Iustus igitur sive manducat, sive bibit, sive dormit, in nomine Domini omnia faciens, meditatur legem eius die ac nocte.

3ab *Et erit tam|quam lignum quod plantatum est secus decursus aquarum.* Pro ‚plantato‘, ‚transplantatum‘, Aquila transtulit. Lignum autem, cui vir beatus conparatur, sapientiam puto, de qua et Salomon loquitur: „Lignum est vitae his qui sequuntur eam“.

3e *Et omnia quaecumque fecerit prosperabuntur.* Iudaei hunc psalmum dictum esse aestimant de Iosia, quod solus inter profanos reges non abierit in consilio impiorum, sed secutus sit legem Dei: verum hoc quod modo lectum est ‚Et omnia quae faciet prosperabuntur‘, non solum de Iosia, sed de nullo sanctorum accipi potest, nisi forte in futuro saeculo. Melius igitur de eo intellegimus homine, qui a Salvatore nostro adsumptus est atque salvatus: non quo alium adsumpsisse, alium adsumptum esse testemur ; sed quo unus atque idem filius Dei et filius hominis, qui ante saecula Verbum semper fuit, — ipse postea et carnem est dignatus adsumere.

---

[11] So deutet Hieronymus diesen Vers auch in *tract. in psalm. I* 1 (CCL 78,5) und *epist.* 127,4 (CSEL 56/1,148; Übersetzung: 184 SCHADE).

[12] In Sir 24,1–14 sagt die Weisheit von sich, dass sie, die in Höhen wohnte, von Gott zu seinem Volk gesandt wurde und wie ein Baum dort Wurzel fasste, also gewissermaßen ‚verpflanzt‘ wurde. Hieronymus denkt hier offensichtlich an Christus. In *tract. in psalm. I* 1 (CCL 78,6) äussert er das ausdrücklich mit Bezug auf 1 Kor 1,24 („Christus, Gottes Kraft und Gottes Weisheit“).

[13] Vgl. Einleitung, oben 57f.

[14] Im Gegensatz zu dieser Deutung legt Hieronymus in seiner Predigt zu Ps 1 ausführlich dar, warum dieser Psalm nicht auf Christus zu beziehen ist, sondern auf jeden gerechten Menschen (*tract. in psalm. I* 1

ein verderbter Lehrer mit allen Schülern sein Spiel treibt. Daher sagt auch Jeremia: „Nicht saß ich im Rat der Spötter" (Jer 15,17).

2a *Sondern im Gesetz des Herrn ist sein Wille.* Den dreien hat er zwei entgegengesetzt: dass er den Willen habe, dass er dem Willen auch den Eifer hinzufüge.

2b *Und über sein Gesetz meditiert er Tag und Nacht.* Die Meditation über das Gesetz Gottes besteht nicht nur im Lesen der Schriften, sondern auch im Vollbringen dessen, was geschrieben ist. Ob also der Gerechte isst oder trinkt oder schläft, indem er das alles tut im Namen des Herrn, meditiert er sein Gesetz Tag und Nacht.[11]

3ab *Und er wird sein wie ein Baum, der gepflanzt ist an Wasserläufen.* Statt ‚gepflanzt' hat Aquila ‚verpflanzt' übersetzt. Den Baum aber, mit dem der glückliche Mann verglichen wird, halte ich für die Weisheit[12], von der auch Salomo sagt: „Baum des Lebens ist sie denen, die ihr folgen" (Spr 3,18).

3e *Und alles, was immer er tun wird, wird Erfolg haben.* Die Juden meinen, dieser Psalm handle von Joschija (vgl. 2Kön 22,1 – 23,30, besonders 22,2 und 23,25), dass er als einziger unter unheiligen Königen nicht weggegangen ist im Rat der Gottlosen, sondern dem Gesetz Gottes gefolgt ist; aber was soeben gelesen wurde ‚Und alles, was er tun wird, wird Erfolg haben' kann nicht nur nicht von Joschija, sondern von keinem der Heiligen verstanden werden, außer etwa in der kommenden Welt. Besser verstehen wir den Psalm von dem Menschen, der von unserem Retter angenommen und erlöst ist. Nicht als wollten wir bezeugen, dass einer angenommen habe, ein anderer angenommen worden sei;[13] sondern dass der eine und selbe Gottessohn und Menschensohn, der vor den Zeiten als das Wort immer war (vgl. Joh 1,1) — dass dieser später geruht hat, auch Fleisch anzunehmen (vgl. Joh 1,14).[14]

[CCL 78,3]).

4a *Non sic impii.* Id quod secundo dicitur ‚Non sic', in hebraeis voluminibus non habetur, sed ne in ipsis quidem Septuaginta interpretibus: nam ἑξαπλοῦς Origenis in Caesariensi bibliotheca relegens semel tantum scriptum repperi.

4b *Sed tamquam pulvis quem proicit ventus. A facie terrae*: nec hoc quidem in veteribus habetur exemplaribus.

5a *Ideo non resurgunt impii in iudicio.* Non quia non resurgant, sed quia in iudicium non resurgant: iam enim de his praeiudicatum est.

5b *Neque peccatores in con|silio iustorum.* Si non resur- | 181
gunt peccatores in consilio iustorum, diversa est peccatorum iustorumque resurrectio.

6a *Quia cognoscit Dominus viam iustorum.* Nihil aliud cognoscit Dominus, nisi quod notitia eius dignum est. „Cognoscit quippe Dominus eos qui eius sunt". Et: „Si quis nescit, nescietur". Et ad peccatores dicitur: „Discedite a me, operarii iniquitatis, non novi vos". Viam autem iustorum, illum puto esse, qui loquitur: „Ego sum via". De quo et propheta dicit: „Videte quae sit via bona".

6b *Et iter impiorum peribit.* Quam clementer: non impii peribunt, sed impietas.

II.

1bc *Quare fremuerunt gentes, et populi meditati sunt inania?* Audacis est, hunc psalmum interpretari velle post

---

[15] Zur Hexapla siehe Einleitung, oben 30; zur Bibliothek in Caesarea siehe FÜRST, *Hieronymus* 71.

[16] Vgl. Einleitung, oben 56.

[17] Vgl. Hieronymus, *in Gal.* 4,9 (PL 26,403), und *in Ier.* 19,4 (CCL 74,183f).

[18] In *tract. in psalm. I* 1 (CCL 78,11) fordert Hieronymus noch deut-

4a *Nicht so die Gottlosen.* Das ‚Nicht so', das zum zweiten Mal gesagt wird, steht nicht in den hebräischen Buchrollen, aber auch nicht einmal bei den Siebzig Übersetzern; denn als ich die Hexapla[15] des Origenes in der Bibliothek in Caesarea studierte, fand ich es nur einmal geschrieben.

4b *Sondern sie sind wie Staub, den der Wind verweht. Vom Angesicht der Erde*: Auch das steht nicht in den alten Exemplaren.

5a *Deshalb stehen die Gottlosen nicht auf im Gericht.* Nicht dass sie nicht auferstehen, vielmehr dass sie nicht zum Gericht auferstehen; es ist nämlich über sie das Urteil schon ergangen.

5b *Und die Sünder nicht in der Versammlung der Gerechten.* Wenn die Sünder nicht auferstehen in der Versammlung der Gerechten, dann ist die Auferstehung von Sündern und Gerechten verschieden.[16]

6a *Denn der Herr kennt den Weg der Gerechten.* Nichts anderes kennt der Herr, als was seiner Beachtung würdig ist.[17] „Der Herr kennt ja diejenigen, die ihm gehören" (2Tim 2,19). Und: „Wer nicht erkennt, der wird auch nicht erkannt werden" (1Kor 14,38). Und zu den Sündern heißt es: „Weichet von mir, ihr Übeltäter, ich kenne euch nicht" (Lk 13,27). Der Weg der Gerechten aber ist der, so meine ich, der sagt: „Ich bin der Weg" (Joh 14,6). Von dem auch der Prophet sagt: „Seht, welches der gute Weg ist" (Jer 6,16).[18]

6b *Der Weg der Gottlosen wird vergehen.* Wie milde! Nicht die Gottlosen werden vergehen, sondern die Gottlosigkeit.

II.

1bc *Warum murrten die Heiden und sannen die Völker auf Nichtiges?* Nur ein Verwegener würde diesen Psalm nach

---

licher: „Lasst uns also in Christus wandeln — und Gott, der Vater, kennt unseren Weg".

Petrum: immo de eo aliud sentire quam in Actis apostolorum dixerit Petrus.

2a *Adstiterunt reges terrae.* Non solum Herodes rex, sed etiam illi reges adversus Dominum constiterunt, quorum regna ei in puncto temporis diabolus ostendit.

3a *Disrumpamus vincula eorum.* Quattuor praecedentes versus vel propheta vel angeli sunt locuti, mirantes quare humana temeritas adversum Dei Filium consurrexerit. A quinto autem versiculo Dominus ipse respondet, cohortans populum gentilium, et omnes qui sibi ex Iudaeis credituri sunt, ut legalia vincula dissolvant, et grave onus legis abiciant, quod non potuerunt portare patres eorum ; sed sequantur eum, cuius iugum suave est, et onus leve.

4a *Qui habitat in caelis inridebit eos.* Per humanae sermocinationis exempla affectus Dei discimus: non quo | ille quemquam derideat, sed quo nos derisu digna faciamus.

4b *Et Dominus subsannabit eos.* Subsannatio proprie rugata fronte et contracto naso exprimitur. Absit itaque hoc nos de Deo corporaliter aestimare, quod etiam in gravibus viris quidam reprehensione dignum arbitrantur.

5a *Tunc loquetur ad eos in ira sua.* De ira Dei et Lactantius librum pulcherrimum scripsit, et ipse Origenes creberrime disputavit: non tam iram esse, quam necessariam correptionem, ut patris in filium, medici in aegrotum, magistri

---

[19] Nach der Apostelgeschichte ist es die Urgemeinde, die mit PETRUS und JOHANNES versammelt, im Gebet die Verse Ps 2,1 f auf das Schicksal Jesu bezieht.

[20] In der Apg 4,27 ist HERODES ANTIPAS gemeint, ein Sohn HERODES DES GROSSEN, der von 4 v. Chr. bis 39 n. Chr. Tetrarch von Galiläa und Peräa war.

[21] Hieronymus zählt hier Halbverse.

[22] Vgl. Einleitung, oben 57.

[23] LAKTANZ, *ira* (CSEL 27). Vgl. PERRIN, *Lactance* 105.

[24] Vgl. die Übersetzung des Hieronymus, *hom. Orig. in Ez.* 1,2 (SCh 352,42.44): „Der Zorn Gottes ist nicht so sehr Zorn, als vielmehr not-

Petrus noch erklären wollen oder gar über ihn etwas anderes denken, als Petrus in der Apostelgeschichte (vgl. Apg 4,25–28[19]) gesagt hat.

2a *Es standen auf die Könige der Erde.* Nicht nur der König Herodes[20], sondern auch jene Könige traten gegen den Herrn auf, deren Reiche ihm der Teufel in einem Augenblick gezeigt hat (vgl. Lk 4,5).

3a *Lasst uns ihre Fesseln zerreißen.* Die vier[21] vorhergehenden Verse haben entweder der Prophet oder die Engel gesprochen, weil sie sich wunderten, warum die menschliche Verwegenheit gegen den Sohn Gottes aufgestanden ist. Vom fünften Vers an antwortet aber der Herr selbst, indem er das Volk der Heiden und alle, die von den Juden ihm glauben werden, ermutigt, dass sie die gesetzlichen Fesseln auflösen und die schwere Last des Gesetzes abwerfen, die ihre Väter nicht tragen konnten (vgl. Apg 15,10); dass sie vielmehr ihm folgen, dessen Joch sanft und dessen Last leicht ist (vgl. Mt 11,30).

4a *Der in den Himmeln wohnt, wird über sie lachen.* Durch Beispiele menschlicher Redeweise lernen wir die Gefühle Gottes kennen, nicht dass er irgendjemanden auslacht, sondern dass wir Dinge tun, die verdienen ausgelacht zu werden.

4b *Und der Herr verhohnt sie.* Verhöhnung im eigentlichen Sinn wird ausgedrückt durch gerunzelte Stirn und gerümpfte Nase. Es sei daher fern von uns, dies von Gott körperlich aufzufassen, was manche schon bei angesehenen Männern als tadelnswert erachten.[22]

5a *Dann wird er zu ihnen sprechen in seinem Zorn.* Über den Zorn Gottes hat Laktanz ein sehr schönes Buch geschrieben[23] und auch Origenes[24] selbst hat sich sehr häufig damit auseinandergesetzt: dass es nicht so sehr Zorn sei, als vielmehr notwendiges Schelten, wie der Vater den Sohn, der Arzt den Kranken, der Lehrer den Schüler schilt;

---

wendige Anordnung ... Gott ist Arzt, Gott ist Vater".

in discipulum: iram autem patientibus videri, non quod Deus emendet iratus.

5b *Et in furore suo conturbabit eos.* Sicut in epistula ad Romanos: „Reuelatur", inquit, „ira Dei", ut qui eam venturam intellegunt, studeant devitare; ita et in praesenti loco benigne non ait, ‚puniet', sed, ‚turbabit': ut absque poenis, qui turbatus est, corrigatur.

7 *Dominus dixit ad me: Filius meus es tu, ego hodie genui te.* „Iesus Xpistus est heri et hodie et in aeternum". Recte autem ei, qui natus est in tempore, dicitur:

8a.9b *Postula a me, et dabo tibi gentes hereditatem tuam. Tamquam vas figuli confringes eos.* Vas figuli ante quam in testam fuerit obduratum, si dissipetur, reformabile est. Lege Hieremiam. Si autem semel testa fracta fuerit, nequaquam in integrum conpingi potest. Verum „quae apud homines inpossibilia sunt, apud Deum possibilia."

12ab *Adprehendite disciplinam, ne quando irascatur Dominus.* Pro eo quod in graeco dicitur δράξασθε παιδείας, in hebraeo legitur NESCU BAR, quod interpretari potest, ‚Adorate filium'. Apertissima itaque de Xpisto prophetia est, et ordo praecepti: Adorate Filium, ne forte irascatur Dominus, hoc est Pater.

12c *Et pereatis de via recta.* Iudaei quia noluerunt adorare Filium, iratus est eis Dominus, et perierunt de via recta.

III.

1 *Psalmus David, quando fugit a facie Abessalon filii sui.* Iste psalmus posterior est sequentibus plurimis, qui ad

---

[25] Die von MORIN herangezogenen Manuskripte schreiben immer *Xpristus*, das heißt mit den griechischen Anfangsbuchstaben X (Chi) und P (Rho).

[26] Zu dieser Stelle hat sich Hieronymus an anderer Stelle ausführlich geäußert: siehe Einleitung, oben 16.

es erscheine aber denen, die es erleiden, als Zorn; es ist aber nicht so, dass Gott voller Zorn züchtigt.

5b *Und in seinem Grimm wird er sie erzittern lassen.* Wie es im Brief an die Römer heißt: „Offenbart wird der Zorn Gottes" (Röm 1,18), damit, wer ihn kommen sieht, sich bemüht, ihn zu vermeiden. So sagt er auch milde an der vorliegenden Stelle nicht ‚er wird bestrafen', sondern ‚er wird erzittern lassen', damit, wer erzittert, ohne Strafen gebessert werde.

7 *Der Herr sprach zu mir: Mein Sohn bist du, ich habe dich heute gezeugt.* „Jesus Christus[25] ist gestern und heute und in Ewigkeit" (Hebr 13,8). Richtig aber wird ihm, der in der Zeit geboren wurde, gesagt:

8a.9b *Fordere von mir und ich werde dir die Völker als dein Erbe geben. Wie ein Töpfergefäß wirst du sie zertrümmern.* Wenn ein Töpfergefäß zerteilt wird, bevor es zu einem gebrannten Geschirr gehärtet ist, kann es neu geformt werden. Lies Jeremia (vgl. Jer 19,11)! Wenn aber ein bereits gebranntes Tongefäß zerbrochen ist, kann es auf keine Weise wieder heil zusammengefügt werden. Aber „was bei Menschen unmöglich ist, ist bei Gott möglich" (Lk 18,27).

12ab *Nehmet Zucht an, damit der Herr nicht etwa zürne.* Für das, was im Griechischen heißt δράξασθε παιδείας, liest man im Hebräischen NESCU BAR, das übersetzt werden kann mit ‚Betet den Sohn an'[26]. Es ist also eine ganz klare Prophezeiung über Christus. Und die Reihenfolge des Gebotes ist: Betet den Sohn an, damit der Herr, das heißt der Vater, nicht etwa zürne.

12c *Und dass ihr verloren geht vom rechten Weg.* Weil die Juden den Sohn nicht anbeten wollten, zürnte ihnen der Herr und sie gingen verloren vom rechten Weg.

III.

1 *Psalm Davids, als er floh vor Abschalom, seinem Sohn.* Dieser Psalm ist später als die meisten folgenden, die zur

Saulis videntur historiam pertinere. Ante siquidem David a Saule est passus insidias, quam Abessalon adversus eum arma corriperet. Sed quia propositum ei erat, non tantum de se referre quae passus est, quam per exemplum sui omnes homines institueret, ideo primis secunda praeposuit, ut temptationum ordinem doceat: siquidem ante propter peccata corripimur, et postea propter virtutem probamur. In David vero temptationum ordo mutatus est: sub Saulis persecutione innocens fuit, sub Abessalon manifestissimi criminis reus tenetur Uria interfecto. — Lege quinquagesimi psalmi titulum, et intelleges, eum iuxta ordinem priorem esse quam tertium.

2b *Multi exsurgunt adversus me.* Potest hic psalmus et ad David, et ad Xpistum, et per eum ad omnes sanctos pertinere.

5b *Et exaudivit me de monte sancto suo.* Montem sanctum puto unigenitum esse Filium Dei, ad quem in novissimis diebus populi confluituri sunt, Esaia et Michaea hoc ipsum vaticinantibus. Sed et de ecclesia intellegitur: quia non potest abscondi civitas super montem posita.

6 *Ego dormivi, et soporatus sum: et exurrexi, quia Dominus suscipiet me.* Quasi somnus, inquit, et ludus eius persecutio fuit.

7a *Non timebo milia populi circumdantis me.* Et David potest hoc de Abessalon exercitu dicere; et Dominus de Iudaeis frementibus adversum se, et clamantibus: „Tolle, tolle, crucifige eum."

8a *Quoniam tu percussisti omnes adversantes mihi sine causa.* Percutit Dominus et vineas alienigenarum in gran-

---

[27] Vgl. Einleitung, oben 21f.

[28] Die Überschrift zu Ps 50 nennt als Situationsangabe für den Psalm: als der Prophet Natan zu David kam, nachdem dieser mit Batseba gesündigt hatte. Davon wird in 2 Sam 12 berichtet; von der in Ps 3 erwähnten Flucht Davids vor Abschalom dagegen erst in 2 Sam 15.

Geschichte Sauls zu gehören scheinen. David hatte ja früher die Nachstellungen von Saul erlitten (vgl. 1 Sam 18–27), bevor Abschalom gegen ihn zu den Waffen griff (vgl. 2 Sam 15). Aber weil er den Vorsatz hatte, nicht so sehr von sich zu berichten, was er erlitten hat, als vielmehr durch das Beispiel seiner selbst alle Menschen zu unterweisen, deshalb setzte er dem Ersten das Zweite voran, um die Reihenfolge der Prüfungen zu lehren; sofern wir ja früher wegen der Sünden getadelt und später wegen der Tugend als erprobt anerkannt werden. Bei David aber ist die Reihenfolge der Prüfungen umgekehrt. Bei der Verfolgung durch Saul war er unschuldig, bei der Verfolgung durch Abschalom wird er des offenkundigen Verbrechens für schuldig gehalten wegen des Mordes an Urija (vgl. 2 Sam 11).[27] – Lies die Überschrift des fünfzigsten Psalms und du wirst erkennen, dass dieser gemäß der Reihenfolge früher ist als der dritte.[28]

2b *Viele stehen gegen mich auf.* Dieser Psalm kann sich sowohl auf David als auch auf Christus und durch ihn auf alle Heiligen beziehen.

5b *Und er hat mich erhört von seinem heiligen Berg.* Ich glaube, der heilige Berg ist der eingeborene Sohn Gottes, zu dem in den letzten Tagen die Völker zusammenströmen werden, wie Jesaja (vgl. Jes 2,2) und Micha (vgl. Mi 4,1) das prophezeien. Aber er kann auch von der Kirche verstanden werden, denn eine Stadt, die auf einem Berg steht, kann nicht verborgen bleiben (vgl. Mt 5,14).

6 *Ich schlummerte und schlief; und ich stand auf, denn der Herr wird mich annehmen.* Wie der Schlaf, sagt er, und wie ein Spiel war seine Verfolgung.

7a *Nicht werde ich fürchten Tausende, die mich umlagern.* David kann das vom Heer des Abschalom sagen und Christus von den Juden, die gegen ihn murren und rufen: „Hinweg, hinweg, kreuzige ihn“ (Joh 19,15).

8a *Denn du hast alle zerschlagen, die ohne Grund mich bedrängen.* Der Herr zerschlägt die Weinstöcke der Fremden

dine; et Salvator, qui pro | nobis factus est omnia, percussus | 184
a Patre scribitur. „Percutiam pastorem, et oves dispergentur“. Et alibi: „Quoniam quem tu percussisti, persecuti sunt“. Pro ‚sine causa‘, autem, „maxilla“, legitur in hebraeo, id est LECHI; et quia „maxillam“ praemiserat, consequenter infertur:

8b *Dentes peccatorum conteruisti.* Respondeant ergo amici solius historiae, quomodo Deus maxillam percutiat, et confringat dentes peccatorum, pugilum contra se more certantium?

IIII.

2a *Cum invocarem te exaudisti me, Deus iustitiae meae.* Incongruum est hoc de David accipere, ut qui in superiori psalmo propter occisionem Uriae paene est interfectus a filio, nunc audeat dicere: Exaudivit me Deus iustitiae meae. Totus itaque psalmus ad Xpistum, et per Xpistum ad iustos referendus est. Horum simile quid etiam Iacob locutus est dicens: „Exaudiet me iustitia mea“.

2bc *In tribulatione dilatasti mihi: miserere mei, et exaudi orationem meam.* Licet mihi auxilium tuleris, et in tribulatione dilatasti mihi, tamen ego misericordia tua semper indigeo.

3b *Utquid diligitis vanitatem, et quaeritis mendacium? Diapsalma.* Verbum SELA Septuaginta interpretes, Symmachus, et Theodotion diapsalma transtulerunt, Aquila vero ‚semper‘; et puto aut musici cuiusdam soni esse signaculum, aut certe perpetuitatem eorum, quae praedicta

[29] Eine der Plagen, mit denen die Ägypter bestraft wurden (vgl. Ex 9,22–25).

[30] Siehe dazu Einleitung, oben 43f.

mit Hagel[29] (vgl. Ps 77,47); und der Erlöser, der für uns alles geworden ist, wird als vom Vater zerschlagen beschrieben. „Ich will den Hirten zerschlagen und die Schafe werden zerstreut“ (Sach 13,7). Und an anderer Stelle: „Denn den du zerschlagen hast, den haben sie verfolgt“ (Ps 68,27). Für ‚ohne Grund‘ aber liest man im Hebräischen „Kiefer“, das ist LECHI; und da er „Kiefer“ vorausgeschickt hatte, wird folgerichtig angefügt:

8b *Die Zähne der Sünder hast du zermalmt.* Die Liebhaber allein des historischen Sinns[30] sollen nun beantworten, wie Gott den Kiefer zerschmettert und die Zähne der Sünder zerbricht. In der Weise der Wettkämpfer, die sich mit Fäusten schlagen?

IIII.

2a *Als ich zu dir rief, hast du mich erhört, Gott meiner Gerechtigkeit.* Es ist unpassend, dies von David anzunehmen, dass er, der im vorherigen Psalm wegen der Tötung des Urija beinahe von seinem Sohn umgebracht wurde, jetzt zu sprechen wagt: Erhört hat mich der Gott meiner Gerechtigkeit. Der ganze Psalm ist daher auf Christus und durch Christus auf die Gerechten zu beziehen. Etwas Ähnliches hat auch Jakob gesagt: „Erhören wird mich meine Gerechtigkeit“ (Gen 30,33).

2bc *In Bedrängnis hast du mir Raum geschaffen, erbarme dich meiner und erhöre mein Gebet.* Wenngleich du mir Hilfe gebracht und mir in Bedrängnis Raum geschaffen hast, so bedarf ich doch immerfort deiner Barmherzigkeit.

3b *Warum liebt ihr den Schein und sucht Lüge? Diapsalma.* Das Wort SELA haben die Siebzig Übersetzer, Symmachus und Theodotion mit *diapsalma* übersetzt, Aquila aber mit *semper* (‚immer‘);[31] und ich glaube, dass es entweder ein Zeichen für irgendeinen musikalischen Ton ist oder dass es vielmehr die Fortdauer dessen anzeigt, was zuvor

31 Vgl. Einleitung, oben 30.34.

sunt, indicari: ut ubicumque SELA, hoc est, diapsalma sive ‚semper' adponitur, ibi sciamus non | tantum ad praesens | 185 tempus, verum ad aeternum, vel quae sequantur, vel quae praecesserint, pertinere.

5bc *Quae dicitis in cordibus vestris, et in cubilibus vestris conpungimini.* Quod in die cogitando peccatis, nocte expiate per lacrimas.

6a *Sacrificate sacrificium iustitiae, et sperate in Domino.* Sacrificium Deo immolate iustitiam, et consequenter sperabitis in Domino.

7a *Signatum est super nos lumen vultus tui, Domine.* In cuius facie lumen Domini signatum est, iste revelata facie gloriam Domini contemplatur. Tale signum et in gementium frontibus in libro Iezechielis prophetae notari Dominus praecepit.

8 *A fructu frumenti et vini eorum repleti sunt.* Id quod in plurimis codicibus invenitur, „et olei eorum", cum vetustum Origenis hexaplum psalterium revolverem, quod ipsius manu fuerat emendatum, nec in hebraeo, nec in ceteris editionibus, nec apud ipsos quoque Septuaginta interpretes repperi.

V.

1 *In finem pro ea quae hereditatem consequitur, psalmus David.* De ecclesia, quae in fine et consummatione mundi hereditatem consecutura est universis nationibus Xpisto credentibus, psalmus iste contexitur. Denique et ex persona eius oratio ad Deum dirigitur.

3b *Rex meus et Deus meus.* Rex et Deus ecclesiae Xpistus est.

---

32 Das *et* in diesem Satz, das in der Vulgata nicht steht, entspricht dem καί der Septuaginta: Der hebräische Satzbau wird nachgeahmt, obwohl er zugleich auch umgebaut wird.

33 Wörtlich ‚aufrollte', da es sich offenbar um eine Buchrolle handelte. Zur Hexapla des ORIGENES siehe Einleitung, oben 30.

gesagt wurde. So sollen wir wissen, wo immer SELA, das ist *diapsalma* oder ‚immer', hinzugesetzt wird, da bezieht sich das Folgende oder das Vorhergehende nicht so sehr auf die gegenwärtige Zeit, sondern auf die ewige.

5bc *Was ihr in euren Herzen sprecht, das bereut auf euren Lagern.*[32] Was ihr am Tage durch Gedanken sündigt, das sühnt nachts durch Tränen.

6a *Bringt ein Opfer der Gerechtigkeit dar und hofft auf den Herrn.* Als Opfer bringt Gott Gerechtigkeit dar und ihr werdet in rechter Weise auf den Herrn hoffen.

7a *Als Zeichen ist über uns gegeben das Licht deines Angesichts.* Auf wessen Gesicht das Licht des Herrn als Zeichen gegeben ist, der schaut mit unverhülltem Gesicht die Herrlichkeit des Herrn (vgl. 2 Kor 3,18). Der Herr hat im Buch des Propheten Ezechiel (vgl. Ez 9,4) befohlen, dass ein solches Zeichen auch auf die Stirn der Seufzenden gezeichnet werde.

8 *Vom Ertrag ihres Getreides und Weines sind sie gesättigt.* „Und ihres Öles", was in den meisten Codices zu finden ist, habe ich, als ich das alte Psalterium der Hexapla des Origenes aufschlug[33], das von seiner eigenen Hand verbessert war, weder im Hebräischen noch in den übrigen Editionen und auch nicht bei den Siebzig Übersetzern gefunden.

V.

1 *Zum Ende, für diejenige, die das Erbe erlangt, ein Psalm Davids.* Dieser Psalm spricht von der Kirche, die am Ende, bei der Vollendung der Welt, das Erbe erlangen wird, wenn alle Nationen an Christus glauben. Außerdem wird der Psalm auch in ihrem Namen[34] als Gebet an Gott gerichtet.

3b *Mein König und mein Gott.* König und Gott der Kirche ist Christus.

---

[34] Zum Ausdruck *ex persona* („in der Person" / „im Namen") siehe Einleitung, oben 42f.

4b.5a *Mane exaudies vocem meam: mane adstabo tibi, et videbo.* Postquam de corde meo tenebrae recesserint, et veri solis lumen fuerit obortum, tunc me exaudies, tunc tibi potero minister adsistere.

6b *Neque permanebunt iniusti ante oculos tuos.* Non quo iniusti non permaneant, et pereant in aeternum, sed quo iniusti esse desistant.

7a *Odisti, Domine, omnes qui operantur iniquitatem.* Si dixisset ‚qui operati sunt iniquitatem' nulla spes esset paenitentiae, et | odisset omnes: nunc autem eos odio habet, qui operantur iniquitatem, id est, qui in scelere perseverant.

7b *Perdes eos qui loquuntur mendacium.* Si perdet omnes qui loquuntur mendacium, peribunt omnes haeretici, qui loquuntur contra Deum mendacium: de quibus et sequens versiculus loquitur.

7c *Virum sanguinum et dolosum abominabitur Dominus.* Quia perversitate doctrinae suae cotidie scandalizant minimos, et effundunt sanguinem eorum. Sed et hoc ita accipiendum: non eos secundum substantiam perire, sed secundum id quod sanguinarii sunt et mendaces.

8a *Ego autem in multitudine misericordiae tuae introibo in domum tuam.* Totum, quod ingredimur in ecclesiam Dei, misericordiae eius est.

9b *Propter inimicos meos dirige in conspectu meo viam tuam.* Propter inimicos meos dirige in me viam tuam, ne me subplantent.

10b.11a *Cor eorum vanum est: sepulcrum patens est guttur eorum.* Ad haereticos et falsorum dogmatum magistros haec refer, quorum verba mortifera sunt et interficiunt innocentes.

---

[35] Vgl. die Erklärung zu Vers 6b.

4b.5a *Am Morgen wirst du meine Stimme erhören. Am Morgen werde ich bei dir stehen und ich werde sehen.* Nachdem von meinem Herzen die Finsternis gewichen und das Licht der wahren Sonne aufgegangen ist, dann wirst du mich erhören, dann werde ich zu dir als Diener hintreten können.

6b *Und die Ungerechten werden vor deinen Augen nicht bestehen.* Nicht weil die Ungerechten nicht bestehen blieben und auf ewig verschwinden würden, sondern weil sie aufhören, Ungerechte zu sein.

7a *Herr, du hasst alle, die Unrecht tun.* Wenn er gesagt hätte ‚die Unrecht getan haben', gäbe es keine Hoffnung für die Reue und er würde alle hassen. Nun hat er aber Hass gegen die, welche Unrecht tun, das heißt, die in der Bosheit verharren.

7b *Du wirst die verderben, die Lüge reden.* Wenn er alle verderben wird, die Lüge reden, dann werden alle Häretiker vergehen, die gegen Gott Lüge reden, von denen auch der folgende Vers spricht.

7c *Einen Mann des Blutvergießens und voller Tücke wird der Herr verabscheuen.* Denn durch die Verkehrtheit ihrer Lehre geben sie täglich den ganz Geringen Ärgernis und vergießen deren Blut. Aber auch dies ist so zu verstehen: Sie vergehen nicht in ihrer Existenz, sondern insoweit sie blutgierig und lügnerisch sind.[35]

8a *Ich aber werde in der Fülle deiner Barmherzigkeit in dein Haus hineingehen.* Dass wir in die Kirche Gottes eintreten, ist ganz das Werk seiner Barmherzigkeit.

9b *Wegen meiner Feinde bahne vor meinem Angesicht deinen Weg.* Wegen meiner Feinde bahne in mir deinen Weg, damit sie mich nicht zu Fall bringen.

10b.11a *Ihr Herz ist lügenhaft; ein offenes Grab ist ihre Kehle.* Beziehe dies auf die Häretiker und die Lehrer falscher Glaubenssätze, deren Worte todbringend sind und Unschuldige töten.

11c *Iudica illos, Deus.* Si iuxta primum psalmum non resurgunt impii in iudicio, hic pro haereticis postulat, ut per Dei iudicium corrigantur.

11d *Decidant a consiliis suis.* Quod superius postulavit: ut iudicet eos, et a perversis tandem consiliis desinant.

11e *Secundum multitudinem impietatum eorum expelle eos.* Non dixit unde expelli debeant, sed ordo nos et lectio ipsa deducit, ut intellegamus sic: Expelle eos ab impietatibus suis; sive ita: Expelle eos de terra hereditatis tuae, quam consecutura est ecclesia, de qua et titulus praenotatur. Expelluntur autem de terra hereditatis, si multitudinem habuerint impietatum.

13b *Domine, ut scuto bonae voluntatis tuae coronasti nos.* Scuto protegimur: et cum protecti fuerimus, coronamur.

VI.

1 *In finem, pro octava, psalmus David.* Iste et undecimus psalmus ‚pro octava' inscriptionem habent, resurrectionis et paenitentiae ac per hoc salutis nostrae mysterium continentes. In quo humanum genus postulat, ut corrigamur quidem | et iudicemur a Deo, sed non in ira et in furore eius. | 187 Longum est de sacramento huius numeri plura exempla revocare. Octo animae ingressae sunt in arcam Noe, quae in diluvio salvatae sunt. Octavus filius Iesse David fuit, qui et desperatur a patre, et a Deo solus elegitur. Octava die circumciduntur primogenita, et inmunda esse desistunt. Zacharias quoque pater Iohannis octava die circumcisionis filii sui

[36] Nach Gen 17,12 sind alle männlichen Kinder am achten Tag nach der Geburt zu beschneiden, so auch Lev 12,2f, wo nur von der Unreinheit der Mutter die Rede ist.

11c *Richte sie, Gott.* Wenn gemäß dem ersten Psalm die Gottlosen nicht im Gericht aufstehen, fordert er hier für die Häretiker, dass sie durch Gottes Gericht zurechtgewiesen werden.

11d *Abfallen sollen sie von ihren Plänen.* Was er schon weiter oben gefordert hat, dass Gott sie richte und sie endlich ablassen von ihren verkehrten Plänen.

11e *Wegen der Menge ihrer Frevel vertreibe sie.* Er sagt nicht, von wo sie vertrieben werden sollen. Aber die Reihenfolge und die Stelle selbst führen uns dahin, dass wir es so verstehen: Vertreibe sie von ihren Freveln. Oder so: Vertreibe sie von dem Land deines Erbes, das die Kirche erlangen wird, von der auch die Überschrift schon spricht. Sie werden aber vom Land des Erbes vertrieben, wenn sie eine Menge Frevel begangen haben.

13b *Herr, wie mit dem Schild deines Wohlwollens hast du uns bekränzt.* Mit dem Schild werden wir geschützt; und wenn wir geschützt sind, werden wir bekränzt.

VI.

1 *Zum Ende, für die Achte, ein Psalm Davids.* Dieser und der elfte Psalm haben als Überschrift: ‚Für die Achte', da sie das Geheimnis der Auferstehung und der Buße und damit das Geheimnis unseres Heils enthalten. Darin verlangt das Menschengeschlecht, dass wir zwar von Gott zurechtgewiesen und gerichtet werden, aber nicht in seinem Zorn und Grimm. Es dauert lange, die vielen Beispiele für das Geheimnis dieser Zahl in Erinnerung zu rufen. Acht Seelen gingen in die Arche des Noach, die in der Sintflut gerettet wurden (vgl. 1 Petr 3,20; 2 Petr 2,5). Der achte Sohn des Isai war David, auf den der Vater keine Hoffnung setzt, der aber von Gott als einziger auserwählt wird (vgl. 1 Sam 16,1–13). Am achten Tag werden die Erstgeborenen beschnitten und hören auf, unrein zu sein.[36] Auch Zacharias, der Vater des Johannes, spricht wieder am achten Tag, dem Tag der Beschneidung seines Sohnes (vgl. Lk 1,59.64).

loquitur. Et post dies octo, sive sex — utrumque enim in diversis evangelistis legitur — Dominus transformatur in monte: ut sic octonarius in sexto numero contineatur, quomodo nunc in sexto psalmo inscriptio ponitur ogdoadis.

2 *Domine, ne in furore tuo arguas me, neque in ira tua corripias me.* Paenitentiae psalmus est, et non emendari refutat et corripi, sed in furore et in ira: quia infirmus sit, et turbata sint ossa eius.

4b *Et tu Domine, usquequo?* Subauditur: usquequo animam meam, quae est turbata vehementer, — non eripis, — non corrigis, non emendas?

5a *Convertere, Domine, eruere animam meam.* Nisi animam nostram ante converterit, non eam potest eruere de periculo. Aliter: Domine, quia avertisti vultum tuum a nobis, convertere, et nos videre dignare, et erue animam nostram.

6a *Quoniam non est in morte qui memor sit tui.* Non enim mortui laudabunt Dominum, sed nos qui viventes sumus: quia non est Deus mortuorum, sed vivorum.

6b *In inferno autem quis confitebitur tibi?* Confessio pro ‚laude' posita est. Quod autem ait ‚quis confitebitur tibi?' non pro inpossibili, sed pro raro posuit. In omnibus enim Dei iudiciis delectatur sanctus, et laudat iudicia eius.

7a *Laboravi in gemitu meo.* Miserere mei: quia haec et haec, quae sequuntur, feci.

7b *Lavabo per singulas noctes lectum meum.* Qui cotidie lacrimis stratum rigat, non potest in cogitatione eius libidinum pompa subripere.

---

[37] Hieronymus, *in Matth.* 17,1 (CCL 77,147), erklärt die unterschiedliche Zahl der Tage damit, dass Mt (und Mk) die „mittleren Tage" genommen, Lk dagegen den ersten und letzten Tag hinzugezählt habe.

[38] Vgl. Einleitung, oben 33f.

[39] Vgl. Ps 6,3.

[40] Vgl. MEERSHOEK, *Latin Biblique* 67–69.

[41] Die *varia lectio* der Handschrift C *subrepere* ist dem besser bezeugten *subripere* (E A M) vorzuziehen, da die Verbindung von *cogitatio* und

Und nach acht Tagen oder sechs – beides liest man bei den verschiedenen Evangelisten (vgl. Lk 9,28; Mt 17,1; Mk 9,2) – wurde der Herr auf dem Berg verklärt; auf dass so die Acht in der Zahl Sechs enthalten ist[37], wie nun im sechsten Psalm die Acht in der Überschrift steht.[38]

2 *Herr, in deinem Grimm beschuldige mich nicht und in deinem Zorn weise mich nicht zurecht*. Es ist ein Psalm der Reue und er (*sc.* der Psalmist) verschmäht nicht, gebessert und zurechtgewiesen zu werden, nur nicht in Grimm und Zorn, weil er schwach sei und seine Gebeine erschüttert.[39]

4b *Und du Herr, wie lange noch?* Das ist so zu verstehen: Wie lange noch errettest du meine Seele nicht, die so sehr erschüttert ist – weist sie nicht zurecht – besserst sie nicht?

5a *Wende dich um, Herr, errette meine Seele*. Wenn er unsere Seele nicht vorher umgekehrt hat, kann er sie nicht aus der Gefahr erretten. Eine andere Erklärung: Herr, weil du dein Antlitz von uns abgewandt hast, wende dich um und sieh uns gnädig an und errette unsere Seele.

6a *Denn niemand ist im Tod, der sich deiner erinnert*. Nicht die Toten werden nämlich den Herrn loben, sondern wir, die wir lebendig sind (vgl. Ps 113,25f); denn er ist nicht ein Gott der Toten, sondern der Lebenden (vgl. Mk 12,27; Lk 20,38)

6b *Wer aber wird dich in der Unterwelt bekennen?* Bekenntnis steht für ‚Lob'.[40] Wenn er aber sagt: ‚Wer wird dich bekennen', dann hat er das nicht als unmöglich, sondern als selten dargestellt. Ein Heiliger erfreut sich nämlich an allen Urteilen Gottes und preist seine Urteile.

7a *Ich mühte mich ab in meinem Seufzen*. Erbarme dich meiner, denn dieses und das, was folgt, habe ich getan.

7b *Ich werde jede Nacht mein Bett netzen*. Wer täglich sein Lager mit Tränen benetzt, in dessen Denken kann sich das Gepränge der Wollüste nicht unversehens einschleichen.[41]

---

subrepere zum üblichen Sprachgebrauch der Zeit gehört. Zahlreiche Belege finden sich dafür bei AUGUSTINUS und Hieronymus.

7 c *In lacrimis meis stratum meum rigabo.* Quanta multitudo lacrimarum, ut stratum eius lacrimis rigatum sit.

8 a *Turbatus est a furore ocu|lus meus.* Ubi sunt amici lit- | 188
terae? Certe oculus iste corporeus ab ira non conturbatur, nisi forte in tantam rabiem extollimur, ut vultus quoque nostri et ora mutentur. Ille itaque turbatur oculus, qui si scandalizatus fuerit, eruetur. Non autem ait, ab ira mea turbatus est oculus meus: sed ab ira tua, o Deus, per quam supplicia mihi timeo praeparata, turbata est mens mea, et totum cordis mei principale contremuit.

8 b *Inveteravi in omnibus inimicis meis.* Non nova adversum me inimici mei bella gerunt: meus hostis antiquus est. Aliter: pubertatem eius hominis, qui renovatur de die in diem, non possum consequi, quia veterem hominem cum vitiis et concupiscentiis eius – inimicis meis adversum me porto pugnantibus.

9 a *Discedite a me omnes qui operamini iniquitatem.* Postquam ipse misericordiam consecutus est, et ceteros docet vel cohortatur, ut a se abeant: non enim vult iniquorum habere consortium. Simul autem et illud notandum, quod iam superius diximus, quod non eos qui operati sunt iniquitatem, sed qui operantur, a se iubeat recedere.

11 b *Convertantur et erubescant – valde velociter.* Non contra inimicos, sed pro inimicis orat, ut convertantur, et erubescant a peccatis suis: et erubescant non leviter, sed vehementer: nec recrastinato tempore, sed cito.

[42] Siehe dazu Einleitung, oben 44.

7c *Mit meinen Tränen werde ich mein Lager benetzen.* Welch große Menge an Tränen, dass das Lager mit seinen Tränen benetzt ist!

8a *Verstört ist vor Grimm mein Auge.* Wo sind die Liebhaber des Buchstabens[42]? Gewiss wird dieses körperliche Auge vom Zorn nicht verstört, außer wenn wir uns etwa in so große Raserei hineinsteigern, dass auch unser Gesicht und Mund sich verändern. Es wird daher jenes Auge verstört, das, wenn es zum Bösen verführt wurde, herausgerissen werden soll (vgl. Mt 5,29; 18,9). Er sagt aber nicht: Von meinem Zorn ist mein Auge verstört, sondern: Von deinem Zorn, o Gott, durch den mir, so fürchte ich, die Strafen schon bereitet sind; von deinem Zorn ist mein Geist verstört und erzitterte das ganze Innerste meines Herzens.

8b *Ich bin alt geworden unter all meinen Feinden.* Meine Feinde führen keine neuen Kriege gegen mich; mein Feind ist alt. Eine andere Erklärung: Die Reife jenes Menschen, der von Tag zu Tag erneuert wird (vgl. 2Kor 4,16), kann ich nicht erreichen, weil ich den alten Menschen (vgl. Röm 6,6) mit seinen Leidenschaften und Begierden (vgl. Gal 5,24) — meinen Feinden, die gegen mich kämpfen — mit mir herumtrage.

9a *Weichet alle von mir, die ihr Unrecht verübt.* Nachdem er selbst Erbarmen erlangt hat, lehrt er auch die anderen oder ermahnt sie, von ihm wegzugehen; er will nämlich keine Gemeinschaft haben mit Ungerechten. Zugleich ist aber auch das zu beachten, was wir schon weiter oben gesagt haben, dass er nicht denen befiehlt, von ihm zu weichen, die Unrecht begangen haben, sondern denen, die Unrecht begehen.

11b *Sie sollen umkehren und vor Scham erröten — sehr rasch.* Nicht gegen die Feinde, sondern für die Feinde betet er, dass sie umkehren und über ihre Sünden vor Scham erröten; und sie sollen nicht nur leicht erröten, sondern heftig, und nicht erst morgen, sondern schnell.

VII.

1 *Psalmus David, quem cantavit Domino pro verbis Chusi filii Iemeni.* Plerique, et maxime ii qui hebraei sermonis scientiam non habent, hunc psalmum arbitrantur eo tempore esse cantatum, quo Chusi filius Arachi amicus David destruxit consilium Achitofel, et ad eum nuntios misit, ne in eremo ultra resideret, sed procul fugeret, ne obprimeretur a filio. Ve|rum sciendum est vehementer errare. | 189
Primum, quod nomen Chusi per SAMECH litteram scriptum est, hic vero per SIN. Deinde, quod numquam, qui Ioab et ceteris ducibus exercitus sui praeceperat dicens „Parcite puero Abessalon“, de morte filii loqueretur „Concepit dolorem, et peperit iniquitatem: lacum aperuit, et effodit eum, et incidit in foveam quam fecit“: maxime qui morte eius audita operuerit caput suum, et heiulans clamitarit „Filius meus Abessalon, filius meus Abessalon“. Ad extremum, quod ille Chusi amicus David filius Arachi scriptus est, hic vero filius Iemeni. Sciendum itaque Chusi interpraetari ‚Aethiopem‘, et totum psalmum contra Saul esse conscriptum: qui persequebatur eum, et in foveam quam foderat, ipse incidit. Quem Aethiopem vocat propter sanguinarios et tetros et crudeles mores. Iemeni vero familia quod ad tribum pertineat Beniamin, de qua Saul ortus est, Regnorum libri testi-

---

[43] Hieronymus fasst hier – wie schon die Septuaginta – *Iemini* als selbständigen Namen auf. (Das zeigt sich bei Hieronymus deutlich in dem Satz: „Dass aber die Familie des Jemini zum Stamm Benjamin gehört, von dem Saul abstammt, dafür legen die Bücher der Könige Zeugnis ab“). Das hebräische *bæn-j^{e}mînî* in Ps 7,1 bedeutet dagegen „Benjaminiter“. In seiner Predigt zu Psalm 7 geht er näher auf das Problem ein und stellt es klar (vgl. *tract. in psalm. I* 7 [CCL 78, 20–23]). Ebenso behandelt er hier *Arachi* als Personennamen. In der hebräischen Bibel steht an den betreffenden Stellen (2 Sam 15,32; 16,16; 17,5.14; 1 Chr 27,33) der Sippenname *ʾarkî*, das Hieronymus dort angemessen mit *Arachites* (Arkiter) übersetzt.

[44] Im heutigen hebräischen Text sind beide Namen mit SIN oder genauer mit SCHIN geschrieben: *kûš*, *ḥûšaj*. Entweder hatte Hieronymus eine andere Textform oder er hat sich hier geirrt; vgl. SUTCLIFFE, *Pronunciation* 121–123; BARR, *Sounds* 23–28. In der Septuaginta haben beide Na-

VII.

1 *Ein Psalm Davids, den er dem Herrn sang wegen der Worte des Kusch, des Sohnes des Jemini*[43]. Die meisten und vor allem diejenigen, die keine Kenntnis der hebräischen Sprache haben, meinen, dass dieser Psalm zu der Zeit gesungen wurde, als Davids Freund Huschai, der Sohn des Arachi, den Rat Ahitofels durchkreuzte und zu ihm Boten sandte, dass er nicht weiter in der Steppe bleiben, sondern weiter fliehen solle, damit er nicht von seinem Sohn überwältigt werde (vgl. 2 Sam 15,32–37; 17,1–16). Aber man muss wissen, dass sie gewaltig irren. Erstens, weil der Name Huschai mit dem Buchstaben SAMECH geschrieben ist, hier aber mit SIN.[44] Sodann, weil der, welcher dem Joab und den übrigen Führern seines Heeres befohlen hatte: „Schont den Jungen, den Abschalom!"(2 Sam 18,5), niemals vom Tod des Sohnes sagen würde: „Er empfing Groll und gebar Frevel. Er hat eine Grube geöffnet und sie ausgegraben; und er stürzte in die Fallgrube, die er gemacht hat" (Ps 7,15b–16); das gilt besonders von dem, der bei der Nachricht vom Tod des Sohnes sein Haupt verhüllte und laut wehklagend in einem fort schrie: „Mein Sohn Abschalom, mein Sohn Abschalom" (2 Sam 18,33). Schließlich, weil jener Freund Davids Huschai, als Sohn des Arachi beschrieben wird, dieser aber als Sohn des Jemini. Man muss nun wissen, dass Kusch ‚Äthiopier' bedeutet und der ganze Psalm gegen Saul abgefasst ist, der ihn verfolgte und in die Grube, die er gegraben hatte, selbst hineinfiel. Diesen nennt er Äthiopier wegen der blutrünstigen und abscheulichen und grausamen Sitten. Dass aber die Familie des Jemini zum Stamm Benjamin gehört, von dem Saul abstammt, dafür legen die Bücher der Könige[45]

---

men die gleiche Form (Χουσι). Daraus erklärt sich die von Hieronymus widerlegte Identifizierung. Hieronymus benutzt hier wie die Septuaginta für beide Personen den gleichen Namen ‚Chusi'. In der von Hieronymus erstellten Vulgata sind die Namen unterschieden (‚Chusi', ‚Husai').

[45] Die Bücher 1 und 2 Sam werden zu den Büchern der Könige gezählt: 1 und 2 Reg(um).

monio sunt, in quibus scriptura commemorat: „Et erat vir de filiis Beniamin, et nomen eius Cis, filius Abiel, filii Saret, filii Becora, filii Afi, filii viri Ieminaei, vir potens: et huic filius, et nomen eius Saul“. Semei quoque ille, qui lapides et pulverem in David iaciebat, de familia Saul, hoc est, Ieminaeus fuit, sicut in isdem libris scribitur: „Egrediebatur vir de propinquitate domus Saul, et nomen ei Semei, filius Gera“. De quo postea David loquens inducitur: „Ecce filius meus, qui egressus est de ventre meo, quaerit animam meam: et quanto magis nunc filius Iemeni?“ Aquila hunc locum ita interpretatus est: „Pro ignoratione David, quod cecinit Domino pro verbis Aethiopis“. Symmachus in hunc modum: „Pro ignoratione David, quod cecinit Domino pro verbis Chusi filii Iemini“.

Haec omnia latius exsecutus sum, quia eruditissimi viri putaverunt hunc psalmum non | contra Saul, sed contra | 190
Abessalon esse conpositum: quod pro parte non esse monstravi.

5a *Si reddidi retribuentibus mihi mala.* Saul bis in manus eius traditus est, quem noluit interficere, dicens: „Non tangam xpistum Domini“. Hoc est ergo non restituere ei pro malis mala, qui sibi pro bonis mala restituerat.

5b *Decidam merito ab inimicis meis inanis.* In hebraeo pro ‚inani‘ RACHA scribitur: unde intellegimus id quod in evangelio continetur, „Qui fratri suo dixerit racha et fatue“, quam habeat interpretationem.

10c.11a *Scrutans corda et renes Deus; iustum adiutorium meum.* In hebraeo ita scriptum est, ‚Scrutans corda et renes

---

[46] Im *psalt. sec. Hebr.* 7,1 (775 WEBER/GRYSON) übersetzt Hieronymus: *Pro ignoratione David quod cecinit domino super verbis Aethiopis filii Iemini.*

[47] Siehe Einleitung, oben 31f.

[48] Im masoretischen Text steht das Adverb *rêqām* („leer“, „ohne Anlass“). Möglicherweise zitiert Hieronymus das Wort aus dem Gedächtnis und kommt zu der geläufigen Form in Mt 5,22. Dort steht ῥακά, in der Vulgata *racha*. Zur Herleitung von ῥακά, siehe JEREMIAS, ῥακά 973f.

Zeugnis ab, in denen die Schrift erwähnt: „Und es war ein Mann von den Söhnen Benjamins und sein Name war Kisch, ein Sohn Abiels, des Sohnes Zerors, des Sohnes Bechorats, des Sohnes Afiachs, des Sohnes eines Jeminäers, ein mächtiger Mann; und dieser hatte einen Sohn und sein Name war Saul" (1 Sam 9,1–2). Auch jener Schimi, der Steine und Staub nach David warf, war von der Familie des Saul, das heißt ein Jeminäer, wie es in denselben Büchern heißt: „Es kam ein Mann heraus von der Verwandtschaft des Hauses Saul und sein Name war Schimi, ein Sohn des Gera" (2 Sam 16,5). Danach wird angeführt, wie David von ihm sagt: „Seht, mein Sohn, der aus meinem Leib hervorgegangen ist, trachtet nach meinem Leben; und wie viel mehr nun der Sohn des Jemini?" (2 Sam 16,11). Aquila hat diese Stelle so übersetzt: „Bezüglich der Unkenntnis Davids, was er dem Herrn sang wegen der Worte des Äthiopiers". Symmachus auf diese Weise: „Bezüglich der Unkenntnis Davids, was er dem Herrn sang wegen der Worte des Kusch, des Sohnes des Jemini"[46].

Dies alles habe ich breiter ausgeführt, weil hochgebildete Männer[47] gemeint haben, dieser Psalm sei nicht gegen Saul, sondern gegen Abschalom verfasst, was ich meinerseits als unzutreffend dargelegt habe.

5a *Wenn ich denen, die mir Böses zufügen, es vergolten habe.* Saul war zweimal in seine Hände gegeben. Er wollte ihn nicht töten; er sagte: „Ich will nicht anrühren den Gesalbten des Herrn" (1 Sam 24,7; 26,11). Das ist also: Nicht demjenigen Böses mit Bösem vergelten, der ihm Gutes mit Bösem vergolten hatte.

5b *Dann mag ich verdientermaßen durch meine Feinde sinnlos fallen.* Im Hebräischen steht für ‚sinnlos' RACHA[48]; daraus erkennen wir das, was im Evangelium steht: „Wer zu seinem Bruder Racha und Narr sagt" (Mt 5,22), welche Bedeutung das hat.

10c.11a *Herz und Nieren durchforscht Gott, meine gerechte Hilfe.* Im Hebräischen heißt es so: ‚Herz und Nie-

Deus iustus': ut postea consequatur, ,Adiutorium meum a Deo, qui salvos facit rectos corde'.

12b *Numquid irascitur per singulos dies?* Melius pro hoc in hebraeo habet: ,Comminatur in omni die', quod Aquila quoque transtulit. Et pulchre ait: ,Comminans et infrendens in omni die': qui enim propter patientiam suam ita delicta non punit, quasi iratus et comminatus diem ultionis expectat, ut metu corrigat delinquentem.

13a *Nisi convertamini, gladium suum vibrabit.* Cave, peccator, cum sic ad vindicandum Dominum audias praeparatum.

14b *Sagittas suas arsuris operatus est.* Sagittae Dei his praeparantur, qui arsuri sunt.

VIII.

1a *In finem pro torcularibus.* Tres ,pro torcularibus' psalmi diversorum hominum praescribuntur: David, Asaph, filiorum Chore; et quia ad mysterium ecclesiae pertinent, propterea octavum et octogesimum numerum tenent. Quod autem octogesimus tertius extremus est psalmus qui ,pro torcularibus' praenotatur, hoc ostendit in trinitate sacramentum resur|rectionis et ecclesiae contineri. | 191

2a *Domine Dominus noster.* Prius nomen ,Domini' apud Hebraeos quattuor litterarum est, iod, he, vav, he: quod proprie Dei vocabulum sonat, et legi potest „Iaho", et Hebraei ἄρρητον, id est ,ineffabile' opinantur. Secundum vero ,Adonai' omnium commune est, quod saepe et in hominibus ponitur.

4a *Quia videbo caelos opera digitorum tuorum.* Qui visurum se esse promittit, necdum in praesenti videt. ,Videbo', in-

---

[49] Zur Zahlensymbolik siehe Einleitung, oben 33f.

[50] Hieronymus liest den Buchstaben Waw als Vokal. Im Hebräischen kann Waw den Konsonanten w, aber auch die Vokale o bzw. u bezeichnen.

[51] Vgl. *epist.* 25 (CSEL 25, 218–220); darin erklärt Hieronymus die zehn Namen Gottes. Vgl. auch *in psalm.* 109, 1, unten 202f.

ren durchforscht der gerechte Gott', so dass darauf folgt: ‚Meine Hilfe kommt von Gott, der heil macht, die aufrichtigen Herzens sind.'

12b *Zürnt er etwa Tag für Tag?* Besser steht hierfür im Hebräischen: ‚Er droht an jedem Tag', was auch Aquila übersetzt. Und er sagt sehr schön: ‚Drohend und zähneknirschend an jedem Tag'. Indem er nämlich wegen seiner Geduld die Vergehen so nicht bestraft, wartet er gewissermaßen zornig und drohend den Tag der Bestrafung ab, um durch Furcht den Übeltäter zu bessern.

13a *Wenn ihr nicht umkehrt, wird er sein Schwert schwingen.* Sieh dich vor, Sünder, wenn du hörst, dass der Herr so zum Strafen bereit ist.

14b *Seine Pfeile hat er für die gemacht, die brennen werden.* Die Pfeile Gottes werden denen bereitet, die brennen werden.

VIII.

1a *Zum Ende, für die Keltern.* ‚Für die Keltern' steht geschrieben über drei Psalmen von verschiedenen Menschen: von David, Asaf und den Söhnen Korachs. Und weil diese Psalmen sich auf das Geheimnis der Kirche beziehen, deshalb haben sie die Nummer Acht und die Nummer Achtzig. Dass aber der dreiundachtzigste der letzte Psalm ist, über dem ‚für die Keltern' steht, das weist daraufhin, dass das Geheimnis der Auferstehung und der Kirche in der Dreifaltigkeit enthalten ist.[49]

2a *Herr, unser Herr.* Das erste Wort ‚Herr' hat bei den Hebräern vier Buchstaben: Jod, He, Waw, He. Es ist ausschließlich ein Wort für Gott und kann gelesen werden: „Jaho"[50] und die Hebräer halten es für ἄρρητον, das heißt ‚unaussprechlich'. Das zweite aber, ‚Adonai', ist ganz allgemein; es wird oft auch für Menschen gebraucht.[51]

4a *Denn ich werde die Himmel sehen, die Werke deiner Finger.* Wer versichert, dass er sehen werde, der sieht noch nicht in der Gegenwart. ‚Ich werde sehen', sagt er. Dann

quit: tunc enim etiam rationem operis eius cursusque cognoscam. Aliter videt gubernator navem, aliter medicus aegrotantem, aliter picturam pictor, quam inperitorum rudes oculi.

6a *Minorasti eum paulo minus ab angelis.* In hebraeo pro eo quod est ‚ab angelis', ‚qui dicuntur MALACHIM, ‚Deum', habet, hoc est ELOIM. Hunc locum apostolus in epistula ad Hebraeos super Xpisto interpretatur.

9b *Qui pertranseunt semitas maris.* Sancti, quos per tropologiam ‚pisces' appellat, non permanent in mari, sed per maris semitas transeunt.

VIIII.

1a *In finem pro absconditis filii.* Licet Aquila pro absconditis filii ‚adulescentiam filii' posuerit, tamen sciendum in hebraeo haberi ‚pro morte filii'. Denique et Symmachus in hunc modum transtulit: ‚Pro victoria de morte filii'. Totus igitur psalmus per tropologiam ad Xpisti pertinet sacramentum. Unde et Septuaginta interpretes Xpisti passionem et resurrectionem, quae ignota prius mundo fuit, per verbum ‚absconsionis' celare voluerunt, ne a gentibus illo tempore facile nosceretur.

8b *Paravit in iudicio sedem eius.* „Omne enim iudicium Pater dedit Filio".

10b *Adiutor in opportunitatibus in tribulatione.* Sensus est ille, qui et alibi: „Ad Dominum cum tribularer clamavi, et exaudivit me".

---

[52] Unter ‚Meer' versteht Hieronymus – ebenfalls in „bildlicher Redeweise" – die irdische Welt.

[53] Die Auffassung, dass die Siebzig Übersetzer bisweilen bei ihrer Übersetzung die christlichen Mysterien absichtlich verborgen haben, hat Hieronymus mehrmals geäußert: *tract. in psalm. I* 9 (CCL 78, 28); *praef.*

nämlich werde ich auch den Plan und die Abläufe seines Werkes verstehen. Anders sieht der Steuermann ein Schiff, anders der Arzt einen Kranken, anders der Maler ein Gemälde als die ungeübten Augen der Unerfahrenen.

6a *Du hast ihn ein wenig geringer gemacht als die Engel.* Im Hebräischen steht für ‚als die Engel', die MALACHIM heißen, ‚Gott', das ist ELOHIM. Diese Stelle deutet der Apostel im Brief an die Hebräer (vgl. Hebr 2,7) auf Christus.

9b *Die die Pfade des Meeres durchziehen.* Die Heiligen, die er in bildlicher Redeweise ‚Fische' nennt, bleiben nicht im Meer, sondern ziehen auf den Straßen des Meeres darüber hinaus.[52]

VIIII.

1a *Zum Ende, für das Verborgene des Sohnes.* Wenn auch Aquila statt das Verborgene des Sohnes ‚die Jugend des Sohnes' gesetzt hat, muss man dennoch wissen, dass im Hebräischen ‚Für den Tod des Sohnes' steht. Sodann hat auch Symmachus in dieser Weise übersetzt: ‚Für den Sieg, über den Tod des Sohnes'. Der ganze Psalm bezieht sich also in bildlicher Redeweise auf das Geheimnis Christi. Daher wollten auch die Siebzig Übersetzer Christi Leiden und die Auferstehung, die vorher der Welt unbekannt war, durch das Wort ‚Verbergung' verheimlichen, damit es nicht von den Heiden zu jener Zeit leicht erkannt würde.[53]

8b *Er hat im Gericht seinen Thron bereitet.* „Der Vater hat nämlich das Gericht ganz dem Sohn gegeben" (Joh 5,22).

10b *Der Helfer zur rechten Zeit in der Bedrängnis.* Der Sinn ist der gleiche wie an anderer Stelle: „Als ich bedrückt war, habe ich zum Herrn gerufen und er hat mich erhört" (Ps 119,1).

Vulg. Pent. (3 Weber/Gryson); *praef. Vulg. Is.* (1096 Weber/Gryson); *in Ier.* 17,1f (CCL 74,161); *adv. Rufin.* 2,32 (CCL 79,69).

12b *Adnuntiate in gentibus adinventiones* | *eius.* Pro ad- | 192
inventionibus in hebraeo ‚commutationes' habet: ut significetur proprie in gentibus praedicatio, secundum illud verbum Domini dicentis: „Auferetur a vobis regnum, et dabitur genti facienti fructum eius".

17c *Canticum diapsalmatis.* Ex hoc ostenditur loco, *diapsalma* non esse ‚silentium': canticum quippe esse silentii nullo pacto potest.

21b *Sciant gentes quia homines sunt*: quae nunc vivunt ritu bestiarum.

26d *Omnium inimicorum suorum dominabitur.* „Nullus absque peccato, ne si unius quidem diei sit vita eius"; et licet aliquis postea sanctus sit, tamen ei diabolus aliquando dominatus est. Aliter: nemo ita inimicus est diaboli, sicut qui peccator est: dum propter peccata quoque eius diabolus postea punietur. Iustus vero amicus est diaboli: propter iustum siquidem diabolus non punietur. Aliter: quando baptizamur renuntiantes diabolo et pompae eius, foedus quoque cum eo facimus, et in amicitiam talem coimus, ut nec ille nos tangat, nec nos de his quae eius sunt aliquid contingamus. Quamdiu pactum huiuscemodi servaverimus, non nobis dominabitur diabolus: si vero fracto foedere labamur ad vitia, inimicis nobis et praevaricatoribus dominabitur diabolus.

29a *Sedet in insidiis cum divitibus.* Pulchre hoc versu uti possumus, si quando ex senatus consulto in Christianos persecutio concitatur.

35c *Tibi relinquitur iustus.* Hoc est: aut Dei solius auxilio sublevandus est, aut ad iniuriam tuam relinquitur, si quando angustiis conflictatur.

---

[54] Das hebräische Wort ist mit ‚Taten' oder ‚Handeln' zu übersetzen (vgl. ROTH, *'ll* 154–156). THEODORET VON CYRRHUS, *Ps.* 9,12 (PG 80,928), gibt als Übersetzung des AQUILA ἐναλλαγάς (‚Veränderungen') an, worauf sich offenbar auch Hieronymus hier bezieht.

[55] In *psalt. sec. Hebr.* 9,17c (779 WEBER/GRYSON) übersetzt Hieronymus: *Sonitu sempiterno* (‚mit fortwährendem Klang').

[56] Hieronymus zitiert hier Ijob 14,4f nach der Septuaginta. In der

12b *Verkündet unter den Völkern seine Pläne*. Für Pläne steht im Hebräischen ,Veränderungen'[54], so dass die Predigt unter den Völkern treffend bezeichnet wird gemäß jenem Wort des Herrn: „Das Reich wird euch weggenommen und einem Volk gegeben, das seine Frucht bringt" (Mt 21,43).

17c *Gesang des Diapsalma*. An dieser Stelle zeigt sich, dass *diapsalma* nicht ,Schweigen' ist. Einen Gesang des Schweigens kann es ja auf keinen Fall geben.[55]

21b *Die Völker sollen wissen, dass sie Menschen sind*, welche jetzt nach der Art wilder Tiere leben.

26d *Über alle seine Feinde wird er herrschen*. „Niemand ist ohne Sünde, auch wenn sein Leben nur einen Tag währt."[56] Und mag jemand später ein Heiliger sein, so hat dennoch der Teufel irgendwann einmal über ihn geherrscht. Eine andere Erklärung: Niemand ist so sehr ein Feind des Teufels wie der, welcher ein Sünder ist, insofern der Teufel auch wegen dessen Sünden später bestraft wird. Der Gerechte dagegen ist ein Freund des Teufels; wegen eines Gerechten wird ja der Teufel nicht bestraft werden. Eine andere Erklärung: Wenn wir getauft werden und dem Teufel und seiner Pracht widersagen, schließen wir auch mit ihm einen Bund und treten mit ihm in eine solche Freundschaft, dass weder er uns anrührt, noch wir etwas von dem, das sein ist, ergreifen. Solange wir einen solchen Vertrag halten, wird der Teufel nicht über uns herrschen. Wenn wir aber den Bund brechen und zu Sünden hin abgleiten, dann wird der Teufel über uns als Feinden und Pflichtverletzern herrschen.

29a *Er sitzt im Hinterhalt mit den Reichen*. Diesen Vers können wir trefflich gebrauchen, wenn einmal durch Senatsbeschluss eine Verfolgung gegen die Christen veranlasst wird.

35c *Dir wird der Gerechte überlassen*. Das heißt entweder: Er ist alleine durch Gottes Hilfe aufzurichten, oder: Er wird deiner Strafe überlassen, wenn er einmal von Bedrängnissen heimgesucht wird.

Vulgata-Übersetzung folgt er mehr dem hebräischen Wortlaut.

X.

2b *Transmigra in montes sicut passer.* Vult iustum ad deser-
|tum migrare, ut ibi eum facilius elidat. | 193

3c *Ut sagittent in obscuro rectos corde.* Numquam enim in luce pugnant, sed semper in tenebris. Quapropter iustus aiebat: „Lucerna pedibus meis verbum tuum, Domine."

4b *Iustus autem quid fecit?* Id est: nihil dignum fecit, ut mereatur interfici.

XI.

3b *Labia dolosa, in corde et corde locuti sunt.* Symmachus ita transtulit: ‚Labia lubrica: in corde aliud est, et aliud loquitur.'

9a *In circuitu impii ambulant.* Cum transtulerit nos de praesenti saeculo in futurum, tunc impii foris ambulabunt: nec poterunt intrare cum sanctis, quos tu secundum magnitudinem tuam tua sollicitudine conservasti.

XIII.

Non habet inscriptionem.

1b *Dixit insipiens in corde suo.* Pro eo quod est ‚insipiens', in hebraeo NABAL positum est. Unde et Abigail de viro suo Nabal ait in monte Carmelo: „Vere secundum nomen suum insipiens est".

1d *Non est qui faciat bonum, non est usque ad unum.* Hunc psalmum de passione Xpisti referunt, quando omnes Dominum reliquerunt: in tantum ut Petrus quoque, qui apostolorum fuit princeps, negaverit.

---

[57] Vgl. *tract. in psalm. II* 10 (CCL 78,356f): „Der schlaue Feind hat den Herrn und Erlöser in der Wüste versucht und er will auch, dass die Heiligen, jeder von ihnen, aus dem Land Juda ausziehen und in wüstem Land ohne Tugenden leben, damit er sie dort leichter zerschmettern kann".

[58] Gemeint sind die Sünder, siehe Ps 10,3a.

[59] Der Psalm hat keine Überschrift, die ihn auf eine Situation im Leben DAVIDS bezieht. Die hebräische Überschrift zu Ps 13 lautet in der Über-

X.
2b *Zieh ins Gebirge wie ein Sperling.* Er will, dass der Gerechte zur Wüste zieht, damit er ihn dort leichter zerschmettern kann.[57]

3c *Um im Dunkeln zu beschießen, die rechten Herzens sind.* Niemals kämpfen sie[58] nämlich im Licht, sondern immer in der Finsternis. Weshalb der Gerechte sagte: „Eine Leuchte für meine Füße ist dein Wort, Herr“ (Ps 118, 105 a).

4b *Der Gerechte aber, was hat er getan?* Das heißt: Nichts Entsprechendes hat er getan, dass er verdient hätte, getötet zu werden.

XI.
3b *Trügerische Lippen, mit doppeltem Herzen haben sie gesprochen.* Symmachus hat so übersetzt: ‚Glatte Lippen: im Herzen ist das eine und er sagt etwas anderes.‘

9a *Ringsumher wandeln die Gottlosen.* Wenn er uns aus der gegenwärtigen in die zukünftige Weltzeit hinübergebracht hat, dann werden die Gottlosen draußen umhergehen; und sie werden nicht eintreten können mit den Heiligen, die du gemäß deiner Größe durch deinen Eifer gerettet hast.

XIII.
Hat keine Überschrift.[59]
1b *Es sprach der Tor in seinem Herzen.* Für Tor steht im Hebräischen NABAL. Daher sagt auch Abigajil auf dem Berg Karmel von ihrem Mann Nabal: „Er ist entsprechend seinem Namen wahrhaftig ein Tor“ (1 Sam 25, 25).

1d *Es gibt keinen, der Gutes täte, es gibt keinen einzigen.* Diesen Psalm bezieht man auf das Leiden Christi, als alle den Herrn verlassen haben, so vollständig, dass auch Petrus, welcher der Erste der Apostel war, ihn verriet.

---

setzung der Vulgata: *In finem psalmus David* (‚Zum Ende, ein Psalm Davids‘), in *psalt. sec. Hebr.* 13 (783 WEBER/GRYSON): *Victori David* (‚David, dem Sieger‘).

3c *Sepulcrum patens est guttur eorum.* Ab hoc versu usque ad eum ubi dicit, ‚Non est timor Dei in conspectu oculorum eorum‘, in hebraeis codicibus non habetur: quaeritur ergo quomodo apostolus hoc usus sit testimonio in epistula quam ad Romanos scripsit. Respondebimus apostolum de Deuteronomio, Psalterio, et ceteris scripturarum locis hoc testimonium texuisse.

5b *Ibi timuerunt timore.* Hoc quod sequitur, *ubi non erat timor,* in hebraeis voluminibus non habetur.

XIIII.

3d *Et obprobrium non accepit adversus proximos suos.* Numquam a suis vicinis quasi noxius accusatur.

4b *Timentes autem | Dominum magnificat.* Non divites | 194
glorificat, non potentes: sed eos tantum qui Dominum timent.

XV.

1a *In tituli inscriptione David.* Tituli inscriptio, proprie in tumulis et sepulcris est, et quae mortuorum corpora tenent. Pro quo Aquila et Symmachus ‚humilem et simplicem‘ et ‚humilem inmaculatumque‘ posuerunt; significantes psalmum ad Xpistum proprie pertinere dicentem: „Discite a me, quia humilis sum et mansuetus“.

2b *Quia bonorum meorum non indiges.* Eadem linea et in Iob scriptum legimus: „Quid prodest Domino, si tu simplicem facias viam tuam?“ Universa igitur bona, quae Dominus secundum formam servi in carne monstravit, non Patri prosunt, sed generi humano.

---

[60] An dieser Stelle sind in Septuaginta und Vulgata die Verse Röm 3,13–18 eingefügt. PAULUS hat die Verse zusammengesetzt aus Ps 5,11; 139,4; 9,28; Jes 59,7–8 und Ps 35,2. Hieronymus nennt hier auch das Deuteronomium; er denkt offenbar an den Ausdruck *venenum aspidum* (‚Natterngift‘) in Dtn 32,33. In der Vorrede zum 16. Buch seines Jesaja-Kommentars (CCL 73A,642), wo Hieronymus über diese Stelle im Römer-Brief spricht, erwähnt er das Deuteronomium nicht mehr, sondern nennt Ps 139,4 als Quelle für *venenum aspidum*.

3c *Ein offenes Grab ist ihr Schlund.* Der Text von diesem Vers an bis zu dem, wo es heißt: ‚Es ist keine Gottesfurcht vor ihren Augen', ist in den hebräischen Codices nicht enthalten. Es fragt sich also, wie der Apostel in dem Brief, den er an die Römer geschrieben hat, mit diesem Zeugnis umgegangen ist. Wir werden antworten, der Apostel habe aus Deuteronomium, Psalmen und anderen Schriftstellen dieses Zeugnis zusammengefügt.[60]

5b *Dort fürchteten sie sich sehr.* Das, was folgt, *wo kein Grund zur Furcht war,* ist in den hebräischen Buchrollen nicht enthalten.

XIIII.

3d *Und Schmähung gegen seine Nächsten nahm er nicht an.* Niemals wird er von seinen Nachbarn als schuldig angeklagt.

4b *Die aber den Herrn fürchten, preist er.* Nicht die Reichen preist er, nicht die Mächtigen, sondern nur die, welche den Herrn fürchten.

XV.

1a *Als Titelinschrift, von David.* Eine Titelinschrift im eigentlichen Sinn ist auf Grüften und Grabmälern und Einrichtungen, welche die Körper von Toten einschließen. Dafür haben Aquila und Symmachus ‚demütig und aufrichtig' und ‚demütig und makellos' gesetzt. Sie deuten damit an, dass der Psalm im eigentlichen Sinn sich auf Christus bezieht, der sagt: „Lernt von mir, denn ich bin demütig und gutherzig" (Joh 6,44).

2b *Denn du bedarfst meiner guten Taten nicht.* In gleicher Aussageabsicht lesen wir auch bei Ijob geschrieben: „Was nützt es dem Herrn, wenn du deinen Weg aufrichtig gehst?" (Ijob 22,3 LXX). Alles Gute also, das der Herr gemäß seiner Knechtsgestalt im Fleisch gezeigt hat, nützt nicht dem Vater, sondern dem Menschengeschlecht.

4a *Multiplicatae sunt infirmitates eorum: postea adceleraverunt.* Gentes, de quibus nunc ecclesiam congrego, antequam idola earum multiplicarentur, Deum naturaliter noverant; sed postquam multiplicata sunt idola – quod Septuaginta ,infirmitates' interpretati sunt –, relinquentes ea, ad me celerrime sunt reversi.

4b *Non congregabo conventicula eorum de sanguinibus.* Spiritalis religio novi testamenti.

4c *Non memor ero nominum eorum per labia mea.* Mutamur quippe in lavacro, et ex filiis hominum vocamur filii Dei.

5b *Tu es qui restitues hereditatem meam mihi.* Hoc est quod in evangelio dicitur: „Nemo venit ad me, nisi Pater meus traxerit eum ad me".

6a *Funes ceciderunt mihi in optimis.* Pro uno Israhel, universi orbis hereditatem sum consecutus.

7a *Benedicam Dominum, qui mihi tribuit intellectum.* Qui sapientia Dei est, non indiget ipsa sapientia ; sed secundum illud accipiendum est, quod in evangelio dicitur: „Iesus proficiebat aetate, sapientia et gratia coram Deo et homimbus".

7b *Insuper et usque ad noctem erudierunt me renes mei.* Noctem, tempus significat passionis: in quo interiori eruditus est divinitate humanae non credere fragilitati.

9a *Propter hoc laetatum est cor meum.* Propter resurrectionem laetatus sum, quia per eam liberatus est mundus.

---

[61] Vgl. *tract. in psalm. II* 15 (CCL 78,371): „Offenbar ist es der Erlöser, der hier redet ... Falls dieser Vers sich auf die Apostel bezieht, ist dies der Sinn: Auf keinen Fall sollen sie mir wie im Alten Bund Opfer darbringen, sondern die Gottesverehrung des Neuen Testaments wird eine geistige sein".

[62] Vgl. *tract. in psalm. II* 15 (CCL 78,371): „Die Heiligen ... weil sie zu mir geeilt sind, werde ich sie auf keinen Fall mit ihren früheren Namen rufen, sondern mit neuen; das heißt, nachdem ich sie in meinem Bad gewaschen habe, werde ich sie nicht wie früher ,Menschenkinder' nennen, sondern ,Gotteskinder'".

[63] Vgl. Ps 77,54d Vg.: „Und er verteilte durchs Los an sie das mit der Schnur abgemessene Land".

[64] BARTELINK, *Fragilitas* 19, empfiehlt eine Korrektur von *credere* (,vertrauen') in *cedere* (,nachgeben'), also: ,nicht der menschlichen Gebrech-

4a *Vervielfacht sind ihre Schwächen; danach sind sie herangeeilt.* Die Heiden, aus denen ich jetzt die Kirche sammle, hatten, bevor ihre Götzenbilder vervielfacht wurden, Gott auf natürliche Weise gekannt. Aber nachdem die Götzenbilder vervielfacht waren – die Siebzig haben sie als Schwächen erklärt –, haben sie diese verlassen und sind schleunigst zu mir zurückgekehrt.

4b *Ich werde ihre Versammlungen nicht zu Blutopfern einberufen.*[61] Die Gottesverehrung des Neuen Testaments ist eine geistige.

4c *Ich werde ihrer Namen nicht gedenken mit meinen Lippen.* Wir werden ja im Bad der Taufe verwandelt und aus Menschenkindern zu Gotteskindern berufen.[62]

5b *Du bist es, der du mir mein Erbe wiedergeben wirst.* Das ist, was im Evangelium gesagt wird: „Niemand kommt zu mir, wenn mein Vater ihn nicht zu mir zieht" (Joh 6,44).

6a *Die Messschnüre*[63] *sind mir auf das Beste gefallen.* Statt des einen Israel habe ich das Erbe des ganzen Erdkreises erlangt.

7a *Ich will den Herrn preisen, der mir Einsicht gab.* Der die Weisheit Gottes ist, dem mangelt es nicht gerade an Weisheit. Vielmehr ist dies entsprechend dem aufzufassen, was im Evangelium gesagt wird: „Jesus nahm zu an Alter, Weisheit und Gnade vor Gott und den Menschen" (Lk 2,52).

7b *Überdies unterwiesen mich auch meine Nieren noch bis in die Nacht.* Nacht bezeichnet die Zeit des Leidens, in der er durch die innere Göttlichkeit unterwiesen wurde, nicht der menschlichen Gebrechlichkeit zu vertrauen.[64]

9a *Deswegen freute sich mein Herz.* Wegen der Auferstehung freute ich mich, denn durch sie ist die Welt befreit.

---

lichkeit nachzugeben' (*humanae fragilitate non cedere*). BARTELINK weist zur Begründung auf einen Beleg für diese Formulierung in *tract. in psalm. II* 15 (CCL 78,376f): „Meine Nieren unterwiesen mich, der ich die innere Gottesweisheit besitze, durch die ich angesichts der Passion belehrt wurde, nicht aus Entsetzen vor dem Kreuz der menschlichen Schwachheit nachzugeben".

XVI. 195

3a *Probasti cor meum, et visitasti nocte.* Etiam in angustiis me probasti, quae tristes et velut quadam pressurarum sunt nocte tenebrosae.

4b *Propter verba labiorum tuorum ego custodivi vias duras.* Timens futura supplicia, quae legis transgressoribus comminatus es, duris me laboribus exercui, et subieci corpus animae potestati.

13b.14a *Erue animam meam ab impio: gladium tuum ab inimicis manus tuae.* Ordo: gladium manus tuae erue ab inimicis tuis. Inimicus enim accepit potestatem, ut propter peccata nos puniat; et, „Quos tradidi Satanae, ut discant non blasphemare“, ait apostolus.

14de *Saturati sunt filiis, et reliquerunt residua parvulis suis.* Propter ambiguitatem verbi, quidam ‚pro filiis‘ ‚porcinam‘ scriptam arbitrantur. Quod Symmachus hebraeam exprimens veritatem transtulit: „Saturabuntur filii, et relinquent residua sua parvulis suis“.

XVII.

2 *Diligam te, Domine, virtus mea.* Totus hic psalmus sub persona David ad Xpistum pertinet.

10a *Et inclinavit caelos, et descendit.* Hoc est quod in alio psalmo ait, „Descendet sicut pluvia in vellus“: quia humilem se nobis et in forma servi occultum praebuit et latentem.

10b *Et caligo sub pedibus eius.* Invisibilem substantiam Dei, et iudiciorum occulta significat; quod in sequentibus manifestius ostendit dicens:

---

[65] Die Stelle ist auch im Hebräischen schwierig; siehe HOSSFELD/ZENGER, *Psalmen 1–50*, 116.

[66] Wörtlich: ‚satt‘.

[67] Im Griechischen sind beide Wörter fast gleich: υιων (‚an Söhnen‘), υειων (‚an Schweinigem‘). Letzteres ist die Lesart im *Codex Vaticanus* und *Codex Sinaiticus*.

XVI.
3a *Du hast mein Herz geprüft und es heimgesucht bei Nacht.* Auch in Bedrängnissen hast du mich geprüft, die niederdrückend und finster sind wie in einer Nacht der Drangsale.

4b *Wegen der Worte deiner Lippen habe ich die harten Wege bewahrt.* Zukünftige Strafen fürchtend, die du den Gesetzesübertretern angedroht hast, habe ich mich durch harte Mühen geübt und den Körper der Macht der Seele unterworfen.

13b.14a *Reiße weg meine Seele von dem Gottlosen, dein Schwert von den Feinden deiner Hand.* Die richtige Reihenfolge: Das Schwert deiner Hand reiße weg von deinen Feinden.[65] Der Feind nämlich hat Macht bekommen, dass er uns wegen der Sünden strafe. Und der Apostel sagt: „Die ich dem Satan übergeben habe, damit sie lernen, Gott nicht zu lästern“ (1 Tim 1,20).

14de *Sie sind reich*[66] *geworden an Söhnen und haben ihren Überfluss ihren Kindern hinterlassen.* Wegen der Doppeldeutigkeit des Wortes meinen einige, statt ‚an Söhnen‘ stehe ‚an Schweinefleisch‘ geschrieben.[67] Symmachus, den hebräischen Wortlaut ausdrückend, übersetzt: „Gesättigt werden die Söhne und sie werden ihren Überfluss ihren Kindern hinterlassen“.

XVII.
2 *Ich will dich lieben, Herr, meine Stärke.* Dieser ganze Psalm bezieht sich unter der Person Davids auf Christus.

10a *Und er neigte die Himmel und stieg herab.* Das ist, was er in einem anderen Psalm sagt: „Er wird herabsteigen wie Regen auf geschnittene Wiesen“ (Ps 71,6); denn er zeigte sich uns demütig und in der Gestalt eines Knechtes verhüllt und verborgen.

10b *Und Dunkelheit unter seinen Füßen.* Damit bezeichnet er das unsichtbare Wesen Gottes und die Geheimnisse seiner Urteile. Dies zeigt er im Folgenden deutlicher, wo er sagt:

12a.16b *Posuit tenebras latibulum suum. Et revelata sunt fundamenta orbis terrarum.* Quidam volunt de die passionis hoc dici: quando et petrae scissae sunt, et mortui resurrexerunt.

24b *Et custodiar ab iniquitate mea.* Quia secundum apostolum non habitat in corpore nostro bonum, et ab adulescentia diligenter malis mens hominis adhaeret.

32a *Quia quis Deus praeter Dominum?* Pulchre et Patrem ostendit, et Filium. Unus quippe Deus Pater, ex quo omnia: et unus Dominus Iesus, per quem omnia.

36b *Et disciplina tua correxit me in finem.* „Quem enim diligit, Dominus corripit". Erigimur ergo, qui prius corrueramus, cum caesi a Do|mino fuerimus. | 196

44a *Erue me a contradicentibus populi.* Potest hoc et adversum haereticos, et adversum Iudaeos dici.

46a *Filii alieni mentiti sunt mihi.* Hoc idem et Esaias loquitur: „Vae, gens peccatrix, filii alieni, populus plenus peccatis".

XVIII.

2a *Caeli enarrant gloriam Dei.* Ex creaturis consequenter creator agnoscitur. Aliter: Caeli enarrant gloriam Dei, terra non potest enarrare.

3 *Dies diei eructuat verbum, et nox nocti indicat scientiam.* Paria paribus rettulit: quod ex ordine temporum ad Dei magis notitiam perveniamus.

6a *In sole posuit tabernaculum suum.* In hebraeo ita habet: ‚Soli posuit tabernaculum in eis', id est, in caelis Deus.

12a.16b *Er machte die Finsternis zu seiner Hülle. Und enthüllt wurden die Grundfesten des Erdkreises.* Einige wollen, dass dies vom Tag des Leidens gesagt sei, als Felsen sich spalteten und Tote auferstanden (vgl. Mt 27,51f).

24b *Und ich will mich hüten vor meiner Bosheit.* Denn gemäß dem Apostel wohnt in unserem Körper nichts Gutes (vgl. Röm 7,18) und von Jugend an hängt der Geist des Menschen gründlich am Bösen (vgl. Gen 8,21).

32a *Denn wer ist Gott außer dem Herrn?* Schön zeigt er den Vater und den Sohn. Einer ist ja Gott, der Vater, aus dem alles ist. Und einer ist der Herr, Jesus, durch den alles ist (vgl. Röm 11,36).

36b *Und deine Zucht hat mich vollends zurechtgewiesen.* „Wen er nämlich liebt, den züchtigt der Herr" (Spr 3,12). Wir werden also aufgerichtet, die wir zuvor gestürzt waren, als wir vom Herrn geschlagen wurden.

44a *Errette mich vor denen aus dem Volk, die gegen mich sprechen.* Es kann dieses sowohl gegen die Häretiker, als auch gegen die Juden gesagt werden.

46a *Die entfremdeten Söhne heuchelten vor mir.* Eben dies sagt auch Jesaja: „Weh, sündiges Geschlecht, entfremdete Söhne, Volk voller Sünden" (vgl. Jes 1,4).

XVIII.

2a *Die Himmel erzählen die Herrlichkeit Gottes.* Aus den Geschöpfen wird entsprechend der Schöpfer erkannt. Eine andere Erklärung: Die Himmel erzählen die Herrlichkeit Gottes, die Erde kann sie nicht erzählen.

3 *Ein Tag verkündet dem anderen das Wort und eine Nacht zeigt der anderen das Wissen an.* Gleiches hat er mit Gleichem dargestellt: dass wir aus der Abfolge der Zeiten mehr zur Erkenntnis Gottes gelangen.

6a *In der Sonne hat er sein Zelt errichtet.* Im Hebräischen heißt es so: ‚Der Sonne hat er in ihnen ein Zelt errichtet', das heißt: Gott in den Himmeln.

6c *Exsultavit ut gigans ad currendam viam.* Per solem mystice de Xpisto intellegitur.

7c *Et non est qui se abscondat a calore eius.* Nullus quippe est, qui non habeat semina intellectus Dei.

8a *Lex Domini inmaculata, convertens animas.* Qui per creaturas Deum ante laudaverat, nunc eum per dationem legis incipit praedicare.

13a *Delicta quis intellegit?* Tertia laudis divisio, qua docet inpossibile legis, – quia per praevaricationem magis peccatum apparuerat in mundo, – evangelii gratia fuisse conpletum: nec posse quemquam cogitationum sordibus liberari, nisi per adventum Spiritus sancti.

XVIIII.

2a *Exaudiat te Dominus in die tribulationis.* Quidam hunc psalmum dictum putant ex voce populi ad Xpistum loquentis, ut ad regem pariter et ad sacerdotem.

3a *Mittat tibi auxilium de sancto.* Qui formam servi acceperat, recte ei quasi homini inprecatur auxilium.

4a *Recordetur omnis victimae tuae.* Sacrificium Xpisti est, sive quod ei omnes offerimus deprecando, sive quod pro omnibus suum ipse sanguinem fudit. Et est sensus: Ne patiaris quemquam perire, cum pro omnibus mortuus sit.

7a *Et omnem voluntatem tuam impleat.* ‚Pater, volo ut quomodo ego et tu unum sumus, sic et isti in nobis unum | sint'. | 197

---

[68] Vgl. Röm 8,3f: „Denn was dem Gesetz unmöglich (*impossibile … legis*) war, weil es durch das Fleisch geschwächt wurde, das tat Gott und sandte seinen Sohn in der Gestalt des sündigen Fleisches und der Sünde halber und verdammte die Sünde im Fleisch, auf dass die Gerechtigkeit,

6c *Sie frohlockte wie ein Riese, die Bahn zu durchlaufen.* Durch die Sonne wird mystisch eine Vorstellung von Christus gegeben.

7c *Und es gibt niemand, der sich vor ihrer Hitze verbergen könnte.* Es gibt ja niemanden, der nicht die Samenkörner der Erkenntnis Gottes hätte.

8a *Das Gesetz des Herrn ist makellos, es kehrt die Seelen um.* Der vorher Gott wegen der Geschöpfe gelobt hatte, beginnt nun, ihn wegen der Gabe des Gesetzes zu preisen.

13a *Die Vergehen, wer erkennt sie?* Dies ist der dritte Abschnitt des Lobes, mit dem er lehrt, dass das Unmögliche am Gesetz – durch die Gesetzesübertretung war ja die Sünde in der Welt immer offenbarer geworden – durch die Gnade des Evangeliums erfüllt worden ist. Und niemand könne vom Sündenschmutz der Gedanken befreit werden, außer durch das Kommen des Heiligen Geistes.[68]

XVIIII.

2a *Es erhöre dich der Herr am Tage der Not.* Einige meinen, dass dieser Psalm gesprochen sei mit der Stimme des Volkes, das zu Christus spricht, wie zum König und gleicherweise zum Priester.

3a *Er sende dir Hilfe vom Heiligtum.* Der die Gestalt des Knechtes angenommen hatte – für diesen als einen Menschen bittet es (*sc.* das Volk) zu Recht um Hilfe.

4a *Er gedenke all deines Opfers.* Es ist das Opfer Christi, entweder dass wir es alle ihm darbringen im Gebet oder dass er selbst sein Blut für alle vergossen hat. Und der Sinn ist: Lass nicht zu, dass irgendeiner verloren geht, da er für alle gestorben ist.

7a *Und er erfülle all deinen Willen.* ‚Vater, ich will, dass so wie ich und du eins sind, auch jene in uns eins sind' (vgl. Joh 17,21).

---

vom Gesetz gefordert, in uns erfüllt würde, die wir nun nicht nach dem Fleische wandeln, sondern nach dem Geist".

8a *Isti in curribus, et isti in equis.* Currus et equi semper in Aegyptiis arguuntur. Alii credant idolis atque daemoniis: nos confidamus in Xpisto.

10 *Domine, salvum fac regem, et exaudi nos in quacumque die invocaverimus te.* In hebraeo ita scriptum est: ‚Domine salvum fac regem, qui exaudiet nos in quacumque die invocaverimus eum'.

XX.

2a *Domine, in fortitudine tua laetabitur rex.* Iste est rex, (cui, ut in superiori psalmo scribitur, secundum formam servi oratur salus): Xpistus „rex regum et dominus dominantium".

2b *Et super salutari tuo exsultabit vehementer.* Id est: in eo quod salvasti homines, Filius tuus, qui salvator est, exsultabit.

3 *Desiderium cordis eius dedisti ei, et voluntate labiorum eius non fraudasti eum.* Iam quippe non sumus servi, sed amici: quod petivit, expletum est: quomodo ipse et Pater unum sunt, sic et nos in ipso unum sumus.

4b *Posuisti super caput eius coronam de lapide pretioso.* Corona Domini, ecclesiae ex variis gentibus congregatio est, de qua Paulus sub persona credentium ait: „Gaudium meum, et corona mea".

5a *Vitam petivit, et dedisti ei.* Ut homo mortuus est, et ut homo resurrexit: Deus quippe vitam postulare non potuit.

5b *Longitudinem dierum in saeculum saeculi.* Impia synagoga conticeat. Quis hominum vivit in saeculum et in saeculum saeculi? David et Salomon non amplius quam quadragenis annis regnaverunt.

---

[69] In *psalt. sec. Hebr.* 19,10 (791 WEBER/GRYSON) übersetzt Hieronymus den hebräischen Text noch genauer: „Herr, rette! Der König wird uns erhören an dem Tag, da wir rufen"; lateinisch: *Domine salva, rex exaudiet nos in die qua invocaverimus.* Nach dem Verständnis des Hieronymus ist Christus dieser ‚König'.

[70] Vgl. die Erläuterung des Hieronymus zu Ps 19,7a, oben 114f.

8a *Jene auf Wagen und jene auf Pferde.* Wagen und Pferde werden immer bei den Ägyptern gerügt (vgl. Ex 14,25 – 15,4; Dtn 17,16; 20,1; Jes 31,1.3). Andere mögen auf Götzen und Dämonen vertrauen, wir wollen uns verlassen auf Christus.

10 *Herr, errette den König und erhöre uns, an welchem Tag auch immer wir dich anrufen.* Im Hebräischen steht so geschrieben: ‚Herr, errette den König, der uns erhören wird, an welchem Tag auch immer wir ihn anrufen'.[69]

XX.

2a *Herr, in deiner Kraft wird der König sich freuen.* Dieser ist der König, (für den, wie im vorherigen Psalm beschrieben, entsprechend seiner Knechtsgestalt das Heil erbeten wird): Christus, „König der Könige und Herr der Herrscher" (Offb 19,16).

2b *Und über die Rettung durch dich wird er gar sehr frohlocken.* Das heißt: Darüber, dass du die Menschen gerettet hast, wird dein Sohn frohlocken, der der Retter ist.

3 *Die Sehnsucht seines Herzens hast du ihm gegeben und den Wunsch seiner Lippen hast du ihm nicht vorenthalten.* Wir sind ja nicht mehr Knechte, sondern Freunde (vgl. Joh 15,15). Was er erbat, ist erfüllt: Wie er selbst und der Vater eins sind, so sind auch wir in ihm eins.[70]

4b *Du hast auf sein Haupt gesetzt eine Krone von kostbarem Stein.* Die Krone des Herrn ist die Sammlung der Kirche aus verschiedenen Völkern. Von ihr sagt Paulus in der Person der Gläubigen: „Meine Freude und meine Krone" (Phil 4,1).

5a *Leben hat er erbeten und du hast es ihm gegeben.* Als Mensch ist er gestorben und als Mensch ist er auferstanden; als Gott konnte er ja das Leben nicht fordern.

5b *Länge der Tage in Ewigkeit der Ewigkeit.* Die frevelhafte Synagoge soll stillschweigen. Welcher Mensch lebt in Ewigkeit und in Ewigkeit der Ewigkeit? David und Salomo haben nicht länger als je vierzig Jahre regiert.

6a *Magna gloria eius in salutari tuo.* Impletum est quod ipse in evangelio postulavit: „Pater, glorifica me apud temetipsum“.

7b *Laetificabis eum in gaudio cum vultu tuo.* Hoc est: erit tecum semper in caelis.

8a *Quia rex sperat in Domino.* Secundum corporis dispensationem.

9b *Dextera tua inveniat omnes odientes te.* Nimia clementia Domini, cum etiam inimicos suos invenire desiderat.

10b *Domine, in ira tua conturbabis eos.* Et hic clementia Dei non punit, sed turbat, ut ad paenitentiam convertantur.

10c *Et comedet eos ignis.* | Iste ignis est, de quo Dominus | 198
in evangelio ait: „Ignem veni mittere super terram, et quam volo ut ardeat“. De hoc igne et duo, quibus in itinere scripturas Salvator aperuit, dicebant: „Nonne cor nostrum erat ardens in via, cum aperiret nobis scripturas?“

13b *In reliquiis tuis praeparabis vultum eorum.* Pro reliquiis, in hebraeo ‚in bonis‘ habet. Sensus itaque iste contexitur: Ad similitudinem sanctorum, quos tibi de omni orbe servasti, etiam eos, qui tormentis purgati sunt, esse facies, ut iuxta vultum sanctorum vultus quoque esse incipiant peccatorum: hoc est, ut tales sint qui peccatores fuerunt, quales et ii qui sancti sunt.

---

[71] Das heißt, weil Christus auch leibhaftiger Mensch war, konnte er hoffen; vgl. zu Ps 20,5a, oben 116f.

[72] Hieronymus deutet das ‚besiegende Finden‘ des Psalms um in ein ‚gütiges, heilschaffendes Finden‘ wie im Gleichnis vom verlorenen Schaf (vgl. Lk 15,1–7). Entsprechend deutet er auch Vers 10bc.

[73] Der masoretische Text hat hier ein Wort, das ‚(Bogen-) Sehnen‘ oder ‚Stricke‘ bedeutet. Es ist zu fragen, was für ein Text dem Hieronymus

6a *Groß ist seine Herrlichkeit in deinem Heil.* Erfüllt ist, was er im Evangelium verlangt: „Vater, verherrliche mich bei dir" (Joh 17,5).

7b *Du wirst ihn voller Freude machen mit deinem Antlitz.* Das heißt: Er wird im Himmel immer mit dir sein.

8a *Denn der König hofft auf den Herrn.* Entsprechend der Verleihung eines Leibes.[71]

9b *Deine Rechte finde alle, die dich hassen.* Überaus groß ist die Güte des Herrn, da er sich sehnt, auch seine Feinde zu finden.[72]

10b *Herr, in deinem Zorn wirst du sie verstören.* Auch hier straft die Güte Gottes nicht, sondern versetzt in Unruhe, dass sie sich umkehren zur Buße.

10c *Und Feuer wird sie verzehren.* Dieses ist das Feuer, von dem der Herr im Evangelium sagt: „Ich bin gekommen, um Feuer auf die Erde zu werfen; und wie sehr will ich, dass es brenne" (Lk 12,49). Von diesem Feuer sprachen auch die zwei, denen der Erlöser auf dem Weg die Schriften geöffnet hat: „Brannte nicht unser Herz auf dem Weg, als er uns die Schriften öffnete?" (Lk 24,32).

13b *An den dir Gebliebenen wirst du ihr Antlitz bereiten.* Für Gebliebene steht im Hebräischen ‚an den Guten'.[73] Es ergibt sich daher folgender Sinn: Ähnlichkeit mit den Heiligen, die du dir vom ganzen Erdkreis errettet hast, wirst du auch denen geben, die durch Schmerzen gereinigt sind, auf dass auch das Antlitz der Sünder beginne, wie das Antlitz der Heiligen zu sein. Das heißt, dass die, welche Sünder waren, so seien, wie diejenigen, die heilig sind.

---

hier vorlag. In *psalt. sec. Hebr.* 20,13b (793 WEBER/GRYSON) übersetzt er: „Deine Stricke wirst du fest machen gegen ihre Angesichte"; lateinisch: *funes tuos firmabis contra facies eorum.*

XXI.

1a *In finem pro adsumptione matutina.* ‚Adsumptio matutin‘a resurrectionis dominicae et ascensus ad Patrem significat sacramentum. Hanc inscriptionem Hebraei aliter habent. ‚Pro cervo matutino‘. Et interpretatione perversa putant de Esther totum vicesimum primum psalmum esse conpositum: quod videlicet ipsius periculo et intercessione apud regem sit de periculo Israhel populus liberatus. Sed nos cervum, qui interficiat serpentes et venena consumat, nullum alium nisi Xpistum intellegimus, sicut totius psalmi contextus ostendit.

2a *Deus, Deus meus, quare me dereliquisti?* Hoc versiculo Dominus in cruce pendens usus est: ex quo animadvertimus totum psalmum a Domino in cruce posito decantari. Quod autem habet in medio ‚intende mihi‘, in hebraeis codicibus non habetur; et adpositum vox Domini declarat, quae illud etiam in evangelio praetermisit.

2b *Longe a salute mea verba delicto|rum meorum.* Aquila | 199
hunc locum ita interpretatus est: ‚Longe a salute mea verba gemitus mei‘. Symmachus: ‚verba mugituum meorum‘. Quinta et sexta editio: ‚verba clamoris mei‘. Et est sensus iuxta ceteros interpretes: Gemitus mei atque conatus, quibus semper populum Israhel salvare quaesivi, longe facti sunt a salute mea, quam populo tribuere cupiebam: quia ipsi noluerunt recipere sanitatem. Iuxta Septuaginta vero

---

[74] Im masoretischen Text steht ‚Hirschkuh‘ / ‚Hindin‘.

[75] Vgl. Babylonischer Talmud, *Megilla* 15b (3,596 Goldschmidt); Feuer, *Tehillim* 270f.

[76] Vgl. *in psalm. XXXXI ad neophytos* (CCL 78,542): „Es ist die Natur der Hirsche, dass sie die Gifte der Schlangen verachten, ja vielmehr sie mit ihren Nüstern aus den Höhlen herausziehen, um sie zu töten und zu zerreißen.“ Ferner *tract. in psalm. I* 140 (CCL 78,307): „Sie (*sc.* die Hirsche) haben nämlich die Fähigkeit, mit dem Hauch ihrer Nüstern die Schlangen aus den Höhlen herauszuziehen und so zu fressen.“ Siehe auch *tract. in psalm. I* 103 (CCL 78,185) und *in Hier.* 14,5 (CCL 74,138). Nach allgemeiner antiker Auffassung ist der Hirsch den Schlangen feindlich gesinnt; vgl. Domagalski, *Hirsch* 561f.573–575.

XXI.
1a *Zum Ende, für die Aufnahme in der Frühe.* ‚Aufnahme in der Frühe' bezeichnet das Geheimnis der Auferstehung des Herrn und seines Aufstiegs zum Vater. Diese Überschrift haben die Hebräer anders: ‚Für den Hirsch[74] in der Frühe'. Und auf Grund einer verkehrten Deutung meinen sie, dass der ganze einundzwanzigste Psalm über Ester verfasst ist,[75] dass nämlich durch ihre Gefährdung und ihr Eintreten beim König das Volk Israel von der Gefahr befreit wurde. Aber wir verstehen unter dem Hirschen, der Schlangen tötet und Gifte vertilgt,[76] keinen anderen als Christus, wie es der Zusammenhang des ganzen Psalmes zeigt.

2a *Gott, mein Gott, warum hast du mich verlassen?* Diesen Vers hat der Herr gebraucht, als er am Kreuz hing. Daraus ersehen wir, dass der ganze Psalm vom Herrn am Kreuz gesungen wurde. Was aber in der Mitte steht, ‚achte auf mich'[77], das steht nicht in den hebräischen Codices. Dass es hinzugefügt ist, zeigt auch der Ausruf des Herrn, der dies im Evangelium ebenfalls weggelassen hat (vgl. Mt 27,46; Mk 15,34).

2b *Weit von meinem Heil sind die Worte meiner Vergehen.* Aquila hat diese Stelle so übersetzt: ‚Weit von meinem Heil sind die Worte meines Stöhnens.' Symmachus: ‚die Worte meines Brüllens'. Die Fünfte und Sechste Edition[78]: ‚die Worte meines Schreiens'. Und der Sinn ist nach den übrigen Übersetzern[79]: Meine Seufzer und meine Mühen, mit denen ich allezeit das Volk Israel zu retten suchte, sind weit entfernt worden von meinem Heil, das ich dem Volk zu gewähren wünschte; denn sie selbst wollten die Heilung nicht annehmen. Nach den Siebzig Über-

[77] In der Septuaginta steht zwischen der Anrede an Gott und der Frage πρόσχες μοι, in der Vulgata *respice me*.
[78] Siehe dazu Einleitung, oben 30.
[79] Die ‚übrigen Übersetzer' sind die gerade zitierten, die im Gegensatz zu Septuaginta (und Vulgata) den hebräischen Wortlaut genauer wiedergeben.

interpretes iste sensus est: Hoc, quod salutem deprecor, quod me conqueror derelictum, non ex propria persona loquor, sed ex populi, cuius peccata in meo corpore ipse suscepi. Unde dico: longe sunt a salute mea verba ista, quae fundo. Non enim tam mihi salutem postulo, qui Deus sum, quam populo qui salute indiget.

3 *Clamabo per diem, et non exaudies: et nocte – et non ad insipientiam mihi.* In die pendens non exauditur a Patre; nocte ab inferis victor resurgit. Aliter: qui in gaudio non exauditur, exauditur in lacrimis. Unde ait: Non in stultitiam mihi, id est non frustra clamavi. Et Aquila transtulit ex hebraeo, dicens: ‚Et nocte, et non tacebis'; id est, audies me, respondebis mihi, facies quod oravi.

7a *Ego autem sum vermis, et non homo.* Hoc propter humilitatem adsumpti corporis loquitur, Esaia quoque eadem concinente: „Ne timeas, vermis Iacob".

7b *Obprobrium hominum.* Quod maius obprobrium, quam crucis?

7b *Et despectio plebis.* Iudaici populi derisus.

13b *Tauri pingues circumdederunt me.* Pro ‚pinguibus' Symmachus ‚altiles' interpretatus est. In hebraeo verbum ponitur BASAN, quod et ‚ignominia' transferri potest.

17a *Quia circumierunt me canes multi.* Pro canibus, in hebraeo habet CALABIN, quod Aquila et Theodotion ‚venatores' interpretati sunt.

---

[80] CICERO, *Verr.* 5,64 (o.S. PETERSON), nennt die Kreuzigung „die grausamste und schändlichste Todesstrafe" (*crudelissimum taeterrimumque supplicium*). Vgl. DE FRAINE, *Kreuzigung* 992f.

setzern aber ist dies der Sinn: Dass ich das Heil erbitte, dass ich mich als verlassen beklage, spreche ich nicht in eigener Person, sondern in der des Volkes, dessen Sünden ich an meinem Leib selbst getragen habe (vgl. 1 Petr 2,24). Daher sage ich: Weit von meinem Heil sind diese Worte, die ich hervorbringe. Ich verlange nämlich das Heil nicht so sehr für mich, der ich Gott bin, als für das Volk, das des Heils bedarf.

3 *Ich werde den Tag hindurch rufen und du wirst mich nicht erhören; und in der Nacht — und nicht mir zur Torheit.* Am Tag, da er hängt (*sc.* am Kreuz), wird er vom Vater nicht erhört. In der Nacht ersteht er als Sieger von den Toten. Eine andere Erklärung: Der in der Freude nicht erhört wird, wird erhört in Tränen. Daher sagt er: Nicht mir zur Torheit, das heißt: nicht vergeblich habe ich gerufen. Und Aquila übersetzte aus dem Hebräischen: ‚Und in der Nacht, und du wirst nicht schweigen', das heißt: Du wirst mich hören, wirst mir antworten, wirst tun, was ich erbeten habe.

7a *Ich aber bin ein Wurm und nicht ein Mensch.* Das sagt er wegen der Niedrigkeit des angenommenen Leibes; auch Jesaja verkündet dasselbe: „Fürchte dich nicht, du Wurm Jakob" (Jes 41,14).

7b *Eine Schande der Menschen.* Welche Schande ist größer als die des Kreuzes?[80]

7b *Und Verachtung des Volkes.* Der Spott des jüdischen Volkes.

13b *Fette Stiere haben mich umgeben.* Für ‚fette' übersetzte Symmachus ‚gemästete'. Im Hebräischen wird das Wort BASAN gebraucht, das auch mit ‚Schande' übersetzt werden kann.

17a *Denn viele Hunde haben mich umringt.* Für Hunde steht im Hebräischen CALABIN, das Aquila und Theodotion mit ‚Jäger'[81] übersetzt haben.

---

[81] Im Sinne von ‚Jagdhunde' (vgl. HALAT 453).

XXII.

1b *Dominus pascit me, et nihil mihi deerit.* De isto pastore et Iezechiel loquitur: ‚Suscitabo pastorem, et pascet eos, ser|vum meum David'. | 200

4c *Virga tua et baculus tuus ipsa me consolata sunt.* „Quem enim diligit, Dominus corripit".

XXIII.

9a *Levate portas, principes, vestri.* Pro quo in hebraeo positum est: ‚Levate, portae, capita vestra'.

10b *Dominus virtutum ipse est rex gloriae.* Pro ‚Domino virtutum' in hebraeo legitur ‚Dominus Sabaoth': quod in alio loco Septuaginta interpretes ‚omnipotentem' transtulerunt.

XXIIII.

7a *Peccata adulescentiae meae et ignorantiae meae ne memineris.* Istum et aetas excusat, et ignorantia. Unde intellegimus eum, qui peccet in adulescentia, et non ignoret, veniam non habere. „Servus quippe, qui novit voluntatem domini sui, et non facit illam, vapulabit multum".

10a *Omnes viae Domini misericordia et veritas.* Quia et ipsa misericordia aequis est librata ponderibus.

16b *Quia unicus et pauper sum ego.* Sic et Helias solus remansit, et Hieremias solus sedit et flevit, a malis omnibus separatus. Unde et David alibi: „Deus habitare facit unius moris in domo".

19b *Et odio iniquo oderunt me.* Iniquum odium ad distinctionem iusti dicitur.

---

82 Hieronymus wird *sub persona David* vor allem an Christus denken.

83 Bezüglich ELIJA siehe 1 Kön 19,3f, bezüglich JEREMIA siehe die Überschrift zu den Klageliedern in der Septuaginta: ‚Und es geschah, nach-

XXII.
1b *Der Herr weidet mich und nichts wird mir fehlen.* Von diesem Hirten spricht auch Ezechiel: ‚Ich werde einen Hirten erwecken, und er wird sie weiden, mein Knecht David‘[82] (vgl. Ez 34,23).

4c *Dein Stock und dein Stab, die haben mich getröstet.* „Wen er nämlich liebt, den züchtigt der Herr“ (Spr 3,12).

XXIII.
9a *Erhebet, Fürsten, eure Tore.* Dafür steht im Hebräischen: ‚Erhebet, Tore, eure Häupter‘.

10b *Der Herr der Mächte, er ist der König der Herrlichkeit.* Für ‚der Herr der Mächte‘ liest man im Hebräischen ‚der Herr Zebaot‘, was an anderer Stelle die Siebzig Übersetzer mit der ‚Allmächtige‘ übersetzt haben.

XXIIII.
7a *Der Sünden meiner Jugend und meiner Unwissenheit gedenke nicht.* Es entschuldigt ihn das Alter und die Unwissenheit. Daraus erkennen wir, dass derjenige keine Vergebung erlangt, der in der Jugend sündigt und nicht unwissend ist. „Der Knecht, der den Willen seines Herrn kennt und ihn nicht tut, wird viele Schläge bekommen“ (Lk 12,47).

10a *Alle Wege des Herrn sind Barmherzigkeit und Wahrheit.* Denn auch die Barmherzigkeit selbst ist ausgewogen.

16b *Denn ich bin einsam und arm.* So blieb Elija allein zurück und auch Jeremia saß allein und weinte, von allen Bösen getrennt.[83] Daher sagt auch David an anderer Stelle: „Gott lässt den Einsamen im Hause wohnen“ (Ps 67,7).

19b *Und mit gottlosem Hass hassten sie mich.* Von gottlosem Hass wird gesprochen im Unterschied zum gerechten.

---

dem Israel in Gefangenschaft geführt war und Jerusalem verwüstet, da saß Jeremia weinend und sang dieses Klagelied über Jerusalem‘.

XXV.

2 b *Ure renes meos et cor meum.* Quid renes sonent, in corde significat.

3 a *Quia misericordia tua in conspectu oculorum meorum est.* Sic petit iudicium, ut misericordiae recordetur.

6 a *Lavabo inter innocentes manus meas.* In bonis operibus lavabo manus meas, quae peccatis ante sordebant.

10 b *Dextera eorum repleta est muneribus.* Abstinendum a muneribus docet, culpans eos qui accipiunt munera.

XXVI.

1 a *David antequam ungueretur.* Ter unctus est David: semel sub patre suo Iesse in Bethleem: secundo, in Chebron: tertio, quando regnavit super omnem Israhel. Quaere ergo, cui potissimum hic psalmus conveniat unctioni. Sciendum autem quod ‚antequam ungueretur' in hebraeis voluminibus non habetur.

4a *Unam petii a Domino, hanc requiram.* Quidam putant, unam caritatem, sive gratiam, aut certe unam petitionem dici: cum ZOTH verbum hebraeum absolute unum neutrali genere sonet, et legatur: Unum petii a Domino, hoc exquiram.

10 a *Quia pater meus et mater mea reliquerunt me.* Potest et de David simpliciter accipi, quod minimus inter fratres et a parentibus contemptus, a Domino electus est per

---

[84] In einer Homilie zu Ps 15 (*tract. in psalm. II* 15,7 [CCL 78,375 f]) legt Hieronymus dar, dass die Nieren für die verborgenen Gedanken und tiefen Empfindungen stehen. Und wenn das Herz schon verborgen sei, dann seien die Nieren „die noch verborgeneren Teile des Herzens". Vgl. MEERSHOEK, *Latin Biblique* 166–181, und KELLERMANN, *k^{e}lājôṯ* 190 f.

[85] Zu dem lateinischen *unam* ist ein Wort mit femininem Genus zu ergänzen, wie *caritas*, *gratia* oder *petitio*.

[86] ZOTH kann ‚diese' oder ‚dieses' bedeuten. Im masoretischen Text steht hier jedoch nicht *zo'ṯ*, sondern *'aḥaṯ*, das heißt ‚eine' oder ‚eines'.

XXV.

2b *Läutere mit Feuer meine Nieren und mein Herz.* Was die Nieren anklingen lassen, zeigt das Herz an.[84]

3a *Denn deine Barmherzigkeit ist vor meinen Augen.* So verlangt er ein Urteil, dass er der Barmherzigkeit gedenke.

6a *Ich werde unter den Unschuldigen meine Hände waschen.* Meine Hände, die vorher von Sünden schmutzig waren, werde ich in guten Werken waschen.

10b *Ihre Rechte ist gefüllt mit Geschenken.* Er lehrt, sich fernzuhalten von Geschenken, und klagt die an, die Geschenke annehmen.

XXVI.

1a *Von David, bevor er gesalbt wurde.* Dreimal ist David gesalbt worden: Zum ersten Mal unter seinem Vater Isai in Betlehem, zum zweiten Mal in Hebron, zum dritten Mal als er König wurde über ganz Israel. Frage also, welcher Salbung dieser Psalm am besten entspricht. Man muss aber wissen, dass ‚bevor er gesalbt wurde' in den hebräischen Buchrollen nicht steht.

4a *Eine Sache*[85] *erbat ich vom Herrn, nach dieser will ich verlangen.* Einige nehmen an, dass ein Liebes- oder Gnadenerweis, oder jedenfalls eine Bitte gemeint sei, während das hebraische Wort ZOTH[86] für sich allein ein Neutrum bezeichnet und man lesen muss: Eines erbat ich vom Herrn, nach diesem will ich verlangen.

10a *Denn mein Vater und meine Mutter haben mich verlassen.*[87] Das kann auch einfach von David angenommen werden, weil er, der Jüngste unter den Brüdern und von den Eltern geringgeschätzt, vom Herrn erwählt wurde

Entweder hatte Hieronymus einen anderen hebräischen Text vorliegen oder er zitiert hier ungenau nach dem Gedächtnis.

[87] Hieronymus bezieht in seiner Auslegung auch die zweite Hälfte des Verses mit ein: ‚der Herr aber hat mich angenommen'.

Samuelem. In commune vero, parentum in filios amor morte finitur: Dei amor crescit in tempore.

12c *Et mentita est iniquitas sibi.* Testes flagitiosi in eo, quod contra alios mentiuntur, sibi mentiuntur, dum in se supplicia praeparant, putantes Deum non vindicare mendacia.

XXVII.

1e *Et adsimilabor descendentibus in lacum.* Lacus significat infernum, locum videlicet eorum qui sub custodia retinentur. Et alibi scribitur: ‚Usque ad captivam, quae erat in lacu'.

4a *Da illis secundum opera sua.* Quia te non intellegunt per beneficia, | intellegant per cruciatus. | 202

7c *Et refloruit caro mea.* Pro carne, Theodotion ‚cor' interpretatus est. Aliter: quippe consurreximus Xpisto, et de resurrectione dicitur: „Ossa vestra ut herba orientur".

8b *Et protector salutarium xpisti sui est.* Quicumque in Xpisto baptizatus est, et ipse xpistus vocatur.

Sciendum autem, quod et iste psalmus, excepta una littera, in hebraeis voluminibus scriptus sit secundum ordinem litterarum.

XXVIII.

3a *Vox Domini super aquas.* Haec sunt aquae, quae laudant in caelestibus Dominum. „Vox clamantis in deserto".

3b *Deus gloriae intonuit.* „Hic est Filius meus dilectus mihi, in quo conplacui".

[88] Diese Anmerkung gehört nicht zu Ps 27, sondern ist vermutlich beim Abschreiben aus Versehen von Ps 24 oder 33 an die falsche Stelle geraten. Vgl. Einleitung, oben 36f.

[89] Nach biblischer Vorstellung gibt es oberhalb des Firmaments einen himmlischen Ozean (vgl. Gen 1,6f; Ps 148,4).

durch Samuel (vgl. 1 Sam 16,1–13). Im Allgemeinen wird die Liebe der Eltern zu ihren Kindern durch den Tod beendet; Gottes Liebe dagegen wächst mit der Zeit.

12c *Die Bosheit hat sich belogen.* Schändliche Zeugen belügen sich, indem sie gegen andere lügen; dabei bereiten sie sich Strafen, glauben jedoch, dass Gott die Lügen nicht ahndet.

XXVII.

1e *Und ich werde denen ähnlich, die hinabsteigen in die Grube.* Grube bezeichnet die Unterwelt, den Ort derer nämlich, die unter Bewachung gehalten werden. Und an anderer Stelle heißt es: ‚Bis zu der Gefangenen, die in der Grube war' (vgl. Ex 12,29).

4a *Vergilt ihnen gemäß ihrer Werke.* Weil sie dich nicht an den Wohltaten erkennen, mögen sie dich an den Qualen erkennen.

7c *Und mein Fleisch ist wieder erblüht.* Für Fleisch hat Theodotion ‚Herz' übersetzt. Eine andere Erklärung: Wir sind ja mit Christus auferstanden. Und von der Auferstehung heißt es: „Eure Gebeine werden erstehen wie frisches Gras" (Jes 66,14).

8b *Und er ist der Beschützer des Heils seines Christus.* Wer immer in Christus getauft wurde, wird auch selbst Christus (*sc.* Gesalbter) genannt.

Man muss aber wissen, dass auch dieser Psalm — ein Buchstabe ausgenommen — in den hebräischen Buchrollen nach der Reihenfolge der Buchstaben geschrieben ist.[88]

XXVIII.

3a *Die Stimme des Herrn über den Wassern.* Dieses sind die Wasser, die in den himmlischen Sphären[89] den Herrn loben. „Stimme eines Rufenden in der Wüste" (Mt 3,3).

3b *Der Gott der Herrlichkeit donnerte*: „Dieser ist mein geliebter Sohn, an dem ich Wohlgefallen gefunden habe" (Mt 3,17).

3c *Dominus super aquas multas.* Ipse Xpistus Dominus, cum multis lavacrum accipiens.

4a *Vox Domini in fortitudine.* „Facite fructum dignum paenitentiae".

4b *Vox Domini in decore.* „Dimitte modo: sic enim decet nos implere omnem iustitiam".

5a *Vox Domini conterentis cedros.* Superbos quosque. „Ecce securis ad radices arborum posita est".

6a *Et comminuet eas ut vitulus Libani. Ramos earum et virgulta calcibus verberans.* Pro hoc in hebraeo habet: ‚et vitulus Libani'.

7 *Vox Domini incidentis | flammam ignis.* Paenitentiam | 203
Ioannes in deserto praedicans, omnem gehennae restinguebat ardorem.

8a *Vox Domini concutientis desertum.* Anima, quae deserta fuerat occupantibus ante se vitiis, ad verba paenitentiae commovetur, ut exeuntibus ab illa vitiis habitabilis Deo fiat.

10a *Dominus diluvium inhabitat.* Aridam terram Deus non possidet. Simul adtende vim verbi, quod non dixerit ‚aquas', sed ‚diluvium': ut abundantiam gratiae spiritalis ostenderet.

XXVIIII.

1 *Psalmus cantici dedicationis domus David.* ‚Dedicatio domus David', ‚resurrectio Salvatoris' intellegitur, in qua omnia vitae corpora dedicantur.

6c *Ad vesperum demorabitur fletus, et ad matutinum laetitia.* Potest hoc et de tempore passionis, et de resurrectionis et consummationis saeculi accipi.

---

[90] Im Hebräischen steht: ‚wie ein Kalb'. Zur Problematik dieser Textstelle siehe MORIN, *Hieronymus* 202. Mit diesem Vers hatten schon die Siebzig Übersetzer und die späteren jüdischen Gelehrten, die den hebräischen Text mit ‚Vokalen' und ‚Satzzeichen' versehen haben, ihre Schwierigkeiten; vgl. HOSSFELD/ZENGER, *Psalmen 1–50*, 183.

3c *Der Herr über vielen Wassern*. Das ist Christus der Herr selbst, der mit vielen die Taufe annimmt.

4a *Die Stimme des Herrn mit Kraft*: „Bringt Frucht hervor, die der Buße entspricht" (Mt 3,8).

4b *Die Stimme des Herrn mit Würde*: „Lass es nur zu; denn so geziemt es uns, alle Gerechtigkeit zu erfüllen" (Mt 3,15).

5a *Die Stimme des Herrn, die Zedern zerschmettert*. Alle Hochmütigen. „Seht, die Axt ist an die Wurzeln der Bäume gelegt" (Mt 3,10).

6a *Und er wird sie zerbrechen wie ein Kalb des Libanon, das ihre (sc. der Zedern) Zweige und ihr Gesträuch mit den Hufen zerschlägt*. Dafür steht im Hebräischen: ‚und ein Kalb des Libanon'.[90]

7 *Die Stimme des Herrn, der die Feuerflamme zerschneidet*. Als Johannes in der Wüste die Buße predigte, löschte er alle Glut der Hölle.

8a *Die Stimme des Herrn, der die Wüste erschüttert*. Die Seele, die wüst war durch die Laster, welche sie vorher in Beschlag nahmen, wird zu Worten der Buße bewegt, damit sie durch den Auszug der Laster für Gott bewohnbar wird.

10a *Der Herr wohnt in der Flut*. Gott hält sich nicht in dürrem Land auf. Beachte zugleich den Nachdruck des Wortes, dass er nicht gesagt hat ‚die Wasser', sondern ‚die Flut', um den Überfluss der geistlichen Gnade zu zeigen.

XXVIIII.

1 *Ein Psalmlied zur Einweihung des Hauses Davids*. ‚Die Einweihung des Hauses Davids' bedeutet ‚die Auferstehung des Erlösers', in der alle Leiber dem Leben geweiht werden.

6c *Am Abend wird Weinen andauern und am Morgen Freude*. Dies kann sowohl von der Zeit der Passion und der Auferstehung als auch von der Vollendung der Welt aufgefasst werden.

XXX.

3c *Esto mihi in Deum protectorem.* Symmachus pro hoc interpretatus est ‚in lapidem durissimum'.

12c *Et timor notis meis.* Quia amici mei propter metum inimicorum a me longe recesserunt. Totus psalmus et super David iuxta historiam, et super Dominum iuxta prophetiam intellegi potest.

21 *Absconde eos in absconditis vultus tui et cetera.* Similiter et hoc tam de David quam de Domino intellegitur: quia et David tuitus sit Deus a Saul et Abessalon, et Dominum a Farisaeis et a Iudaeis.

24b *Quia veritatem requirit Dominus.* Aquila: ‚Quia fideles servat Dominus'.

XXXI.

4c *Cum infigitur mihi spina.* Conscientiae stimulus atque peccati.

6b *Verumtamen in diluvio aquarum multarum – ad eum non adpropinquabunt.* Sine angustiis, ait, quae quasi
aquis inun|dantibus conparantur, ad Deum sancti adpro- | 204
pinquare non poterunt: quia „qui sustinuerit in finem, hic salvus erit".

8a *Intellegere te faciam, et docebo te in via hac, qua ingredieris.* Vox Domini loquentis inducitur, et docentis quomodo homo suum mereatur auxilium: si Dei videlicet praecepta custodiens recto feratur itinere, et quamquam ad perfectum munditiae venire non valeat, – tamen in animalium modum pronus – non feratur in vitia.

XXX.
3c *Sei mir ein schützender Gott.* Symmachus hat dafür übersetzt: ‚zu einem ganz harten Felsen'.

12c *Und ein Schrecken für meine Bekannten.* Denn meine Freunde sind aus Furcht vor den Feinden weit von mir gewichen. Der ganze Psalm kann sowohl von David historisch als auch vom Herrn gemäß der Prophetie verstanden werden.

21 *Verbirg sie in der Verborgenheit deines Angesichts und so weiter.* In gleicher Weise wird auch dies wie von David, so auch vom Herrn verstanden, da Gott sowohl den David bewahrt hat vor Saul und Abschalom als auch den Herrn vor den Pharisäern und vor den Juden.

24b *Denn der Herr verlangt Wahrhaftigkeit.* Aquila: ‚Denn der Herr behütet die Treuen.'

XXXI.
4c *Wenn der Dorn mir eingestochen wird.* Der Stachel des Gewissens und der Sünde.

6b *Doch in der Flut vieler Wasser — zu ihm werden sie nicht gelangen.* Ohne Bedrängnisse, sagt er, die gewissermaßen mit überschwemmenden Wassern verglichen werden, werden die Heiligen nicht zu Gott gelangen können;[91] denn „wer aushält bis zum Ende, der wird gerettet sein" (Mk 13,13).

8a *Ich werde dich erkennen lassen und dich lehren auf diesem Weg, den du gehen wirst.* Die Stimme des Herrn wird eingeführt, der hier spricht und lehrt, wie der Mensch seine Hilfe erlangt: Wenn er nämlich Gottes Gebote halt und so auf dem rechtem Weg geht und, obgleich er zur vollkommenen Reinheit nicht gelangen kann, er dennoch — obwohl zu tierischer Lebensweise geneigt — sich nicht in Laster stürzt.

---

[91] Zu dieser Deutung siehe Einleitung, oben 22.

XXXII.

6 *Verbo Domini caeli firmati sunt, et spiritu oris eius omnis virtus eorum.* Trinitas manifestissime declaratur: Dominus, Verbum, Spiritus Domini.

7a *Congregans ut in utre aquas maris.* Clausum mare litoribus ostendit.

15a *Qui finxit per singulos corda eorum.* Quidam hunc locum mendaciter ad illud referunt, quod animam ex anima aestiment esse generatam, et in Adam omnium animas contineri: quia id quod graece dicitur κατὰ μόνας, non unum, sed per multos quemque significet.

XXXIII.

1 *David, quando mutavit faciem suam coram Abimelech, et dimisit eum, et abiit.* Mutatio faciei in verborum mutatione monstratur, quando a Saul se missum esse simulavit. Aut si veram mutationem vultus volumus intellegere, Abimelech sciamus dictum esse pro Anchus. Nec in nomine error est, cum ex patre rege natus etiam Abimelech potuerit appellari: Abimelech quippe interpretatur ‚Pater meus rex'.

15a *Inquire pacem, et sequere eam.* Non sufficit malum fugere, nisi bonum quoque feceris.

19a *Iuxta est Dominus his qui tribulato sunt corde.* Iuxta, non loco, sed auxilio.

---

[92] Das lateinische Wort *spiritus* bedeutet sowohl ‚Hauch' als auch ‚Geist'. Das Gleiche gilt für die entsprechenden Wörter im Griechischen und Hebräischen.

[93] Zu dieser Stelle siehe Einleitung, oben 58.

[94] Der Name Abimelech bereitet auch der heutigen Exegese Schwierigkeiten (siehe Hossfeld/Zenger, *Psalmen 1–50*, 213). Hieronymus bezieht die Psalmüberschrift zunächst auf 1 Sam 21, 1–10. Dort gibt David dem Priester, der allerdings Ahimelech heißt, die falsche Auskunft, er habe von Saul einen geheimen Auftrag. Weiter bezieht Hieronymus die Überschrift aber auch auf 1 Sam 21, 11 – 22,1. Dort verstellt David sich aus Furcht vor dem König Achisch, indem er so tut, als sei er wahn-

XXXII.
6 *Durch das Wort des Herrn sind die Himmel festgemacht und durch den Hauch*[92] *seines Mundes all ihre Stärke.* Die Dreifaltigkeit wird ganz offen verkündet: Der Herr, das Wort, der Geist des Herrn.

7a *Er sammelt wie in einem Schlauch die Wasser des Meeres.* Er legt dar, dass das Meer durch die Ufer eingeschlossen ist.

15a *Der ihre Herzen einzeln gebildet hat.* Einige beziehen diese Stelle trügerischerweise darauf, dass nach ihrer Meinung Seele aus Seele hervorgebracht sei und in Adam die Seelen aller enthalten seien, weil das, was griechisch κατὰ μόνας heißt, nicht einen einzelnen, sondern durch die vielen jeden bezeichne.[93]

XXXIII.
1 *Von David, als er sein Gesicht vor Abimelech verstellte und dieser ihn fortschickte und er wegging.* Die Verstellung des Gesichts wird in der Verstellung der Worte gezeigt, da er vorgab, er sei von Saul gesandt worden. Oder, wenn wir es als eine wirkliche Verstellung des Gesichtsausdrucks verstehen wollen, müssen wir wissen, dass Abimelech für Achisch gesagt ist. Im Namen liegt auch kein Irrtum vor, da er auf Grund seiner königlichen Abstammung auch Abimelech genannt werden konnte: Abimelech heißt ja übersetzt ‚Mein Vater ist König'.[94]

15a *Suche den Frieden und folge ihm.* Es genügt nicht, vor dem Bösen zu fliehen, wenn du nicht auch das Gute getan hast.

19a *Nahe ist der Herr denen, die bedrängten Herzens sind.* Nahe nicht bezüglich des Ortes, sondern der Hilfe.

---

sinnig, und sich Speichel in den Bart laufen lässt. Der Name ABIMELECH in Ps 33,1 sei kein Irrtum. Weil ACHISCH von einem königlichen Vater abstamme, könne er auch ABIMELECH, das heißt, ‚Mein Vater ist König', genannt werden.

20a *Multae tribulationes iustorum.* Ergo qui tribulationem non patitur, iustus non est.

22a *Mors peccatorum | pessima.* Iustorum tribulatio morte | 205
finitur: peccatorum vero supplicia post mortem incipiunt.

XXXIIII.

13a *Ego autem, cum mihi molesti essent, induebam me cilicio.* Haec sunt arma sanctorum. Totus autem psalmus ex persona Xpisti est, et per Xpistum ad omnes sanctos referri potest.

14a *Quasi proximum, quasi fratrem nostrum.* Si ex persona David psalmum accipimus, proximum intellegimus Saulem: si ex Xpisti, Iudam proditorem proximum vocat.

15a *Congregata sunt super me flagella, et non cognovi.* Quid non cognoverit, quaeritur. Quidam putant, dolorem vulnerum quae patiebatur in cruce. Sed melius ad peccata refertur: quod non habuerit conscientiam peccatorum, quare crucifixus sit.

20a *Quia mihi quidem pacifica loquebantur.* „Magister, licet tributum dare Caesari, aut non?"

21a *Et dilataverunt super me os suum.* Non solum peccaverunt in me, sed etiam insultaverunt, dicentes: „Si filius Dei est, descendat, et credimus illi".

XXXV.

2a *Dixit iniquus, ut delinqueret sibi.* Id est, decrevit se peccare debere.

6b *Et veritas tua usque ad nubes.* Qui spiritaliter scripturas nolunt intellegere, quomodo veritas Dei sit usque ad nubes dicant.

---

[95] Die Fortsetzung des Textes ist mitzudenken: ‚so war ich ihnen gegenüber wohlwollend'.

[96] Christus hat *unsere* Sünden auf das Kreuz getragen (vgl. 1 Petr 2,24 und Jes 53,5). Er wusste sich ohne Schuld an diesen Sünden.

20a *Zahlreich sind die Bedrängnisse der Gerechten.* Wer also Bedrängnis nicht erträgt, ist kein Gerechter.

22a *Der Tod der Sünder ist sehr elend.* Die Bedrängnis der Gerechten wird durch den Tod beendet; die Strafen der Sünder aber beginnen nach dem Tod.

XXXIIII.

13a *Ich aber kleidete mich in ein Bußgewand, als sie mich bedrängten.* Dies sind die Waffen der Heiligen. Der ganze Psalm ist aber aus der Person Christi gesprochen, und durch Christus kann er auf alle Heiligen bezogen werden.

14a *Wie gegenüber dem Nächsten, wie gegenüber unserem Bruder.*[95] Wenn wir den Psalm von der Person Davids verstehen, erkennen wir Saul als den Nächsten; wenn aber von der Person Christi, so nennt er den Verräter Judas den Nächsten.

15b *Es häuften sich auf mir Plagen und sie waren mir nicht bewusst.* Es fragt sich: Was war ihm nicht bewusst? Einige meinen: der Schmerz der Wunden, die er am Kreuz erlitt. Aber besser bezieht man es auf die Sünden: dass er kein Bewusstsein der Sünden hatte, deretwegen er gekreuzigt wurde.[96]

20a *Denn sie sprachen zwar Friedliches zu mir.* „Meister, ist es erlaubt, dem Kaiser Steuer zu zahlen, oder nicht?" (Mt 22,17).

21a *Und sie sperrten gegen mich ihren Mund auf.* Nicht nur sündigten sie gegen mich, sondern sie verhöhnten mich auch, indem sie sprachen: „Wenn er der Sohn Gottes ist, so steige er herab, und wir glauben ihm" (vgl. Mt 27,40.42).

XXXV.

2a *Es sprach der Gottlose, dass er sich vergehe.* Das heißt: Er entschied, dass er sündigen müsse.

6b *Und deine Wahrheit bis zu den Wolken.* Diejenigen, welche die Schriften nicht geistlich verstehen wollen, sollen sagen, auf welche Weise die Wahrheit Gottes bis zu den Wolken reicht.

7c *Homines et iumenta salvos facies, Domine.* Rationales quoque et inrationales.

10b *In lumine tuo videbimus lumen.* Lumen Patris Xpistus est: in Xpisto Patris lumine lumen Spiritum sanctum videbimus.

13b *Eiecti sunt, et non potuerunt stare.* Et Cain eiectus est a facie Dei: et quia non erat coram Domino, habitavit in terra Naid, quae interpretatur σάλος, id est, fluctuatio sive commotio. Eiectus est, et stare non potuit.

XXXVI.

6b *Et iudicium tuum ut meridies.* Tunc enim „iusti fulgebunt ut sol in regno Patris eorum“: et erunt clara omnia quae nunc abscondita sunt.

7b *Noli aemulari in eo qui prospere agit in via sua.* Non te terreat impii felicitas brevis.

8 *Quiesce ab ira, et dimitte furorem: noli aemulari, ut male facias.* Depone iram, ne iniqua patiens vicem reddere conpellaris.

10b *Et quaeres locum eius, et non invenies.* Si locus diaboli peccatum est, erit tempus quando peccatum non erit: hoc autem tunc erit, cum exsultaverimus in multitudine pacis.

19 *Non confundentur in tempore malo, et in diebus famis saturabuntur.* Tempus malum, tempus iudicii ostendit; in quo cum iusti non patiantur famem, de peccatoribus dicitur: „Vae vobis qui saturati estis, quoniam esurietis“.

---

[97] Vermutlich versteht Hieronymus ‚Tiere‘ (*iumenta*) allegorisch im Sinne von ‚uneinsichtigen Menschen‘ wie EUSEBIUS VON CAESAREA, *Ps.* 35,8 (PG 23,320).

[98] Vgl. die Worte KAINS in Gen 4,14: „Du vertreibst mich heute aus dem Land, und ich muss mich vor deinem Angesicht verbergen und werde wohnsitz- und heimatlos auf der Erde sein“.

7c *Menschen und Tiere wirst du heil machen, Herr.* Vernünftige ebenso wie Unvernünftige.[97]

10b *In deinem Licht werden wir das Licht sehen.* Das Licht des Vaters ist Christus. In Christus werden wir durch das Licht des Vaters das Licht, den Heiligen Geist, sehen.

13b *Sie wurden vertrieben und konnten nicht bleiben.* Auch Kain wurde vertrieben vom Angesicht Gottes, und da er nicht vor dem Herrn war, wohnte er im Land Nod (vgl. Gen 4,14.16), das übersetzt wird mit σάλος, das heißt Schwanken oder Erregung. Er wurde vertrieben und konnte nicht bleiben.[98]

XXXVI.

6b *Und dein Gericht ist wie der Mittag.* Dann nämlich „werden die Gerechten strahlen wie die Sonne im Reich ihres Vaters" (Mt 13,43); und klar werden alle Dinge sein, die jetzt verborgen sind.

7b *Ereifere dich nicht über den, der erfolgreich ist auf seinem Weg.* Es schrecke dich nicht das kurze Glück des Gottlosen.

8 *Komme zur Ruhe vom Zorn und lass fahren die Wut; ereifere dich nicht, so dass du schlecht handelst.* Leg den Zorn ab, damit du, wenn du Unrecht erleidest, nicht gedrängt wirst, Vergeltung zu üben.

10b *Und du wirst seine Stätte suchen und du wirst sie nicht finden.* Wenn die Stätte des Teufels die Sünde ist, wird es eine Zeit geben, da es die Sünde nicht mehr geben wird. Das wird aber dann sein, wenn wir zum Jubel gekommen sind in der Fülle des Friedens.

19 *Nicht werden sie zuschanden in schlimmer Zeit und in Tagen des Hungers werden sie gesättigt werden.* Er weist hin auf die schlimme Zeit, die Zeit des Gerichts. Während die Gerechten dann keinen Hunger leiden, heißt es von den Sündern: „Wehe euch, die ihr satt seid, denn ihr werdet hungern" (Lk 6,25).

35.36a *Vidi impium exaltatum, et elevatum sicut cedrum Libani: et transii, et ecce non erat.* Cum mundi huius pelagum transierimus, tunc videbimus non esse diabolum, et locum eius nequaquam apparere peccatum.

38b *Reliquiae impiorum peribunt.* Pro reliquiis, in hebraeo ‚novissima‘ habet.

XXXVII.

2a *Domine, ne in furore tuo arguas me.* Totus psalmus ex persona paenitentis est: sed et ad Xpistum referri potest, sicut et sexagesimus octavus.

6 *Conputruerunt et corruptae sunt cicatrices meae a facie insipientiae meae.* Simile est huic illud, quod alibi ex persona Xpisti dicitur: „Deus, tu cognovisti insipientiam meam“.

8a *Quia lumbi mei inpleti sunt inlusionibus.* Se unusquisque consideret, et titillantem corporis intellegat voluptatem, et conputet cum apostolo, quia „Miser ego homo, | 207 quis me liberabit de corpore mortis huius?“ Et illud: ‚Neque enim quod volo hoc facio, sed quod nolo‘.

12a *Amici mei et noti mei contra me steterunt.* Potest et de discipulis accipi, qui in passione metu territi a Domino recesserunt: in tantum, ut etiam eum Petrus tertio denegaret.

14 *Ego vero — tamquam surdus — non audiebam, et tamquam mutus non aperiens os suum.* Et apud Pilatum Dominus non est locutus, et Esaias de eodem loquitur: ‚Tamquam agnus ad victimam, non aperiens os suum‘.

---

[99] Diese ‚Torheit‘ Christi ist im gleichen Sinn zu verstehen wie die ‚Sünde‘ Christi im Kommentar zu Vers 19b, unten 142f.

35.36a *Ich sah den Gottlosen hoch erhaben und erhoben wie eine Zeder des Libanon; und ich ging wieder vorüber, und siehe: Er war nicht mehr.* Wenn wir durch das Meer dieser Welt hindurchgegangen sind, dann werden wir sehen, dass der Teufel nicht mehr ist, und seine Stätte, die Sünde, sich ganz und gar nicht mehr zeigt.

38b *Die Nachkommen der Gottlosen werden vergehen.* Für Nachkommen steht im Hebräischen ‚das Letzte'.

XXXVII.

2a *Herr, weise mich nicht in deinem Zorn zurecht.* Der ganze Psalm ist aus der Person eines Büßenden gesprochen. Aber er kann auch auf Christus bezogen werden wie der achtundsechzigste.

6 *Es eiterten und waren entstellt meine Striemen infolge meiner Torheit.* Diesem ist das ähnlich, was an anderer Stelle im Namen Christi gesagt wird: „Gott, du kennst meine Torheit"[99] (Ps 68,6).

8a *Denn meine Lenden sind erfüllt von Täuschungen.* Ein jeder möge über sich nachdenken und die aufreizende Lust des Leibes erkennen und mit dem Apostel zu dem Ergebnis kommen: „Ich elender Mensch! Wer wird mich befreien von diesem Leib des Todes?" (Röm 7,24). Und jene Stelle: ‚Und nicht das, was ich will, tue ich nämlich, sondern was ich nicht will' (vgl. Röm 7,19).

12a *Meine Freunde und meine Bekannten haben sich gegen mich gestellt.* Dies kann auch von den Jüngern verstanden werden, die sich bei der Passion in Furcht und Schrecken vom Herrn zurückgezogen haben, so sehr, dass Petrus ihn sogar dreimal verleugnete.

14 *Ich aber – wie ein Tauber – hörte nicht und war wie ein Stummer, der seinen Mund nicht auftut.* Auch bei Pilatus hat der Herr nicht gesprochen, und Jesaja sagt von ihm: ‚Wie ein Lamm zum Opfer – so tat er seinen Mund nicht auf' (vgl. Jes 53,7).

15b *Et non habens in ore suo correptiones.* Sic tacui accusatus, quasi non habens quid pro me respondere deberem.

19b *Et sollicitus ero pro peccato meo.* Peccatum Xpisti, humani delicta sunt generis: propter quae et Patri — dicitur — nunc esse subiectus.

XXXVIII.

10 *Obmutui, et non aperui os meum, quia tu fecisti.* Ideo patienter fero, quia te scio ad probationem me temptationibus reliquisse.

XXXVIIII.

5b *Et non respexit in vanitates et insanias falsas.* Est ergo spiritalis, id est, vera amentia, de qua et apostolus loquebatur: „Sive mente excedimus, Deo“. Et in Actibus apostolorum ad eum dicitur: „Insanis, Paule, insanis“.

7c.8 *Holocaustomata et pro peccato noluisti ; tunc dixi, Ecce venio. In capite libri scriptum est de me.* Quia sacrificia et caerimonias Iudaeorum, ablata superstitione legis veteris, spiritalis evangelii religione mutasti: propterea laetus in mundum venio. Et de me scribitur: „In principio erat Verbum, et Verbum erat apud Deum, et Deus erat Verbum“.

XL. 208

6b *Quando morietur, et periet nomen eius?* Hoc est, quod in evangelii parabola scribitur, colonis dicentibus: „Iste est heres, venite interficiamus eum, et nostra sit hereditas“.

15b *Und er hatte in seinem Mund kein Schelten.* So schwieg ich, als ich angeklagt wurde — als ob ich nichts hätte, was ich für mich antworten sollte.

19b *Und ich werde beunruhigt sein wegen meiner Sünde.* Die Sünde Christi, das sind die Vergehen des menschlichen Geschlechts. Derentwegen — so heißt es — ist er jetzt auch dem Vater unterworfen.

XXXVIII.

10 *Ich verstummte und tat meinen Mund nicht auf, denn du hast es getan.* Deshalb trage ich es geduldig, denn ich weiß, dass du zur Prüfung mich den Versuchungen überlassen hast.

XXXVIIII.

5b *Und er achtete nicht auf Nichtigkeiten und falsche Verzückungen.* Es gibt also ein geistliches, das ist ein wahres Von-Sinnen-Sein, von dem auch der Apostel sprach: „Sei es, dass wir außer uns waren — für Gott“ (2 Kor 5,13). Und in der Apostelgeschichte wird zu ihm gesagt: „Du bist verrückt, Paulus, du bist verrückt“ (Apg 26,24).

7c.8 *Brandopfer und Sündopfer wolltest du nicht. Darauf sagte ich: Siehe, ich komme. Am Anfang des Buches ist von mir geschrieben.* Denn, nachdem der Wahnglaube des alten Gesetzes aufgehoben war, hast du die Opfer und Zeremonien der Juden durch die Gottesverehrung des geistlichen Evangeliums gewandelt. Deshalb komme ich freudig in die Welt. Und von mir wird geschrieben: „Im Anfang war das Wort, und das Wort war bei Gott, und Gott war das Wort“ (Joh 1,1).

XL.

6b *Wann wird er sterben und wird sein Name vergehen?* Dies ist, was in einem Gleichnis des Evangeliums beschrieben wird, als die Winzer sagen: „Das ist der Erbe; kommt, wir wollen ihn töten und das Erbe ist unser“ (Lk 20,14).

9b *Numquid qui dormit non adiciet ut resurgat?* Sic me interficere festinabant, quasi post mortem resurgere non haberem.

14 *Benedictus Dominus Deus Israhel a saeculo et in saeculum: fiat, fiat.* Pro ‚fiat, fiat', in hebraeo scribitur ‚amen, amen': quod Aquila πεπιστωμένως, id est ‚vere' sive ‚fideliter' transtulit. Et sciendum primum librum psalterii hic esse finitum: secundum vero esse a quadragesimo primo usque ad septuagesimum primum: tertium a septuagesimo secundo usque in octogesimum octavum: quartum ab octogesimo nono usque in centesimum quintum: quintum a centesimo sexto usque ad finem.

XLI. 209

11c *Cum dicerent mihi per singulos dies: Ubi est Deus tuus?* Cum ego te per paenitentiam et adflictionem corporis animaeque placare desiderarem, inimici mei, quasi in cassum haec facerem, dicebant: Ubi est Deus tuus?

XLIII.

7b.8a *Et gladius meus non salvabit me.* Salvasti enim nos a tribulantibus nos. Quia in armis meis sperare non debeam, haec causa est: quod salvasti nos semper a persequentibus, et absque nostra virtute nostroque gladio custodisti.

10b *Et non egredieris in virtutibus nostris?* Pressius legendum, ut sit sensus: Tu qui semper nos liberasti, nunc ergo nobis adversus hos dimicantibus non eris comes?

XLIIII.

1a *In finem pro his qui commutabuntur.* Pro quo in hebraeo ita habet: ἐπινίκιον ὑπὲρ τῶν ἀνθῶν. Quod autem

---

[100] Siehe Einleitung, oben 35f.

[101] Hieronymus zitiert hier die Übersetzung des SYMMACHUS. In *epist.* 65,3 (CSEL 54,619) schreibt er zu dieser Stelle: „Im Hebräischen steht LAMANASSE AL SOSANNIM ... das ... Symmachus in seiner Weise deutlicher mit ‚Triumphgesang für die Blumen' übersetzt hat." In *epist.*

9b *Wird etwa derjenige, der schläft, sich wieder erheben?* So beeilten sie sich, mich zu töten, als ob ich nicht vom Tode auferstehen könnte.

14 *Gepriesen sei der Herr, der Gott Israels, von Ewigkeit und in Ewigkeit: Es geschehe, es geschehe!* Für ‚Es geschehe, es geschehe' steht im Hebräischen ‚Amen, Amen', das Aquila übersetzte mit πεπιστωμένως, das ist ‚wahrhaftig' oder ‚zuverlässig'. Und man muss wissen, dass das erste Buch des Psalters hier zu Ende ist, das zweite aber vom einundvierzigstem bis zum einundsiebzigstem reicht, das dritte vom zweiundsiebzigstem bis zum achtundachtzigstem, das vierte vom neunundachtzigstem bis zum hundertfünftem, das fünfte vom hundertsechstem bis zum Ende.[100]

XLI.
11c *Da sie Tag für Tag zu mir sagten: Wo ist dein Gott?* Während ich durch Buße und Peinigung des Körpers und der Seele dich zu versöhnen suchte, sagten meine Feinde, als ob ich dies ins Leere täte: Wo ist dein Gott?

XLIII.
7b.8a *Und mein Schwert wird mich nicht retten.* Du hast uns nämlich gerettet vor denen, die uns bedrängen. Dafür, dass ich auf meine Waffen nicht hoffen soll, ist dies der Grund: Du hast uns immer vor den Verfolgern gerettet und ohne unsere Tapferkeit und unser Schwert uns beschützt.

10b *Und du wirst nicht ausziehen mit unseren Heeren?* Das ist nachdrücklicher zu lesen, so dass der Sinn ist: Du, der du uns immer befreit hast, wirst du uns jetzt also nicht Begleiter sein, wenn wir gegen diese kämpfen?

XLIIII.
1a *Zum Ende, für diejenigen, die verwandelt werden.* Dafür steht im Hebräischen so: ἐπινίκιον ὑπὲρ τῶν ἀνθῶν.[101] Wenn

---

65 (CSEL 54, 616–647) erklärt Hieronymus den ganzen Ps 44 Vers für Vers.

ait ,Pro dilecto', totus psalmus refertur ad Xpistum, de quo pater loquitur in evangelio: „Hic est Filius meus dilectus, in quo mihi conplacui".

9b *A domibus eburneis, de quibus laetificaverunt te.* Multi per errorem pro ,domibus' ,graves' dicunt: quia apud Graecos verbum βαρέων utrumque significat.

10b *In fimbriis aureis. Circumdata varietate*: hic versus in hebraeis voluminibus non habetur.

XLVII.

3b *Montes Sion, latera aquilonis.* Quia „boreas ventus est durus", et „a borea exardescent mala", omnes sancti ecclesiae, qui ,montes' vocantur ,Sion', temptationibus diaboli expositi sunt.

8 *In spiritu vehementi confringes naves Tharsis.* ,Tharsis' 210
proprie mare interpretatur: ὁμωνύμως autem unus de duodecim lapidibus hoc vocabulo nominatur, eo quod maris habeat caerulei et viridantis colorem.

XLVIII.

11a *Non videbit corruptionem, cum viderit sapientes morientes.* Sapientes vocat huius saeculi, a quibus abscondit Deus mysteria, quae parvulis revelavit.

---

102 In Vers 1b steht: *canticum pro dilecto* (,ein Lied für den Geliebten'). Für die Septuaginta ist ,Israel' der Geliebte JHWHs (vgl. ZOBEL, *jāḏîḏ* 477), für Hieronymus ist es Christus.

103 Genitiv Plural von βᾶρις (,großes Haus' / ,Palast') oder von βαρύς (,schwer').

er aber sagt: ‚Für den Geliebten‘[102], so bezieht sich der ganze Psalm auf Christus, von dem der Vater im Evangelium spricht: „Dieser ist mein geliebter Sohn, an dem ich Wohlgefallen habe“ (Mt 3,17).

9b *Von elfenbeinernen Häusern, aus denen sie dich erfreut haben.* Viele sagen für ‚Häuser‘ irrtümlich ‚Schwere‘; denn bei den Griechen bezeichnet das Wort βαρέων[103] beides.

10b *In goldgesäumten Gewand, umhüllt von bunten Kleidern.* Dieser Vers steht nicht in den hebräischen Buchrollen.[104]

XLVII.

3b *Die Berge des Zion, die Seiten nach Norden.* Weil „der Nordwind ein rauer Wind ist“ (Sir 43,20) und „von Norden her das Unheil entbrennen wird“ (Jer 1,14), sind alle Heiligen der Kirche, die ‚Berge des Zion‘ genannt werden, den Versuchungen des Teufels ausgesetzt.

8 *In gewaltigem Wind wirst du die Tarschisch-Schiffe zermalmen.* ‚Tarschisch‘ bedeutet eigentlich ‚Meer‘; gleichlautend wird aber auch einer von den zwölf Steinen[105] mit diesem Wort bezeichnet, weil er die Farbe des dunkelblauen und grünen Meeres hat.

XLVIII.

11a *Er wird das Verderben nicht sehen, wenn er die Weisen sterben sieht.* Er nennt die Weisen dieser Welt, vor denen Gott die Geheimnisse verborgen hat, die er den Kleinen offenbarte (vgl. Mt 11,25).

---

[104] Im Hebräischen steht hier nur: ‚In Gold aus Ofir‘.

[105] Einer der zwölf Steine auf der Los-Tasche für AARON und seine Söhne (Ex 28,17–20) heißt im Hebräischen ‚Tarschisch‘; die Septuaginta und Vulgata haben dafür *chrysolitus*.

L.
6b *Ut iustificeris in sermonibus tuis, et vincas cum iudicaris.* Hunc locum diligentius in epistula ad Romanos Paulus edisserit: quod Deus cum possit de nobis iudicis auctoritate decernere, se nobiscum velit iudicari, ut magis iustitia appareat iudicantis.

7b *In peccatis concepit me mater mea.* Obscurus locus, et altius retractandus.

8b *Incerta et occulta sapientiae tuae manifestasti mihi.* Hoc est, quod in alio loco ait: „Revela oculos meos, et considerabo mirabilia de lege tua“.

15a *Docebo iniquos vias tuas.* Notandum quod post adulterium et homicidium possit aliquis doctor esse, si dignam egerit paenitentiam.

LI.
2b *Et adnuntiavit ei, et dixit ei: Venit David in domum Achimelech.* In Regnorum libris et in ipso hebraico psalterio ‚Abimelech‘ scriptum est: sed quoniam BETH et CAPH apud Hebraeos litterae modico apice destinguuntur, ideo error facilius obrepsit.

LV.
1 *In finem pro populo qui a sanctis longe factus est, David in tituli inscriptione, quando tenuerunt eum alienigenae in Geth.* In hebraeo ita habet: ‚Pro columba muta, longitudinum David humilis atque perfecti, cum tenuissent eum Filistiim in

---

[106] Siehe dazu Einleitung, oben 20.
[107] David, dem dieser Psalm zugeschrieben wird, beging Ehebruch mit Batseba und veranlasste, dass deren Mann Urija zu Tode kam (vgl. 2 Sam 11, 1–27).
[108] Die Überschrift von Ps 51 bezieht sich auf 1 Sam 21, 8; 22, 9–10. Der an diesen Stellen erwähnte Priester wird in der Septuaginta Αβιμελεχ genannt; im Hebräischen und in der Vulgata dagegen Achimelech. Zu Abimelech in Ps 33, 1 siehe oben 134f Anm. 92. Achimelech wird im Hebräischen nicht mit CAPH geschrieben, wie Hieronymus sagt, son-

L.

6b *Damit du für gerecht befunden wirst in deinen Worten und siegst, wenn man dich richtet.* Diese Stelle erörtert Paulus eingehender im Brief an die Römer (vgl. Röm 3): Obwohl Gott über uns mit richterlicher Autorität entscheiden kann, möchte er mit uns gerichtet werden, damit um so mehr die Gerechtigkeit des Richtenden offenbar werde.

7b *In Sünden empfing mich meine Mutter.* Diese Stelle ist dunkel und muss noch tiefer durchdacht werden.[106]

8b *Das Unbekannte und Verborgene deiner Weisheit hast du mir geoffenbart.* Das ist, was er an anderer Stelle sagt: „Öffne meine Augen und ich werde schauen die Wunder an deinem Gesetz" (Ps 118,18).

15a *Ich werde die Gottlosen deine Wege lehren.* Es ist zu beachten, dass jemand nach Ehebruch und Mord Lehrer sein kann, wenn er entsprechende Buße getan hat.[107]

LI.

2b *Und er berichtete ihm und sagt zu ihm: David ist in das Haus des Achimelech gekommen.* In den Königsbüchern und selbst im hebräischen Psalter steht ‚Abimelech' geschrieben;[108] aber, weil die Buchstaben BETH und CAPH bei den Hebräern nur durch eine kleine Spitze unterschieden werden, deshalb hat sich der Fehler sehr leicht eingeschlichen.

LV.

1 *Zum Ende, für das Volk, das vom Heiligtum weit entfernt wurde, von David als Titelüberschrift,*[109] *als ihn die Fremden in Gat ergriffen.* Im Hebräischen steht es so: ‚Für die stumme Taube, von dem Fernsein des demütigen und vollkommenen David, als ihn die Philister in Gat ergriffen'.

---

dern mit CHETH. Hieronymus folgt offenbar EUSEBIUS VON CAESAREA, *Ps.* 33,1 (PG 23,292), bei dem der gleiche Irrtum zu finden ist.

[109] Vgl. die Erläuterung zu Ps 15,1a, oben 106f.

Geth'. Columba muta, et David humilis atque perfectus Xpistus in passione monstratur.

LVII.

4a *Alienati sunt peccatores a vulva.* Quidam putant de descensu animae in corpus: alii vero de Iudaeis intellegunt, quod abalienati sunt a Deo, ex quo Maria genuit Salvatorem.

7 *Deus conteret dentes eorum in ore eorum: molas leonum confringet Dominus.* In dentibus aperta persecutio, in molaribus significatur abscondita.

9b *Cecidit ignis, non viderunt solem.* Peccatores Xpistum ignem vident, iusti solem iustitiae. Aliter: qui comminationibus scripturarum territus agit paenitentiam, huic per ignem suppliciorum sol verus ostenditur.

10 *Ante quam intellegant spinae ramnum, quasi vivos, quasi in ira absorbet eos.* Ante quam peccata vestra ad finem usque perveniant, et cogitationum spinae in arborem ebulliant peccatorum, Deus vos corripiet, non iratus, sed quasi iratus: non est quippe Dei | ira sed emendatio. Et corripiet | 212 vos, non ut vivos, sed quasi vivos: qui enim spinas habent delictorum, vivi non merentur vocari.

LVIII.

5b *Sine iniquitate cucurri, et direxi.* Et iste psalmus ex persona Domini intellegi potest. Ait quippe: „Venit princeps mundi istius et invenit in me nihil".

7 *Convertentur ad vesperam et famem patientur ut canes: et circumibunt civitatem.* De his loquitur, qui in

110 Das heißt, bevor die Dorngewächse zu Sträuchern aufgewachsen sind.

Als stumme Taube und demütiger und vollkommener David wird Christus in der Passion dargestellt.

LVII.

4a *Entfremdet sind die Sünder vom Mutterschoß an*. Einige meinen, dies handle vom Abstieg der Seele in den Körper. Andere verstehen es aber in Bezug auf die Juden, dass sie von Gott entfremdet sind, seit Maria den Erlöser gebar.

7 *Gott wird ihre Zähne in ihrem Mund zermalmen, die Backenzähne der Löwen wird der Herr zerschmettern*. In den Zähnen wird offene, in den Backenzähnen verborgene Verfolgung angezeigt.

9b *Es ist Feuer gefallen, sie haben die Sonne nicht gesehen*. Die Sünder sehen Christus als Feuer, die Gerechten sehen ihn als die Sonne der Gerechtigkeit (vgl. Mal 3,20). Eine andere Erklärung: Wer durch die Androhungen der Schriften erschreckt, Buße tut, dem wird durch das Feuer der Demütigung vor Gott die wahre Sonne gezeigt.

10 *Bevor die Dornen den Dornstrauch erkennen,*[110] *verschlingt er sie gleichsam als Lebende, gleichsam im Zorn*. Bevor eure Sünden bis zum Ende kommen und die Dornen der Gedanken zu einem Baum der Sünden emporschießen, wird Gott euch züchtigen, nicht zornig, sondern gleichsam zornig. Gott ist ja nicht auf Zorn aus, sondern auf Besserung. Und er wird euch züchtigen nicht als Lebende, sondern gleichsam als Lebende. Die nämlich Sünden-Dornen haben, verdienen nicht, Lebende genannt zu werden.

LVIII.

5b *Ohne Sünde bin ich gelaufen und habe (meine Schritte) ausgerichtet*. Auch dieser Psalm kann von der Person des Herrn her verstanden werden. Er sagt ja: „Es kommt der Fürst dieser Welt und er findet bei mir nichts" (Joh 14,30).

7 *Sie werden umkehren am Abend und Hunger leiden wie Hunde und die Stadt umkreisen*. Von denen wird gespro-

fine mundi ex Iudaeis credituri sunt ‚Cum enim subintroierit plenitudo gentium, tunc omnis Israhel salvus erit‘.

12bc *Et non occidas illos, ne forte obliviscantur nominis tui: disperge eos in virtute tua.* Noli penitus delere Iudaeos, quia populus tuus semper est appellatus: sed in toto eos orbe disperge, ut saltim sic emendati superbire desistant.

LVIIII.

2b *Et percussit vallem Salinarum duodecim milia.* Quaeritur ubi haec historia scripta sit. In Regnorum libris: quae hic manifestissime legitur ; sed ibi pro valle Salinarum Septuaginta interpretes ipsa hebraea verba posuerunt, GEMELA. Quod quia interpretatum non est, ab his, qui hebraei sermonis non habent notitiam, quid significet ignoratur.

9a *Meus est Galaad, Manasse.* Universa haec de gentium vocatione dicuntur: quarum diversae virtutes sub singulorum nominum interpretatione referendae sunt.

9c *Iuda rex meus.* Quia ex Iudae tribu ortus est Xpistus.

LXI.

4b *Interficitis omnes vos.* Qui voluntatem habet occidendi, etiam si non percutiat, occidit.

4c *Quasi parieti inclinato et mace|riae depulsae.* Cum ego | 213
ad passionem paratus advenerim, vos quasi invitum mori cogitis. Aliter, iuxta Symmachi tamen interpretationem: ‚Naturalis in vobis versus est sensus, et cum recti sitis creati, proni ad ruinam ferimini‘.

---

[111] Vgl. Einleitung, oben 31f.

chen, die am Ende der Welt von den Juden zum Glauben kommen werden. ‚Wenn nämlich die Fülle der Heiden hineingegangen sein wird, dann wird ganz Israel gerettet sein' (vgl. Röm 11,25f).

12bc *Und töte jene nicht, damit man nicht etwa deinen Namen vergesse; zerstreue sie in deiner Macht.* Vernichte die Juden nicht völlig, weil es (*sc.* das jüdische Volk) immer dein Volk genannt worden ist, zerstreue sie vielmehr auf dem ganzen Erdkreis, damit sie wenigstens so gezüchtigt werden und daher aufhören, sich zu überheben.

LVIIII.

2b *Und er schlug im Salz-Tal zwölftausend.* Es ist zu fragen, wo diese Geschichte geschrieben steht. Sie ist ganz offenbar in den Königsbüchern (vgl. 2 Sam 8,13) zu lesen, aber dort haben die Siebzig Übersetzer für ‚Salz-Tal' einfach die hebräischen Worte gesetzt: GEMELA. Weil dies nicht übersetzt ist, wird von denen, die keine Kenntnis der hebräischen Sprache haben, nicht verstanden, was es bedeutet.

9a *Mein ist Gilead, mein ist Manasse.* All dies wird gesagt von der Berufung der Heidenvölker, deren verschiedene Tugenden bei der Deutung der einzelnen Namen darzulegen sind.[111]

9c *Juda mein König.* Denn aus dem Stamm Juda ist Christus hervorgegangen.

LXI.

4b *Ihr alle tötet.* Wer den Willen hat zum Morden, der mordet, auch wenn er nicht totschlägt.

4c *Wie einer überhängenden Wand und einer angestoßenen Mauer.* Als ich, zur Passion bereit, herbeigekommen bin, da drängt ihr mich zu sterben wie einen, der nicht Willens ist. Eine andere Erklärung, und zwar nach der Übersetzung des Symmachus: ‚Der natürliche Sinn ist in euch verdreht; wenn ihr auch aufrecht erschaffen wurdet, eilt ihr doch hingeneigt zum Sturz.'

12a *Semel locutus est Deus, duo haec audivi.* ‚Semel' non ad numerum referendum est, sed ad sententiae firmitatem. Quae sunt autem, quae duo pariter audivit? ‚Et posse Deum omnia' et ‚in sui iudicii veritate misereri'. Quidam ita dicunt: ‚Semel Deus locutus est in lege, et eadem rursus in evangelio praecipit'.

LXII.
2b *Sitivit in te anima mea, multipliciter caro mea.* Anima quidem desiderat Deum: sed ad desiderati finem carnis laboribus pervenitur. Ideo multipliciter caro Deum quaerit, quia multis adficitur iniuriis. Describe iusti viri egestatem, tormenta, vigilias, aegrotationem, famem.

LXIIII.
7b *Adcinctus in fortitudine.* Adcinctus Dei contrahit vestimentum: non enim possumus expansa eum fortitudinis suae veste cognoscere.

12a *Benedices coronam anni.* Eius circulum et semper in se currentia anni tempora ‚coronam' vocavit. Aut certe quia in passione Domini victoria de toto orbe suscepta est.

LXV.
17a *Ad meipsum ore meo clamavi.* Manifestissime declaratur in hoc loco clamor in scripturis non vocis accipiendus esse, sed cordis.

12a *Einmal hat Gott gesprochen, diese zwei Dinge habe ich gehört.* ‚Einmal' ist nicht auf die Zahl zu beziehen, sondern auf die Dauerhaftigkeit des Ausspruchs. Was aber sind die zwei Dinge, die er in gleicher Weise gehört hat? ‚Gott vermag alles' und: ‚Er erbarmt sich in der Wahrhaftigkeit seines Gerichts'. Einige sagen so: ‚Einmal hat Gott gesprochen im Gesetz und dasselbe gebietet er wieder im Evangelium.'

LXII.
2b *Es dürstete nach dir meine Seele, auf vielerlei Weise auch mein Fleisch.* Gewiss sehnt sich die Seele nach Gott, aber man gelangt zum Ziel des Ersehnten durch die Mühen des Fleisches. Deshalb verlangt das Fleisch auf vielerlei Weise nach Gott, weil es von vielen Verletzungen heimgesucht wird. Beschreibe eines gerechten Mannes Armut, Plagen, durchwachte Nächte, Krankheit, Hunger!

LXIIII.
7b *Umgürtet in Stärke.* Gottes Gürtung hält das Gewand zusammen; wir können ihn nämlich nicht erkennen, wenn das Gewand seiner Stärke ausgebreitet ist (vgl. Ex 33,18–23).

12a *Du wirst den Kranz des Jahres segnen.* Seinen (*sc.* des Jahres) Kreis und die immer in sich ablaufenden Jahreszeiten hat er ‚Kranz' genannt. Oder jedenfalls (*sc.* bedeutet dies), dass der Sieg des Herrn in der Passion vom ganzen Erdkreis aufgenommen ist.[112]

LXV.
17a *Zu mir selbst schrie ich mit meinem Mund.* Ganz offenbar wird an dieser Stelle klargestellt, dass Schreien in den Schriften nicht von der Stimme zu verstehen ist, sondern vom Herzen.

---

[112] Dies lässt sich als geistliche Deutung der Verse 10–14 verstehen.

LXVI.

2b.3a *Inluceat faciem suam super nos, et misereatur nobis: et notam faciat in terra viam suam.* Cum manifestus in claritate ve|nerit Xpistus, tunc omnibus notum fiet, cur ante | 214
in carnis humilitate descenderit.

7a *Terra dedit fructum suum.* Maria genuit Salvatorem.

LXVII.

10a *Pluviam voluntariam separabis.* ‚Pluviam voluntariam' aut praecepta, aut manna debemus accipere.

10b *Et infirmata est, tu vero perfecisti eam.* Lex, quae per transgressionem Iudaeorum fuerat infirmata, evangelii gratia veniente conpleta est.

13a *Rex virtutum dilecti.* Virtutes dilecti Dei, id est Xpisti, apostoli sunt. Dominus ergo, qui est rex virtutum dilecti,

12 *dabit evangelizantibus virtutem multam* in praedicando: ut ecclesiae devictis hostibus, Iudaeis sive daemonibus, spolia partiantur.

14 *Si dormieris inter medios cleros, pennae columbae deargentatae: et posteriora eius in viriditate auri.* Cum duobus credideris Testamentis, invenies in utroque Spiritum sanctum. Et licet sit pulchritudo etiam iuxta litteram scire quae legas, tamen vis decoris omnis in sensu est. Ex-

---

[113] In der Homilie zu Ps 16 sagt Hieronymus: „*Die Erde gab ihre Frucht.* Die Erde, Maria, von unserer Erde, von unserem Geschlecht, von diesem Staub, von diesem Lehm, von Adam ... Diese Erde gab ihre Frucht" (*tract. in psalm. I* 16 [CCL 78,37]).

[114] Vgl. *tract. in psalm. I* 67 (CCL 78,42): „Das Gesetz ist schwach geworden, weil niemand es erfüllen konnte außer dem Herrn, der sagte: ‚Ich bin nicht gekommen, das Gesetz aufzulösen, sondern es zu erfüllen'" (Mt 5,17).

LXVI.
2b.3a *Er lasse sein Antlitz leuchten über uns und erbarme sich unser; und er mache kund auf der Erde seinen Weg.* Wenn Christus offenbar in Herrlichkeit kommt, dann wird allen kund werden, warum er früher in der Niedrigkeit des Fleisches herabgestiegen ist.

7a *Die Erde gab ihre Frucht.* Maria gebar den Erlöser.[113]

LXVII.
10a *Regen nach freiem Ermessen wirst du ausgießen.* Den ‚Regen nach freiem Ermessen' müssen wir entweder als die Gebote oder als das Manna verstehen.

10b *Und es war schwach geworden; du aber hast es vollkommen gemacht.* Das Gesetz, das durch Übertretung seitens der Juden schwach geworden war, ist erfüllt worden, als die Gnade des Evangeliums kam (vgl. Röm 8,3).[114]

13a *Der König der Heere des Geliebten.* Die Heere des von Gott Geliebten, das ist Christus, sind die Apostel. Der Herr also, der der König der Heere des Geliebten ist,

12 *wird denen, die die Frohe Botschaft verkünden, große Macht geben* bei der Verkündigung, damit der Kirche, nachdem die Feinde – Juden oder Dämonen – besiegt sind, Beute[115] zuteil wird.

14 *Wenn du zur Ruhe gekommen bist inmitten der Losanteile, (sind dir) die Federn der Taube silbern und ihr Rücken im Glanz des Goldes.* Wenn du zum Glauben an die zwei Testamente gekommen bist, wirst du in jedem den Heiligen Geist finden. Und es mag schön sein, auch nach dem Buchstaben zu verstehen, was du liest, dennoch ist die Kraft allen Glanzes im (geistlichen) Sinn. Der äußere

---

[115] Die Verkündigung der Apostel wird hier als Feldzug gesehen, bei dem als Beute neue Christgläubige gewonnen werden.

terior itaque verborum ornatus in ‚argenti' nomine demonstratur: occultiora vero mysteria in reconditis auri muneribus continentur.

15b *Nive dealbabuntur in Selmon.* SELMON ‚umbra' interpretatur. Cum igitur rex caelestis Xpistus in ecclesia sua coeperit apostolos et principes constituere atque dividere, non habebunt plenam lucem, sed partem aliquam scientiae: quia „nunc ex parte videmus, et ex parte prophetamus".

16 *Mons Dei, mons pinguis: mons coagulatus, mons pinguis.* Iste est mons, ad quem et in Esaia et in Michaea, ut ascendentes pergant, se invicem cohortantur. Quod autem ait, veritate ‚coagulatus', apostoli congruit verbis, qui ait „Lac vobis potum dedi, non escam".

17ab *Ut quid suspicamini montes coagulatos? Mons in quo conplacuit Deo habitare in eo.* Sensus iste est: Non debetis aestimare plures esse ecclesias, quae habeant ubera doctrinarum, et possint scientiae creden|tes lacte nutrire. | 21 Una est ecclesia, et unus Xpistus sponsus ecclesiae.

19c *Etenim non credentes inhabitare.* Et his hominibus, id est, ex gentibus populo largitus est Xpistus, qui non credebant Deum inhabitare posse mortalibus.

23a.24 *Dixit Dominus: Ex Basan convertam. Ut intinguatur pes tuus in sanguine: lingua canum tuorum ab inimicis – ex ipso.* BASAN ‚confusio' interpretatur: de confusione

---

[116] In den Losanteilen, eigentlich durch Los zugewiesene Anteile am Land Kanaan, sieht Hieronymus die beiden Testamente. ‚Darin zur Ruhe kommen' deutet er als ‚zum Glauben kommen'. Der Glaubende wird in beiden Testamenten den Heiligen Geist, die Taube, finden. In der Heiligen Schrift mögen der äußere Wortlaut und der Sinn nach dem Buchstaben schön wie Silber sein. Der verborgene geistliche Sinn aber ist dem Gold gleich. Vgl. dazu Hieronymus, *in eccles.* 2,8 (CCL 72,266): „Silber und Gold setzt die Heilige Schrift immer für Wortlaut und Sinn. Daher hat auch im siebenundsechzigsten Psalm die Taube, die im Geist gedeutet wird, die augenscheinlicheren und für das Sehen offenliegenden Flügel in Silber, den verborgeneren inneren Sinn aber verhüllt sie in Goldschimmer."

Schmuck der Worte ist daher in dem Wort ‚Silber' angezeigt; die verhüllteren Geheimnisse sind jedoch enthalten in den verborgenen Gaben aus Gold.[116]

15b *Durch Schnee werden sie weiß werden auf dem Zalmon.* ZALMON wird mit ‚Schatten' übersetzt. Wenn also der himmlische König Christus begonnen hat, in seiner Kirche Apostel und Vorsteher einzusetzen und zu verteilen, werden sie nicht volles Licht haben, sondern nur einen Teil des Wissens; denn jetzt „sehen wir stückweise und prophezeien stückweise" (1 Kor 13,9).

16 *Der Berg Gottes – ein fruchtbarer Berg; der geronnene Berg – ein fruchtbarer Berg.* Dies ist der Berg, zu dem man sich bei Jesaja (vgl. Jes 2,3) und bei Micha (vgl. Mi 4,2) gegenseitig auffordert, voll Eifer aufzusteigen. Dass er aber sagt: durch die Wahrheit ‚geronnen', das entspricht den Worten des Apostels, der sagt: „Milch gab ich euch als Trank, nicht Speise" (1 Kor 3,2).

17ab *Weshalb argwöhnt ihr, (es gäbe mehrere) geronnene Berge? (Es ist der eine) Berg, auf dem es Gott gefallen hat zu wohnen.* Der Sinn ist dieser: Ihr dürft nicht meinen, es gäbe mehrere Kirchen, die die Fülle[117] der Lehren hätten und die Glaubenden mit der Milch des Wissens nähren könnten. Es gibt nur eine Kirche und nur den einen Bräutigam der Kirche, Christus.

19c *Sogar die, welche an das Einwohnen nicht glauben.* Auch diesen Menschen – das heißt dem Volk aus den Heiden, die nicht glaubten, Gott könne in den Sterblichen wohnen – schenkt sich Christus.

23a.24 *Der Herr sprach: Aus Baschan werde ich zurückholen. Dass dein Fuß eingetaucht werde in Blut, die Zunge deiner Hunde (angestachelt) von den Feinden – aus ihm selbst.* BASCHAN bedeutet ‚Verwirrung'. Aus der Verwir-

[117] Wörtlich: ‚Brüste'.

igitur nos convertit Deus. Hoc autem ideo, quia crucem sustinuit, et pes eius proprio cruore perfusus est, clamantibus contra eum Iudaeis atque dicentibus: „Crucifige, crucifige eum". Qui Iudaei stimulati fuerunt ab inimicis Xpisti, hoc est, a daemonibus. Ut autem hoc totum fieret, ipsius Salvatoris voluntas fuit, qui haec passus est fieri.

26 *Praevenerunt principes iuxta psallentibus, in medio iuvencularum tympanistriarum.* Apostoli cum ecclesiis iuncto pariter praecesserunt gradu. Et bene eos praevenisse testatur: quia principes nostrae fidei de Iudaeis sunt.

27a *In ecclesiis benedicite Dominum.* Manifestius est locutus, quas supra dixerit tympanistrias.

27b *Dominus de fontibus Israhel*: „quia salus ex Iudaeis est", et inde prima ecclesia.

31a *Increpa bestias calami.* ‚Bestiae calami' daemones sunt, fragilis infirmaeque virtutis.

34b *Ecce dabit voci suae vocem virtutis.* Voci Domini tunc dabitur vox virtutis, cum quod praecepit efficietur.

LXVIII.

2 *Salvum me fac, Deus: quoniam intraverunt aquae usque ad animam meam.* Totus hic psalmus ex persona Xpisti intellegitur, licet quidam in eo putent ei minime convenire quod sequitur:

6 *Deus, tu scis insipientiam meam, et delicta mea a te non sunt abscondita.*

14a *Ego vero orationem meam ad te, Deus.* Iu|daeis mihi | 216
maledicentibus, atque dicentibus: „Crucifige, crucifige

---

118 Die Zungen der Hunde deutet Hieronymus als das Rufen der Juden ‚Kreuzige ihn'. Dieses Rufen sei von den Feinden Christi, den Dämonen, angestachelt worden. Das sei aber geschehen ‚aus ihm selbst', das heißt, der Erlöser habe es selbst gewollt. In gleicher Weise, aber ausführlicher deutet Hieronymus diese Stelle in *tract. in psalm. I* 67 (CCL 78,45).

119 Hieronymus kann auch diesen Vers als Wort Jesu verstehen, der damit im Namen seines mystischen Leibes spricht, dessen Haupt er ist (vgl. *in psalm.* 37,6.19b, oben 140–143).

rung also hat uns Gott zurückgeholt. Dies aber deshalb, weil er das Kreuz getragen hat und sein Fuß von eigenem Blut übergossen wurde, während die Juden gegen ihn schrieen und sagten: „Kreuzige, kreuzige ihn“ (Mk 15,13f; Joh 19,6.15). Diese Juden sind angestachelt worden von den Feinden Christi, das heißt von den Dämonen. Dass aber dies alles geschehe, war der Wille des Erlösers selbst, der geduldet hat, dass dies geschah.[118]

26 *Voran gingen die Fürsten mit den Saitenspielern inmitten der tamburinschlagenden Mädchen.* Die Apostel mit den Gemeinden zogen zusammen voran im gleichen Schritt. Und er bezeugt trefflich, dass die Apostel vorangingen, denn die Fürsten unseres Glaubens sind von den Juden.

27a *In den Gemeinden preiset den Herrn.* Deutlicher hat er damit genannt, die er oben als Tamburinschlagende bezeichnete.

27b *Der Herr von den Quellen Israels.* „Denn das Heil ist von den Juden“ (Joh 4,22) und von dort ist die erste Gemeinde.

31a *Schelte die Bestien des Schilfs.* Die ‚Bestien des Schilfs‘ sind Dämonen, von zerbrechlicher und schwacher Kraft.

34b *Siehe, er wird seiner Stimme den Klang der Stärke geben.* Der Stimme des Herrn wird dann der Klang der Stärke gegeben, wenn das vollbracht wird, was er geboten hat.

LXVIII.

2 *Rette mich, Gott, denn die Wasser sind bis an meine Seele gekommen.* Dieser Psalm ist ganz von der Person Christi zu verstehen, wenn auch einige meinen, darin würde Folgendes ganz und gar nicht zu ihm passen:

6 *Gott, du kennst meine Torheit und meine Vergehen sind vor dir nicht verborgen.*[119]

14a *Ich aber (richte) mein Gebet zu dir, Gott.* Während die Juden mich schmähen und sagen: „Kreuzige, kreuzige

eum", ego pro eis orans loquebar: „Pater, ignosce eis, non enim sciunt quid faciunt".

14b *Tempus placendi, Deus.* ‚Tempus placendi' tempus est passionis, in quo Pater aiebat: „Hic est Filius meus, in quo mihi conplacui".

15a *Salvum me fac, Deus, de luto, ut non infigar.* Quaere iuxta quosdam, ne forsitan ‚lutum' carnis quam suscepit significet vilitatem.

22 *Et dederunt in escam meam fel, et in siti mea potaverunt me aceto.* Et ex hoc, et ex alio testimonio intellegitur, quod ad Xpistum psalmus referri debeat.

24a *Obscurentur oculi eorum, ut non videant.* Hoc erat quod precabatur, mensam eorum fieri in laqueum: ne legis scilicet sacramenta cognoscerent.

24b *Et dorsum eorum semper incurva.* Ut Romanis serviant semper.

26b *Et in tabernaculis eorum non sit qui inhabitet.* Hoc est quod ait: „Dimittetur vobis domus vestra deserta". Recedente de Iudaea Xpisto, omnes pariter cum illo recesserunt virtutes.

30a *Pauper et dolens ego sum.* Cum enim esset dives, pro nobis pauper factus est.

34b *Et conpeditos suos non despexit.* Possumus hoc versiculo uti, si quando in laudes martyrum peroramus. Quidam et de animabus hoc intellegi putant, quod clausae corporibus non despectae sint a Deo.

---

[120] Von diesem Wort wird im Neuen Testament im Zusammenhang mit der Taufe Jesu (Mt 3,17) bzw. seiner Verklärung (Mt 17,5; 2 Petr 1,17) berichtet. Vgl. dazu Phil 2,8f.

[121] Vgl. Joh 4,3: „Er verließ Judäa und ging wieder nach Galiläa". Jedoch deutet der Kontext eher auf die Himmelfahrt hin (Lk 24,50–53; Apg 1,9–12).

[122] *Virtutes* ist Übersetzung des hebräischen Zebaoth, das die himmlischen Heerscharen bezeichnet (vgl. *nom. hebr.* [CCL 72,122]). Falls es sich hier um den in Joh 4,3 berichteten Rückzug aus Judäa handelt, könnte Hieronymus auch die Deutung im Sinn haben, die er kurz vorher zu Ps 67,13a, oben 156f, gegeben hat: „Die Heere (*virtutes*) des von

ihn“ (Mk 15,13f; Joh 19,6.15), sprach ich betend für sie: „Vater, vergib ihnen, denn sie wissen nicht, was sie tun“ (Lk 23,34).

14b *Die Zeit zu gefallen (ist gekommen), Gott.* Die ‚Zeit zu gefallen‘ ist die Zeit der Passion, in welcher der Vater sagte: „Dies ist mein Sohn, an dem ich Gefallen gefunden habe.“[120]

15a *Rette mich, Gott, aus dem Schlamm, damit ich nicht hineingezogen werde.* Frage gemäß einiger (*sc.* Erklärer), ob nicht vielleicht der ‚Schmutz‘ die Niedrigkeit des Fleisches bezeichnet, das er angenommen hat.

22 *Und sie gaben mir Galle zur Speise und in meinem Durst gaben sie mir Essig zum Trinken.* Sowohl hieraus als auch aus anderem Zeugnis erkennt man, dass der Psalm auf Christus zu beziehen ist (vgl. Joh 19,28–30).

24a *Ihre Augen sollen dunkel werden, damit sie nicht sehen.* Das war, worum er bat: Ihr Tisch wird ihnen zur Schlinge (vgl. Ps 68,23), damit sie die Geheimnisse des Gesetzes nicht erkennen.

24b *Und ihr Rücken sei immer gekrümmt.* Dass sie den Römern immer dienen sollen.

26b *Und niemand sei, der in ihren Zelten wohnt.* Das ist, was er (*sc.* der Herr) sagt: „Euer Haus wird euch öde gelassen“ (Mt 23,38). Als Christus sich von Judäa zurückzog,[121] zogen sich zugleich mit ihm alle Heere (*sc.* der Engel[122]) zurück.

30a *Arm und leidend bin ich.* Als er nämlich reich war, ist er für uns arm geworden (vgl. 2Kor 8,9).

34b *Und seine Gefesselten verachtete er nicht.* Wir konnen diesen Vers gebrauchen, wenn wir einmal zum Lob der Märtyrer eine Ansprache halten. Einige meinen auch, dies sei von den Seelen zu verstehen, dass sie, eingeschlossen in Körpern, nicht von Gott verachtet sind.[123]

Gott Geliebten, das ist Christus, sind die Apostel“.

[123] Siehe dazu Einleitung, oben 50.59f.

LXXI.

1 *In Salomonem.* Et hic psalmus proprie ad Xpistum refertur: Salomon quippe pacificus, et pacificus est Xpistus.

5 *Et permanet cum sole et ante lunam, generationis generationum.* Si super Salomone iste psalmus intellegitur, hoc penitus stare non potest: Salomon quippe nec cum sole nec cum luna per|mansit. Si vero volumus intellegere de Xpisto, | 217
quaerendum quomodo Xpistus non habeat finem: cum sol, et luna, et caelum, et omnia veterescere et transire dicantur.

LXXII.

Ps 71,20 *Defecerunt hymni David filii Iesse.* Ps 72,1 a *Psalmus Asaph.* Sciendum quod septuagesimus primus psalmus secundi libri finis sit: unde et in extremo habet ‚fiat, fiat'. Pro quo nos in superioribus demonstravimus ‚amen, amen' in hebraeo dici. Etiam hoc diligentius observandum, quod ‚Defecerunt hymni David filii Iesse' ad finem septuagesimi primi psalmi pertineat: id vero quod sequitur, Psalmus Asaph, initium sit sequentis.

7 a *Exiet quasi ex adipe iniquitas eorum.* Magnitudinem voluptatis et crassas corporum mentes ‚adipis' appellatione signavit.

7 b *Transierunt in affectum cordis.* Cum quodam affectu, studio, et voluptate mala operati sunt: ut non quasi inviti traherentur ad vitia, sed sponte praecipites deferrentur.

---

124 Zu dieser Stelle siehe Einleitung, oben 20f.

125 Siehe *in psalm.* 40,14, oben 144f.

126 Diese Erläuterung findet sich auch in *epist.* 23 (CSEL 54,211; Übersetzung: 2,8 SCHADE) an MARCELLA aus dem Jahr 384. Siehe

LXXI.
1 *Auf Salomo.* Auch dieser Psalm wird im eigentlichen Sinn auf Christus bezogen. Salomo ist ja Friedensstifter und Friedensstifter ist Christus.

5 *Und er bleibt bestehen mit der Sonne und vor dem Mond für alle Generationen.* Wenn dieser Psalm als ein Psalm über Salomo verstanden wird, kann dieser Vers ganz und gar nicht Bestand haben; Salomo blieb ja weder mit der Sonne noch mit dem Mond bestehen. Wenn wir ihn aber von Christus verstehen wollen, ist zu fragen, auf welche Weise Christus kein Ende hat, da es doch heißt, dass Sonne und Mond und Himmel und sonst alles alt werden und vergehen (vgl. Mt 5,18; Mk 13,24.31; Hebr 1,11; 2 Petr 3,10).[124]

LXXII.
Ps 71,20 *Zu Ende sind die Hymnen Davids, des Sohnes Isais.* Ps 72,1a. *Ein Psalm Asafs.* Man muss wissen, dass der einundsiebzigste Psalm das Ende des zweiten Buches ist. Daher hat er auch am Schluss: ‚Es geschehe, es geschehe'. Dafür wird – wie wir oben dargelegt haben[125] – im Hebräischen ‚Amen, Amen' gesagt. Auch muss folgendes aufmerksamer beachtet werden, dass ‚Zu Ende sind die Hymnen Davids, des Sohnes Isais' zum Ende des einundsiebzigsten Psalms gehört; das aber, was folgt, ‚Ein Psalm Asafs', der Anfang des folgenden ist.[126]

7a *Gleichsam aus Fett wird ihre Bosheit hervorgehen.* Mit der Benennung ‚Fett' bezeichnete er die Größe der Wollust und die groben körperlichen Leidenschaften.

7b *Sie gingen dahin nach dem Drang ihres Herzens.* Sie waren mit einem gewissen Drang, Eifer und böser Lust tätig, so dass sie nicht gleichsam unabsichtlich zu den Lastern gezogen wurden, sondern sie stürzten sich freiwillig kopfüber hinein.

Einleitung, oben 11.

15 *Si, dicebam, narravero sic, ecce generationem filiorum tuorum praevaricatus sum.* Ordo lectionis et sensus iste est: Dum ipse me accuso in orationibus matutinis, hoc repperi ut dicerem: Ego si sic fuero locutus, ego si voluero Dei occulta rimari, incipio a filiis tuis alienus fieri.

25 *Quid enim mihi est in caelo, et a te quid volui super terram?* Cum ἐνφάσει legendum: Tam grandia mihi in caelis praeparasti, et ego infelix in terris a te parva quaerebam. Aliter: neque in caelo, neque in terra alium praeter te umquam quaesivi.

LXXIII.

1a *Intellectus Asaph.* Ideo ‚intellectus' in titulo praenotatur, quia duplex captivitas sequitur, et carnalis videlicet et spiritalis.

4b.5a *Posuerunt signa sua, signa: et non cognoverunt sicut in exitu desuper.* Sic Babylonii, in adrogantiam victoriae tumore sublati, in templo tuo sua signa posuerunt, quomodo solent | super portarum fornices de hostibus trophaea | 218 constitui. Quod Symmachus planius interpretatus est, dicens: ‚Posuerunt signa sua manifeste in edito introitu portarum'.

LXXIIII.

9b *Et inclinavit ex hoc in illud.* Id est, ex misericordiae calice in calicem suppliciorum.

---

[127] Hieronymus bezieht sich damit auf den vorhergehenden Vers, in dem von der ‚Zurechtweisung am Morgen' (*castigatio mea in matutino* Vg.) die Rede ist.

[128] Das bezieht sich auf die vorhergehenden Verse, besonders Vers 11–14.

[129] Hieronymus schreibt offenbar dem ASAF eine tiefere Erkenntnis zu, nämlich dass es hier nicht nur um eine ‚fleischliche' Gefangenschaft geht, sondern auch um eine ‚geistliche'.

[130] Der hebräische Text ist hier schwierig oder sogar verderbt; vgl. HOSSFELD/ZENGER, *Psalmen 51–100*, 357.

[131] Nach der Interpretation des Hieronymus ist in Vers 9a von zwei

15 *Ich sagte, wenn ich so reden werde, siehe, dann habe ich gegen das Geschlecht deiner Söhne treulos gehandelt.* Die Reihenfolge der Worte und der Sinn ist dieser: Indem ich mich selbst anklage in den Morgengebeten[127], habe ich dies gefunden, so dass ich sagte: Wenn ich so reden werde, wenn ich begehren werde, die Geheimnisse Gottes auszuforschen,[128] dann beginne ich, mich von deinen Söhnen zu entfremden.

25 *Was gibt es denn für mich im Himmel und was wollte ich von dir auf Erden?* Das ist mit Nachdruck zu lesen: So große Dinge hast du mir in den Himmeln bereitet und unglücklich erbat ich auf Erden von dir kleine Dinge. Eine andere Erklärung: Weder im Himmel noch auf der Erde habe ich jemals einen anderen gesucht als dich.

LXXIII.

1a *Von der Erkenntnis Asafs.* ‚Erkenntnis' wird deshalb in der Überschrift vorangestellt, weil eine doppelte Gefangenschaft folgt, nämlich sowohl eine fleischliche als auch eine geistliche.[129]

4b.5a *Sie stellten ihre (Feld-)Zeichen als (Sieges-)Zeichen auf– und sie hatten keine Erkenntnis – wie oben auf einem Stadttor.*[130] Die Babylonier, durch den Siegesrausch zur Anmaßung gebracht, stellten in deinem Tempel so ihre Zeichen auf, wie die Trophäen von den Feinden üblicherweise auf den Torbögen aufgestellt werden. Dies hat Symmachus verständlicher übersetzt mit den Worten: ‚Sie stellten ihre Zeichen offen auf den übergebenen (*sc.* den Angreifern) Eingang der Tore'.

LXXIIII.

9b *Er schenkte ein aus diesem in jenen.* Das heißt: aus dem Kelch des Erbarmens in den Kelch der Strafen.[131]

Bechern des Herrn die Rede, einem mit reinem und einem mit vermischtem Wein. Zum Kommentar des Hieronymus siehe Einleitung, oben 48.

9c *Verumtamen faex eius non est exinanita.* Ne qui misericordiam audierat neglegentior fieret, severitas mixta clementiae est.

LXXV.

5 *Inluminans tu mirabiliter de montibus aeternis.* Dominus non inluminat de vallibus, sed de montibus: neque de montibus qui brevem vitam habeant, sed qui aeterni sunt.

6a *Conturbati sunt omnes insipientes corde.* Postquam Deus praeceptorum suorum lucem per apostolos mundo dedit, omnis sapientia saeculi stulta apparuit: et sub admiratione conturbata resistere voluit, sed oppressa est.

11b *Et reliquiae cogitationis diem festum agent tibi.* In ‚reliquiis cogitationis' puritas mentis ostenditur, in qua sola vel maxime laetatur Deus.

LXXVI.

1a *In finem, pro Idithun.* In hebraeo ‚per Idithun' habet: ut significet, non pro eo, sed per eum psalmum fuisse cantatum. Quod autem sequitur,

1b *Asaph psalmus,* in veteribus exemplaribus non habetur.

11a *Et dixi: nunc coepi.* Cogitationi suae, qua Deum non putabat curare mortalia, ipse respondit, solutionem subiciens quaestioni. Quod et Aquila ita transtulit: ‚Et dixi, infirmitas mea ista est': hoc, quod sic tracto, sic cogito, de inbecillitate mentis venit.

---

[132] Mit der Erklärung von Vers 6a deutet Hieronymus an, dass er unter den ‚ewigen Bergen' die Apostel versteht.

[133] Im Vergleich zum allgemeinen ‚Denken des Menschen' in Vers 11a (vgl. dazu *tract. in psalm I* 78 [CCL 78, 52f]) sieht Hieronymus im ‚Rest des Denkens' in Vers 11b den reineren Teil des menschlichen Geistes.

9c *Doch ist seine Hefe nicht ausgeleert.* Damit nicht der, welcher vom Erbarmen gehört hat, nachlässiger würde, ist Strenge der Milde beigemischt.

LXXV.

5 *Du erleuchtest wunderbar von den ewigen Bergen her.* Der Herr erleuchtet nicht von den Tälern, sondern von den Bergen her; und nicht von Bergen, die ein kurzes Leben haben, sondern die ewig sind.[132]

6a *Verwirrt wurden alle, die unweisen Herzens sind.* Nachdem Gott das Licht seiner Gebote durch die Apostel der Welt gegeben hatte, erwies sich alle Weisheit der Welt als töricht und wollte unter verwirrtem Staunen sich widersetzen, wurde aber erdrückt.

11b *Und der Rest des Denkens wird einen Festtag für dich feiern.* In dem ‚Rest des Denkens' wird die Reinheit des Geistes angezeigt, an der allein Gott sich im höchsten Maße freut.[133]

LXXVI.

1a *Zum Ende, für Jedutun.* Im Hebräischen steht ‚durch Jedutun', um anzuzeigen, dass der Psalm nicht für ihn, sondern durch ihn gesungen wurde. Was aber folgt:

1b *Ein Psalm Asafs*, findet sich nicht in den alten Exemplaren.[134]

11a *Und ich sprach: Jetzt habe ich angefangen* (*sc.* zu verstehen). Auf sein Grübeln, bei dem er meint, Gott kümmere sich nicht um das Sterbliche,[135] antwortet er selbst, indem er der Frage eine Lösung folgen lässt. Dies hat Aquila so übersetzt: ‚Und ich sprach: Das ist eine Schwäche von mir': das, was ich so überlege, so bedenke, kommt von einer Geistesschwäche her.

---

[134] ‚Ein Psalm Asafs' steht sowohl im masoretischen Text als auch in der Septuaginta, Vulgata und *psalt. sec. Hebr.* 76,1b (865 WEBER/GRYSON).

[135] Das bezieht sich auf die Verse 7–10 dieses Psalms.

19a *Vox tonitrui tui in rota.* Rota, aut praesens saeculum, quod semper per annorum circulos regreditur: aut vir iustus accipitur, qui parva in terra parte consi|stens in altum | 219 semper nititur: aut certe simplicius, quod ad similitudinem sonitus rotae tonitrua mugiant.

20a *In mari viae tuae.* Quod Dei sint hominibus ignota consilia, Salomone quoque simile quid loquente, qui ait, semitam navis sulcantis mare non posse cognosci.

LXXVII.

66 *Et percussit inimicos suos retrorsum: obprobrium aeternum dedit illis.* Male quidam in hoc loco et secundum allegoriam varia suspicantur: cum manifesta sit lectio in Regnorum libris, de illo tempore nunc dici, quando quinque Allophylorum civitates pudendo post tergum vulnere sunt percussae, et pro poenae signo unaquaeque urbium mures aureos et similitudines natium in plaustri parte iuxta arcam posuere Testamenti.

LXXVIIII.

18b *Et super filium hominis quem confirmasti tibi.* Manifeste de Xpisti loquitur adventu. Denique et resurrectionem ipsius sequens versiculus ostendit dicens:

19b *Vivificabis nos, et nomen tuum invocabimus.*

---

[136] Der hebräische Text in 1 Sam 5,6 und 12 hat für diese ‚schmachvolle Wunde' als Kethib (‚geschrieben') den Ausdruck für ‚Hämorrhoiden' stehen, dem die Massoreten immer das Wort für ‚Beulen' als Qere (‚zu lesen') beigegeben haben. Im BABYLONISCHEN TALMUD, *Megilla* 25b (3,641 GOLDSCHMIDT), heißt es: „Die Rabbanan lehrten: ‚Alle hässlichen Verse der Gesetzlehre werden beschönigt, zum Beispiel: ... Muskelgeschwüre, statt: Aftergeschwüre'". Die Vulgata übersetzt nach dem Kethib: „Und er schlug sie am verborgeneren Teil der Hinterbacken"; lateinisch: *et percussit in secretiori parte natium* (1 Sam 5,6; ähnlich 5,12; vgl. auch die Vulgata-Übersetzung von 1 Sam 5,9).

[137] Nach 1 Sam 6,5 sind es insgesamt fünf (*quinque anos aureos*) entsprechend der Zahl der Städte (vgl. Vers 17).

19a *Die Stimme deines Donners im Rad.* Das Rad oder das gegenwärtige Zeitalter, das durch die Kreise der Jahre immer wieder zurückkehrt (*sc.* zum Jahresanfang). Oder gemeint ist ein gerechter Mann, der zu einem kleinen Teil auf der Erde steht, immer in die Höhe strebt. Oder sicher einfacher: dass ähnlich wie das Geräusch des Rades die Donner dröhnen.

20a *Im Meer sind deine Wege.* Dass die Absichten Gottes den Menschen unbekannt sind. Auch Salomo sagt etwas Ähnliches mit den Worten: Der Pfad eines Schiffes, welches das Meer durchfurcht, kann nicht erkannt werden (vgl. Weish 5,10).

LXXVII.

66 *Er schlug seine Feinde zurück; ewige Schmach tat er ihnen an.* Unglücklich vermuten einige an dieser Stelle verschiedene Bedeutungen und zwar nach dem allegorischen Sinn, obwohl in den Büchern der Königreiche (vgl. 1Sam 5 und 6) der Text offenkundig ist, dass nämlich nun von jener Zeit gesprochen wird, als die fünf Städte der Philister mit schmachvoller Wunde auf dem Hinterteil[136] geschlagen wurden und als Zeichen der Sühne jede einzelne der Städte goldene Mäuse und Abbilder von Hinterbacken[137] auf eine Wagenseite neben die Bundeslade gestellt haben.

LXXVIIII.

18b *Und über dem Menschensohn, den du für dich stark gemacht hast.*[138] Deutlich wird hier vom Kommen Christi gesprochen. Sodann weist auch folgender Vers auf dessen Auferstehung hin, indem er sagt:

19b *Du wirst uns beleben und wir werden deinen Namen anrufen.*

---

[138] Vers 18a ist mitzuhören: „Deine Hand sei über dem Mann deiner Rechten …“.

LXXX.

1b Secundus psalmus ‚pro torcularibus' sub Asaph nomine praenotatur, qui interpretatur ‚congregatio': ut significet ad Deum cuncta referenda.

8a *In tribulatione invocasti me, et erui te.* Vox Dei loquentis inducitur.

13 *Et dimisit eos secundum adinventionem cordis eorum: ambulabunt in adinventionibus suis.* De hoc | [220] loco et apostolus ad Romanos sumpsit exemplum: et nos debemus accipere praeceptum, ne tales simus, ut nostris cogitationibus relinquamur.

14b.15a *Israhel in viis meis si ambulasset, pro nihilo forsitan inimicos eorum humiliassem.* Hoc est, nihil mihi grande fuit, Israhel de inimicorum manibus liberare: sed peccata eius, ne eos eruerem, inpedierunt.

16 *Inimici Domini mentiti sunt ei, et erit tempus eorum in saeculum.* Licet mentitus est Domino Israhel, pro quo interpretatus est Aquila, ‚Inimici Domini negabunt eum': tamen erit memor promissionis quam fecit ad patres eorum, implebitque promissum: ut cum intraverit plenitudo gentium, tunc omnis Israhel salvus fiat.

LXXXI.

1bc *Deus stetit in synagoga deorum: in medio autem deos diiudicat.* Licet stet Deus in medio angelorum sive sanctorum, quos nunc deos vocat, tamen diiudicat eos. Si autem deos diiudicat, putas de peccatore quid faciet?

2a *Usquequo iudicatis iniquitate?* Vox Dei increpantis est.

---

[139] Vgl. *tract. in psalm. I* 80 (CCL 78,78): „Asaf aber bedeutet Versammlung ... im achtzigsten Psalm werden wir mit dem Herrn versammelt". Siehe auch die Erklärung des Hieronymus zu Ps 8,1, oben 98f.

[140] Vgl. *tract. in psalm. I* 80 (CCL 78,79): „Bis hierher hat der Prophet gesprochen; jetzt wird plötzlich Gott als Person eingeführt, der zum Volk spricht".

[141] Vgl. Einleitung, oben 98f.

LXXX.

1b Der zweite Psalm ‚für die Keltern' wird unter Asafs Namen angeführt, der übersetzt wird mit ‚Versammlung', um anzuzeigen, dass alles auf Gott zu beziehen ist.[139]

8a *In der Not hast du mich angerufen und ich riss dich heraus.* Hier wird die Stimme Gottes eingeführt, der so spricht.[140]

13 *Und er ließ sie gehen entsprechend den Plänen ihres Herzens; sie werden wandeln nach ihren Plänen.* Von dieser Stelle hat auch der Apostel im Brief an die Römer (vgl. Röm 1,24) ein Beispiel genommen. Auch wir müssen das Gebot annehmen, damit wir nicht so sind, dass wir unseren Vorstellungen überlassen werden.

14b.15a *Wenn Israel auf meinen Wegen gewandelt wäre, hätte ich wohl leicht ihre Feinde gedemütigt.* Das heißt: Es ist für mich nichts Großes gewesen, Israel aus den Händen der Feinde zu befreien; aber seine Sünden verhinderten, dass ich sie herausriss.

16 *Die Feinde des Herrn haben ihn belogen und ihre Zeit wird sein in Ewigkeit.* Mag es auch sein, dass Israel den Herrn belog (vgl. Ps 77,36), wofür Aquila übersetzt hat: ‚Die Feinde des Herrn werden ihn leugnen', dennoch wird er des Versprechens gedenken, das er ihren Vätern gegeben hat und er wird das Versprochene erfüllen, auf dass, wenn die Fülle der Völker eingetreten ist, dann ganz Israel gerettet werde (vgl. Röm 11,25f).[141]

LXXXI.

1bc *Gott steht in der Versammlung der Götter; in ihrer Mitte richtet er die Götter.* Mag es auch sein, dass Gott inmitten der Engel oder Heiligen steht, die er (*sc.* der Psalmist) nun Götter nennt, dennoch richtet er sie. Wenn er aber Götter richtet, was meinst du, wird er bezüglich eines Sünders tun?

2a *Wie lange richtet ihr ungerecht?* Es ist Gottes Stimme, der laut schilt.

7b *Et tamquam unus de principibus cadetis.* Unus de principibus, Adam est – sive diabolus –, de quo Dominus loquitur: „Ecce Adam factus est quasi unus ex nobis“.

LXXXII.

14a *Deus meus, pone illos ut rotam.* Instabiles, fluctuantes, nequaquam solida statione fundatos.

LXXXIII.

3b *Cor meum et caro mea exultaverunt super Deum vivum.* Difficile est ut caro Deum pariter cum corde desideret.

4c *Altaria tua, Domine virtutum.* Subauditur: anima mea desiderat, et cor meum et caro mea.

7a *In valle lacrimarum.* Vallem lacrimarum, quidam mundum putant esse praesentem: quem cum Xpistus ad certamen posuerit, et coronam ipse dabit et benedictiones, qui legis dator fuit.

LXXXIIII. 221

9a *Audiam quid loquatur Dominus Deus in me.* Non est vana oratio quam precatus sum: sentio in me loquentem Deum: intellego mihi pacem, cum rogaverim, nuntiari.

12a *Veritas de terra orta est.* Quia Xpistus veritas de terra ortus est.

---

[142] Vgl. Hieronymus, *tract. in psalm. I* 81 (CCL 78,86f): „Wer ist dieser ‚eine von den Fürsten‘, der gefallen ist? Wenn du sagen wolltest: ‚Adam‘, so ist schon in den vorhergehenden Versen gesagt worden: ‚Ihr aber werdet sterben wie Adam‘ (7a) ... Der Teufel aber, der ein Fürst gewesen und gefallen ist, er ist nicht gestorben. Die Würde eines Engels kann nämlich nicht den Tod erfahren, sondern nur das Abstürzen“.

[143] Vgl. Hieronymus, *tract. in psalm. I* 82 (CCL 78,94): „Seht die Milde des Propheten: Er betet nicht gegen sie, sondern für sie ... Mein Gott, mache sie wie ein Rad. Die ihr Fundament in der Bosheit haben, mögen kein Fundament haben, sondern hin und her rollen und nicht in der Bosheit stehen bleiben“. Anders *tract. in psalm. II* 82 (CCL 78,388): „Wie ein Rad nämlich in sich nicht feststehend ist, so stehen auch die Häretiker nicht fest in ihrer Meinung, sondern ändern fortwährend die Glaubens-

7b *Und wie einer von den Fürsten werdet ihr fallen.* Einer von den Fürsten ist Adam — oder der Teufel —, von dem der Herr sagt: „Siehe, Adam ist geworden wie einer von uns“ (Gen 3,22).[142]

LXXXII.
14a *Mein Gott, mache sie wie ein Rad.* Unstet, schwankend, ganz und gar nicht auf festem Stand gegründet.[143]

LXXXIII.
3b *Mein Herz und mein Fleisch jubelten über den lebendigen Gott.* Es ist schwierig, dass das Fleisch in gleicher Weise mit dem Herzen sich nach Gott sehnt.[144]

4c *Deine Altäre, Herr der Mächte.* Mitzuhören ist: Meine Seele sehnt sich danach und mein Herz und mein Fleisch.

7a *Im Tal der Tränen.* Einige meinen, das Tal der Tränen sei die gegenwärtige Welt. Da Christus diese zum Wettkampf bestimmt hat, wird er selbst auch den Siegeskranz geben (vgl. 2Tim 4,7f) und die Segnungen, er, welcher der Gesetzgeber gewesen ist.[145]

LXXXIIII.
9a *Ich will hören, was der Herr Gott in mir sagt.* Es ist kein vergebliches Gebet, das ich betete. Ich spüre Gott in mir sprechen. Ich erkenne, dass mir, wenn ich bitte, der Friede verkündet wird.[146]

12a *Die Wahrheit entspross der Erde.* Denn Christus, die Wahrheit, entspross der Erde.[147]

---

lehren“. Siehe auch die Erläuterung des Hieronymus zu Ps 76,19a, oben 170f.

144 Vgl. *in psalm.* 62,2b, oben 154f.

145 In dem letzten Satz werden Vers 7b und 8a erklärt.

146 Das ‚Gebet‘ findet sich in den Versen 7 und 8. Dass ‚der Friede verkündet wird‘ durch Gott, sagt Vers 9b.

147 Vgl. die Erläuterung des Hieronymus zu Ps 66,7a, oben 156f.

12b *Et iustitia de caelo prospexit.* Ut generi misereretur humano, et faceret bonitatem. Propterea

13b *terra nostra dabit fructum suum*: digna pro tantis beneficiis opera perficiens.

LXXXV.

2a *Custodi animam meam, quia sanctus sum.* Quia non suo patitur sed nostro peccato, Patris poscit auxilium, haud dubium quin Xpistus. Quod si ad David psalmum referre volueris, hic sensus est: Custodi animam meam, quia in hac causa, qua patior angustiam, nihil dignum persecutione commisi; ut in septimo quoque psalmo legitur: ‚Domine, si feci istud, si est iniquitas in manibus meis'. Non quo numquam iniquum aliquid fecerit: sed quo istud, pro quo adflictatur, se noverit non fecisse.

LXXXVI.

2 *Diligit Dominus portas Sion super omnia tabernacula Iacob.* Super omnia tentoria Iudaeorum, et instabiles fortuitasque sedes, diligit Dominus virtutes ecclesiae, per quas intramus ad caelum.

3 *Gloriosa dicta sunt de te, civitas Dei.* Omnis prophetarum chorus de hac adnuntiat civitate.

4a *Recordabor Raab et Babylonis.* Quia Raab et in Iesu Nave illa meretrix, quae speculatores susceperat, appellata est, et ‚impetus', quem Aquila ὅρμημα dicit, interpretari potest, et, si per AIN litteram scribatur, ‚fames' intellegitur, propterea sciendum isdem litteris hic esse nomen Raab,

---

[148] Zu ergänzen: „... dann werde ich verdientermaßen vor meinen Feinden kraftlos fallen" (Ps 71,4f).

[149] Das gilt für die Septuaginta, die in beiden Fällen Ρααβ, also ‚mit denselben Buchstaben' schreibt. Im Hebräischen steht in Ps 86,4a *rahab̲*, das eigentlich ein mythisches Ungeheuer bezeichnet und in Ps 86,4a symbolisch für Ägypten steht. Dagegen ist *raḥab̲* in Jos der Name einer Dirne in Jericho. Die beiden hebräischen Worte unterscheiden sich durch den mittleren Buchstaben He bzw. Chet. Diese Buchstaben sehen

12b *Und Gerechtigkeit blickte vom Himmel.* Um sich des menschlichen Geschlechts zu erbarmen und ihm Gutes zu tun. Deshalb

13b *wird unser Land seine Frucht bringen*, indem es solch großer Wohltaten würdige Werke vollbringt.

LXXXV.

2a *Beschütze meine Seele, denn ich bin heilig.* Weil er nicht für seine, sondern für unsere Sünde leidet, erfleht er – ohne Zweifel Christus – die Hilfe des Vaters. Falls du den Psalm auf David beziehen möchtest, ist dies der Sinn: Beschütze meine Seele, denn in dieser Sache, durch die ich Bedrängnis erleide, habe ich nichts verschuldet, das Verfolgung verdient hätte; wie man auch im siebten Psalm lesen kann: ‚Herr, wenn ich das getan habe, wenn Unrecht an meinen Händen ist'[148]. Nicht weil er niemals etwas Unrechtes getan hätte, sondern weil er anscheinend weiß, dass er das, wofür er bedrängt wird, nicht getan hat.

LXXXVI.

2 *Es liebt der Herr die Tore Zions mehr als alle Zelte Jakobs.* Mehr als alle Zelte der Juden und ihre unbeständigen und zufälligen Wohnsitze liebt der Herr die festen Tore der Kirche, durch die wir eintreten zum Himmel.

3 *Ruhmvolles wurde gesagt über dich, du Stadt Gottes.* Der ganze Chor der Propheten kündet von dieser Stadt.

4a *Ich werde mich erinnern an Rahab und Babylon.* Rahab heißt auch jene Dirne im Buch Josua, welche die Kundschafter aufgenommen hatte (vgl. Jos 2,1–21; 6,17. 23.25),[149] und es kann auch mit ‚Ungestüm' übersetzt werden, das Aquila ὅρμημα (‚Ansturm') nennt; und wenn es mit dem Buchstaben AJIN geschrieben wird,[150] bedeutet es ‚Hunger'. Deshalb muss man wissen, der Name Rahab steht

---

fast gleich aus.

150 Das hebräische Wort für Hunger *rāʿāḇ* klingt sehr ähnlich.

quibus scriptum est et in Iesu Nave: ut de vocatione potius gentium per meretricis nomen, quam de Babylonis superbia et Iudaeorum captivitate dictum | esse credamus. | 222

4b *Ecce alienigenae, et Tyrus, et populus Aethiopum: isti generati sunt ibi.* Per paucas gentes de omnibus significat, quae fide sua in ecclesia congregatae sunt.

5a *Mater Sion, dicet homo.* Pro ,mater Sion', Septuaginta interpretes transtulerunt: ,Numquid Sion dicet homo?' Quod homo Xpistus natus sit in ea: sed vitiose RO littera graeca addita fecit errorem.

5c *Et ipse fundavit eam Altissimus.* Notandum quod et Filius Altissimus appellatur.

LXXXVII.

1bc *In finem pro meleth ad respondendum, intellectus Eman Ezrahelitae.* Psalmus iste refertur ad finem, et filiis Core praecinentibus omnis in eandem vocem respondet chorus: hoc autem, ut illis praecinentibus alii respondeant, Eman Ezrahelitae sensu prudentiaque conpositum est.

11 *Numquid mortuis facies mirabilia? aut medici suscitabunt, et confitebuntur tibi?* ,Rafaim' verbum hebraeum aut gigantas significat, aut medicos. Unde Symmachus praesentem locum ita transtulit: ,Aut Rafaim theomachi resurgentes confitebuntur tibi?'

---

151 Vgl. Hieronymus, *tract. in psalm. I* 86 (CCL 78,115): „Keiner der Menschen kann dem Zion verkünden, dass er durch den Menschen gerettet werde, der in ihm geboren wird" (vgl. Vers 5b).

152 Die beiden Worte μη τη wurde durch angefügtes Rho zu μητηρ (2,94 RAHLFS). Die Vulgata hat: *Numquid Sion dicet.* In *psalt. sec. Hebr.* 86,5a (879 WEBER/GRYSON) übersetzt Hieronymus den hebräischen Text angemessener: *Ad Sion autem dicetur.*

153 Für Hieronymus steht Zion für die Kirche, die Christus gegründet hat. Daher versteht er hier Christus unter dem Allerhöchsten. Vgl. *in Is.* 1,2,20 (CCL 73,40).

154 In Vers 1a steht: ,den Söhnen Korachs'.

155 In *psalt. sec. Hebr.* 87,1 (879 WEBER/GRYSON) übersetzt Hieronymus „Machalat" mit *chorus.* Die Bedeutung des hebräischen Wortes

hier mit denselben Buchstaben, mit denen er auch in Josua geschrieben ist, damit wir glauben, dass unter dem Namen der Dirne eher von der Berufung der Heidenvölker die Rede ist, als vom Hochmut Babylons und der Gefangenschaft der Juden.

4b *Siehe, Fremdlinge und Tyrus und das Volk der Äthiopier: Diese sind dort geboren.* Durch wenige Völker weist er auf alle hin, die durch ihren Glauben in der Kirche vereinigt sind.

5a *Mutter Zion, wird der Mensch sagen.* Für ‚Mutter Zion' schreiben die Siebzig Übersetzer: ‚Wird etwa zu Zion ein Mensch sprechen' – dass Christus als Mensch in ihm geboren sei?[151] Doch verursachte der fälschlicherweise beigefügte griechische Buchstabe RHO den Irrtum.[152]

5c *Und er selbst hat es gegründet, der Allerhöchste.* Zu beachten ist, dass auch der Sohn Allerhöchster genannt wird.[153]

LXXXVII.

1bc *Zum Ende, für Machalat zum Antworten, Einsicht Hemans des Esrachiters.* Dieser Psalm bezieht sich auf das Ende. Und den Söhnen Korachs,[154] die vorsingen, antwortet der ganze Chor[155] in derselben Stimme; dies aber so, dass denen, die vorsingen, die anderen antworten. Der Psalm ist durch Hemans des Esrachiters Verständnis und Klugheit verfasst worden.

11 *Wirst du etwa für die Toten Wunder tun? Oder werden Ärzte sie auferwecken und sie werden dich dann preisen?* Das hebräische Wort ‚Refaim'[156] bezeichnet sowohl Riesen als auch Ärzte. Daher übersetzte Symmachus die vorliegende Stelle so: ‚Oder werden die Refaim, die Kämpfer gegen Gott, auferstehen und dich preisen?'

---

māḥ^a^laṯ ist unsicher; vgl. HOSSFELD/ZENGER, *Psalmen 51–100*, 565.

156 Vgl. LIWAK, *r^e^pā'îm* 625–636.

LXXXVIII.

1 *Intellectus Eman Ezrahelitae.* Praesens psalmus tertii libri fine concluditur: et propterea intellectus est necessarius, quia | repromittitur tronus David in aeternum permanere, | 223 quem interim iuxta historiam olim videmus esse destructum.

11a *Tu humiliasti quasi vulneratum superbum.* Pro ‚superbo‘ in hebraeo RAAB scriptum habet, isdem litteris quibus et supra: quod Aquila ‚impetum‘, Symmachus ‚adrogantiam‘, Theodotion ‚superbiam‘, sexta ‚tumultum‘ interpretati sunt.

16a *Beatus populus qui cognoscit iubilationem.* Iubilationem pro victoria posuit. Vel quod iubilus inconditos sonos proferens nequaquam sensus per verba distinguat: unde eos beatos dicit, qui occultam de Xpisto prophetiam, et eius sacramenta quae latitant, sagaci mente cognoverint.

20a *Tu locutus es in visione filiis tuis.* Omnes reliqui interpretati sunt ‚sanctis tuis‘. Denique sexta editio ‚prophetas‘ pro ‚filiis‘ posuit: ostendit autem illam prophetiam, quae ad eum facta est per Nathan prophetam.

20c.21a *Exaltavi electum de populo meo*: inveni David servum meum. Sub David nomine de Xpisto intellegitur.

28a *Et ego primogenitum posui eum.* Hoc manifestius de Xpisto.

---

[157] Der masoretische Text, Septuaginta, Vulgata und *psalt. sec. Hebr.* 88,1 (881 WEBER/GRYSON), haben ‚Etan‘.

[158] Welche ‚Einsicht‘ hier notwendig ist, spricht Hieronymus in *tract. in psalm. II* 88 (CCL 78,405) deutlich aus: „Wahres über Christus wird uns hier auf geheimnisvolle Weise wieder versprochen“. Vgl. Lk 1,32f.

[159] Vgl. den Brief an SUNNIA und FRETELA (*epist.* 106,57 [CSEL 55,276]): „Dann hast du in einer Vision zu deinen Heiligen gesprochen. Ihr sagt, dass ihr dafür im Griechischen ‚deinen Söhnen‘ gefunden habt. Man muss aber wissen, dass im Hebräischen ‚lachasidächa‘ steht, das alle mit τοῖς ὁσίοις σου, das heißt, deinen Heiligen‘ übersetzten und nur die

LXXXVIII.
1 *Einsicht Hemans*[157] *des Esrachiters.* Der vorliegende Psalm bildet das Ende des dritten Buches. Und Einsicht ist deshalb notwendig, weil wieder versprochen wird, dass Davids Thron auf ewig bestehen bleibt, den wir inzwischen gemäß der Historie seit langer Zeit zerstört sehen.[158]

11a *Du hast den Hochmütigen gebeugt wie einen Verwundeten.* Für ‚Hochmütigen' steht im Hebräischen RAAB geschrieben, mit denselben Buchstaben wie auch oben (vgl. Ps 86,4a). Aquila hat es mit ‚Ungestüm' übersetzt, Symmachus mit ‚Anmaßung', Theodotion mit ‚Hochmut', die Sechste mit ‚Aufruhr'.

16a *Glücklich das Volk, welches das Jubeln versteht.* Das Jubeln über den Sieg hat er gemeint. Oder dass der Jubel, indem er ungeordnete Laute von sich gibt, die Bedeutungen ganz und gar nicht durch Worte unterscheidet. Demnach nennt er die glücklich, welche die geheime Weissagung über Christus und seine Geheimnisse, die verborgen sind, mit feinsinnigem Verstand erkannt haben.

20a *Du hast in einer Vision zu deinen Söhnen gesprochen.* Alle Übrigen haben übersetzt: ‚deinen Heiligen'. Nur die Sechste Edition hat ‚Propheten' für ‚Söhne' gesetzt.[159] Er (*sc.* der Psalmist, das ist David) deutet aber auf jene Weissagung hin, die an ihn erging durch den Propheten Natan (vgl. 2Sam 7,1–17).

20c.21a *Ich habe einen Auserwählten aus meinem Volk erhöht.* Ich habe David gefunden, meinen Knecht. Unter dem Namen Davids wird dies von Christus verstanden.

28a *Und ich habe ihn zum Erstgeborenen eingesetzt.* Dies ist noch offensichtlicher von Christus zu verstehen.

Sechste Edition hat ‚deinen Propheten' übersetzt, mehr den Sinn als das Wort wiedergebend. Nur in der Koine (*sc.* die ‚allgemeine' Version der Septuaginta) habe ich für ‚Heilige' ‚Söhne' gefunden."

38a *Et sedes eius sicut sol coram me.* Quaerendum quomodo cum sole et luna tronus sive David sive Xpisti permaneat: super neutro quippe eorum facilis intellectus est.

39 *Tu vero reppulisti, et despexisti: distulisti Xpistum tuum.* Reppulit et despexit Filium Pater, quando eum in passione deseruit loquentem: „Deus, Deus meus, quare me dereliquisti?" Distulit autem eum, ut quem sancti illo tempore regnaturum putabant, expectent eum in die iudicii in sua maiestate venturum.

53b *Fiat, fiat.* Ecce et hic per verbum ‚Amen' tertius concluditur liber.

LXXXVIIII. 224

9c *Anni nostri ut aranea meditabuntur.* Ut aranearum telae sunt futiles et caducae, et ad omnem tactum cito pereunt ita vita nostra fragilis et morti proxima est. Quod quidem melius Aquila interpretatus est, dicens: ‚Anni nostri similes loquenti': quod scilicet ad conparationem sermonis humani praetereant, dum subsistunt.

12 *Dexteram tuam sic notam fac mihi, et eruditos corde sapientia.* Hoc melius Symmachus transtulit, dicens: ‚Dies nostros sic notos fac, ut veniamus corde sapienti'. Precatur ergo, ut tempus vitae nostrae Deus indicet nobis: quo possimus corde sapienti eius nos praeparare iudicio.

---

[160] Der Mond wird in Vers 38b genannt. Dieser Halbvers ist mitzuhören: „und wie der Mond, welcher für ewig geschaffen und ein zuverlässiger Zeuge am Himmel ist".

[161] Zur Schwierigkeit in Bezug auf David siehe die Erklärung zu Vers 1, in Bezug auf Christus vgl. Mt 24,29; Mk 13,24. Zu dieser Stelle siehe Einleitung, oben 20.

[162] Beide Verse dieses Psalms erklärt Hieronymus ausführlicher in *tract.*

38a *Und sein Sitz ist wie die Sonne vor mir.* Es ist zu fragen, auf welche Weise der Thron entweder Davids oder Christi solange wie Sonne und Mond[160] bestehen bleibt. Bezüglich keinem von beiden ist das ja leicht zu verstehen.[161]

39 *Du aber hast verworfen und verschmäht, du hast weggenommen deinen Christus.* Verworfen und verschmäht hat der Vater den Sohn, als er ihn im Leiden aufgegeben hat, da dieser sagte: „Gott, mein Gott, warum hast du mich verlassen?" (Mt 27,46; Mk 15,34). Weggenommen (*sc.* für eine bestimmte Zeit) aber hat er ihn, auf dass die Heiligen, die glaubten, er werde in jener Zeit als König herrschen, darauf harren, dass er am Tag des Gerichtes in seiner Erhabenheit kommen wird.

53b *Es geschehe, es geschehe.* Siehe, auch hier wird mit dem Wort ‚Amen' das dritte Buch abgeschlossen.

LXXXVIIII.

9c *Unsere Jahre werden sich abmühen wie eine Spinne.* Wie die Fäden der Spinnen nichtig und leicht vergänglich sind und bei jeder Berührung schnell verschwinden, so ist unser Leben zerbrechlich und dem Tode ganz nahe. Dies hat Aquila jedoch besser übersetzt mit den Worten: ‚Unsere Jahre sind ähnlich einem Sprechenden', dass sie nämlich, so lange sie währen, vorübergehen wie die menschliche Sprache.

12 *Mach mir so deine rechte Hand bekannt und die, deren Herz durch Weisheit belehrt ist.* Dies hat Symmachus besser übersetzt mit den Worten: ‚Mach uns unsere Tage so bekannt, dass wir kommen mit weisem Herzen'. Er bittet also, dass Gott uns die Zeitspanne unseres Lebens anzeigt, auf dass wir mit weisem Herzen uns auf sein Gericht vorbereiten können.[162]

---

in psalm. I 89 (CCL 78,122.125) sowie in *epist.* 140,12.16 (CSEL 56/1,281.285f).

XC.

1c *In protectione Dei caeli commorabitur.* Pro ‚Dei caeli' in hebraeo unum nomen habet Domini SADDAI: quod etiam in Iezechiele — interpretatum — legimus. SADDAI autem, Aquila ἱκανόν transtulit.

10b *Et flagellum non adpropinquabit tabernaculo tuo.* Pro ‚flagello' Aquila et Symmachus ‚lepram' interpretati sunt. Quaeritur autem, — sive flagellum sive lepra non adpropin|quent tabernaculis iustorum —, quomodo semper | 225
videamus domos eorum aerumnis variis adfici. Ad quod responderi potest: non ex ira Dei, ut in Faraonem, sed ex temptationibus provenire, ut probati quique manifesti fiant.

14a *Quia in me speravit, et liberabo eum.* Deus loquens inducitur de iusto, qui in se spem habuit, quod eum liberaturus sit: sive de Xpisto, ut plerique volunt.

XCII.

Iste psalmus apud Hebraeos anepigrafus est. Continet autem prophetiam de regno Xpisti: quo scilicet qui ante in humilitate venit in mundum, postea sit eum maiestate venturus.

XCIII.

Et iste apud Hebraeos non habet inscriptionem: unde superfluum est de titulo disputare.

9a *Qui plantavit aurem, non audiet? qui finxit oculum, non videbit?* et cetera. Pulchre autem ei quod dixerat, ‚Qui planta-

---

163 Ez 10,5 ist die einzige Stelle der Septuaginta, an welcher der oft vorkommende Name ‚Schaddai' nicht übersetzt ist.

164 Vgl. Einleitung, oben 12.

165 Der Psalm hat in der Vulgata ähnlich wie in der Septuaginta die Überschrift: „Ein Lobgesang Davids, am Tag vor dem Sabbat, als die Erde bewohnt wurde"; lateinisch: *laus cantici David in die ante sabbatum quando inhabitata est terra.*

XC.

1 c *Unter dem Schutz vom Gott des Himmels wird er weilen.* Für ‚Gott des Himmels' steht im Hebräischen ein Name des Herrn: SCHADDAI, den wir auch – unübersetzt – bei Ezechiel lesen (vgl. Ez 10,5 LXX[163]). SCHADDAI aber hat Aquila übersetzt mit ἱκανόν (mächtig).[164]

10b *Und keine Geißel wird deinem Zelte nahe kommen.* Statt ‚Geißel' übersetzten Aquila und Symmachus ‚Aussatz'. Es fragt sich aber, – mag nun Geißel oder Aussatz den Zelten der Gerechten nicht nahe kommen –, wieso wir immer sehen, dass deren Häuser von verschiedenen Drangsalen heimgesucht werden. Darauf kann man antworten: Das geht nicht hervor aus dem Zorn Gottes, wie gegen Pharao, sondern aus Prüfungen, damit die Bewährten, wer es auch sei, offenbar werden (vgl. 1 Kor 11,19).

14a *Weil er auf mich gehofft hat, werde ich ihn auch befreien.* Gott wird eingeführt, wie er über den Gerechten spricht, der in sich die Hoffnung hatte, dass Gott ihn befreien werde – oder über Christus, wie die meisten wollen.

XCII.

Dieser Psalm ist bei den Hebräern ohne Überschrift.[165] Er enthält aber eine Weissagung über Christi Königsherrschaft: zu der er, der früher in Niedrigkeit in die Welt gekommen ist, später ja mit Erhabenheit kommen wir.

XCIII.

Auch dieser hat bei den Hebräern keine Überschrift;[166] daher ist es überflüssig, sich über den Titel auseinanderzusetzen.

9a *Der das Ohr gepflanzt hat, wird der nicht hören? Der das Auge gebildet hat, wird der nicht sehen?* und so weiter. Trefflich aber hat er dem Satz ‚Der das Ohr gepflanzt

---

166 Die Überschrift des Psalms in der Vulgata lautet der Septuaginta entsprechend: „Ein Psalm Davids, am vierten Tag der Woche"; lateinisch: *psalmus David quarta sabbati.*

vit aurem', non subiecit ,Ipse non habet aurem'? et ,qui finxit oculum', non reddidit ,Ipse non habet oculum'? Sed 'Ipse non audiet et videbit'? ut virtutes audiendi videndique in Deo monstraret esse, non membra.

XCIIII.

3a *Quia Deus magnus Dominus.* Si unus Dominus Iesus Xpistus, Dominus autem hic magnus dicitur Deus: ergo et Xpistus Dominus magnus est Deus.

XCV.

Nec hic psalmus inscriptionem habet.

7a *Adferte Domino, patriae gentium.* Pro ,patriis' ceteri συγγενείας, id est ,cognationes' transtulerunt. Manifeste autem contempto Israhele gentes ad Xpisti ecclesiam convocantur.

8b *Adferte hostias, et introite in atria eius.* Istae sunt hostiae, de quibus et apostolus ait: ,Hostiam vivam, placentem Deo'. Et Dominus: „Si offeres munus tuum ad altare".

10b *Etenim correxit orbem terrarum, qui non commovebitur.* Correxit: quia errore demonum fuerat depravatus.

11a *Laetentur caeli, et exultet terra.* Si super unum paenitentem laetantur angeli, quanto magis in cunctarum gentium conversione?

XCVI.

3a *Ignis in conspectu eius praeibit.* Ut exurat adversarios, sive ut uniuscuiusque opus probet.

---

[167] Dieser Psalm hat in der Vulgata wie in der Septuaginta die Überschrift: „Als das Haus (*sc.* der Tempel) nach der Gefangenschaft wieder erbaut wurde, ein Gesang Davids"; lateinisch: *quando domus aedificabatur post captivitatem canticum huic David.*

hat' nicht angefügt ‚hat der kein Ohr'? und dem ‚Der das Auge gebildet hat' nicht beigegeben ‚hat der kein Auge'?, sondern ‚wird der nicht hören und sehen'?, um zu zeigen, dass die Fähigkeiten zu hören und zu sehen in Gott sind, nicht die Körperteile.

XCIIII.

3a *Denn ein großer Gott ist der Herr.* Wenn nur ein Herr ist (vgl. Eph 4,5), Jesus Christus, dieser Herr aber großer Gott genannt wird, dann ist folglich auch Christus, der Herr, ein großer Gott.

XCV.

Auch dieser Psalm hat keine Überschrift.[167]

7a *Bringt dar dem Herrn, ihr Geschlechter der Völker.* Für ‚Geschlechter' haben die Übrigen συγγενείας, das heißt ‚Verwandtschaften', übersetzt. Offenkundig werden die Heidenvölker, während Israel verschmäht worden ist, zur Kirche Christi zusammengerufen.

8b *Bringt Opfer dar und tretet ein in seine Vorhöfe.* Dies sind die Opfer, von denen der Apostel sagt: ‚Ein lebendiges Opfer, Gott wohlgefällig' (vgl. Röm 12,1). Und der Herr: „Wenn du deine Opfergabe zum Altar bringst" (Mt 5,23).

10b. *Denn er hat den Erdkreis geordnet, der nicht wanken wird.* Er hat geordnet (*sc.* den Erdkreis), weil der durch den Wahn der Dämonen entstellt war.

11a *Freuen sollen sich die Himmel und jauchzen die Erde.* Wenn schon über einen Büßenden die Engel sich freuen (vgl. Lk 15,10), wie viel mehr bei der Bekehrung aller Heidenvölker?

XCVI.

3a *Feuer wird vor ihm hergehen.* Um die Widersacher zu verzehren (vgl. Jes 26,11) oder um das Werk eines jeden zu prüfen (vgl. 1 Kor 3,13).

7c *Adorent eum omnes angeli eius.* Hoc testimonio apostolus ad Hebraeos usus est.

10a *Qui diligitis Dominum, odite malum.* Duae simul boni et mali caritates esse non possunt. Ambigue autem dictum, utrum malam rem, an malum diabolum odisse debeat, qui diligit Deum.

XCVII.
Et iste et superior psalmus inscriptionem non habent.

XCVIII. 227
4a *Et honor regis iudicium diligit.* Aquila sic transtulit: ‚Et Imperium regis iudicium dilexit'. Sensus iste est: Per iudicium punitur iniquitas: iniquitate autem punita, magnitudo regis augetur.

5b *Et adorate scabillum pedum eius.* Quidam putant scabillum pedum Xpisti carnem eius debere intellegi, quae et ipsa quoque sit adoranda – cum Verbo. Sed melius per tropologiam debemus accipere: ut quomodo tronus Dei appellatur caelum, ita et scabillum pedum terra sit dicta, vel potestas quae illi et caelestia et terrena subiciat.

---

[168] In Hebr 1,6 wird diese Psalmstelle auf Christus bezogen.

[169] Der Ps 96 hat in der Vulgata wie in der Septuaginta die Überschrift: „Von David, als sein Land wieder geordnet worden ist"; lateinisch: *huic David quando terra eius restituta est.* Der Ps 97 hat im Hebräischen eine Überschrift, die in der Vulgata, der Septuaginta entsprechend, mit „Ein Psalm Davids" (*psalmus David*) heißt und die Hieronymus in *psalt. sec. Hebr.* 97,1 (893 WEBER/GRYSON), dem Hebräischen entsprechend, mit „Ein Gesang" (*canticum*) übersetzt hat. Der Satz gehört aber möglicherweise zum Ps 98 (siehe MORIN, *Hieronymus* 226).

[170] Vgl. Hieronymus, *hom. Orig. in Is.* 5,1 (GCS 263), und AMBROSIUS VON MAILAND, *spir.* 3,76 (CSEL 79,181).

[171] In *tract. in psalm. I* 98 (CCL 78,172f) lehnt Hieronymus diese Auffassung nachdrücklich ab: „Mag er vielleicht vor dem Tod, vor der Auferstehung einen ‚Schemel' gehabt haben, als er aß, als er trank, als er unsere Gemütsstimmungen ertrug. Nachdem er aber auferstanden und als

7c *Anbeten sollen ihn alle seine Engel.* Dieses Zeugnis hat der Apostel im Brief an die Hebräer (vgl. Hebr 1,6) benutzt.[168]

10a *Die ihr den Herrn liebt, hasst das Böse* (oder: *den Bösen*)*!* Die Liebe zum Guten und die Liebe zum Bösen können nicht beide zugleich bestehen. Der Wortlaut ist aber doppeldeutig: Muss, wer Gott liebt, die böse Sache oder den bösen Teufel hassen?

XCVII.
Sowohl dieser als auch der vorherige Psalm haben keine Überschrift.[169]

XCVIII.
4a *Und die Ehre des Königs liebt den Rechtsspruch.* Aquila hat so übersetzt: ‚Und die Herrschaft des Königs liebte den Rechtsspruch'. Der Sinn ist dieser: Durch den Rechtsspruch wird das Unrecht bestraft; indem aber das Unrecht bestraft wird, wächst die Größe des Königs.

5b *Und betet an den Schemel seiner Füße!* Einige[170] meinen, unter dem Schemel der Füße Christi müsse sein Fleisch verstanden werden, das auch selbst anzubeten sei – zusammen mit dem Wort.[171] Aber wir müssen dies besser sinnbildlich auffassen: Wie der Himmel Thron Gottes genannt wird, so mag auch die Erde Schemel seiner Füße heißen oder die Macht, die ihm Himmlisches und Irdisches unterwirft.

Sieger zum Himmel aufgefahren ist, erkenne ich nicht einerseits den Thronenden und andererseits den Schemel, sondern alles in Christus ist Thron".

9b *Et adorate in monte sancto eius.* Iste est mons sanctus, qui vulnerat regem Tyri.

XCVIIII.
3b *Ipse fecit nos, et non nos.* Melius in hebraeo habet: ‚Ipse fecit nos, et eius nos sumus'.

C.
8a *In matutino interficiebam omnes peccatores terrae.* Matutinum velocitatem rei festinationemque significat: quo scilicet non diu pateretur esse peccatum, sed statim, ut illud sentiret, occideret; sicut et Deus prophetas suos manicans et diluculo consurgens misisse se dicit, hoc est, velociter.

8b *Ut exterminarem de civitate Domini omnes qui operantur iniquitatem.* Hoc et apostolus ait: „Auferte malum de medio vestrum". Si civitas Domini ecclesia Xpisti est, quicumque facit iniquitatem, de civitate Dei exterminandus est.

CI. 228
1 *Oratio pauperis, cum taedium sustinuerit, et in conspectu Domini effuderit precem suam.* Quomodo iste psalmus videtur personam habere simulatam, sic et ceteros psalmos – quidam volunt – a David quidem esse conscriptos, sed eis personas inditas, sub quorum nominibus intellegantur. Pauper autem, qui pro nobis pauper factus sit, cum esset dives, apostolus docet.

---

[172] Unter dem ‚Berg Gottes' versteht Hieronymus Christus. Zu Ez 28,16 LXX: „Du wurdest verwundet vom Berg Gottes" kommentiert er (*in Ezech.* 28,11–19 [CCL 75,396]): „... oder verwundet vom Berg Gottes, worunter offensichtlich Christus verstanden wird". So auch in *epist.* 78,22 (CSEL 55,69).

[173] So übersetzt Hieronymus auch in *psalt. sec. Hebr.* 99,3b (895 WEBER/GRYSON): *et ipsius sumus.* Damit folgt er dem Qere (‚zu lesen') des masoretischen Textes, während die Version der Vulgata gemäß der Septuaginta nach dem Kethib (‚geschrieben') lautet: *et non ipsi nos.*

9b *Und betet an auf seinem heiligen Berg!* Das ist der heilige Berg, der den König von Tyrus verwundet (vgl. Ez 28,16 LXX).[172]

XCVIIII.
3b *Er hat uns gemacht und nicht wir.* Besser heißt es im Hebräischen: ‚Er hat uns gemacht und sein sind wir'.[173]

C.
8a *Am Morgen tötete ich alle Sünder des Landes.* Der Morgen bezeichnet die Schnelligkeit und die Eile des Geschehens: dass er also die Sünde nicht lange bestehen ließ, sondern sie sogleich, wie er sie bemerkte, tötete; wie auch Gott sagt, er habe am Morgen und noch in der Dämmerung sich erhebend, seine Propheten gesandt (vgl. Jer 7,25; 25,4; 35,15 Vg.), das heißt: schnell.

8b *Dass ich aus der Stadt Gottes alle vertreibe, die Unrecht tun.* Das sagt auch der Apostel: „Schafft weg den Bösen aus eurer Mitte" (1 Kor 5,13). Wenn die Stadt des Herrn die Kirche Christi ist, dann ist jeder, der Unrecht tut, aus der Stadt Gottes zu vertreiben.[174]

CI.
1 *Gebet des Armen, wenn er Verdruss ertragt und vor dem Herrn seine Bitte ausspricht.* Wie dieser Psalm einen vorgegebenen Sprecher zu haben scheint, so sind auch die übrigen Psalmen – nach der Meinung einiger – von David zwar verfasst, aber ihnen sind Sprecher zugeordnet, unter deren Namen sie verstanden werden sollen. Wer aber der Arme ist, der für uns arm wurde, obwohl er reich war – lehrt der Apostel (vgl. 2 Kor 8,9).

---

[174] Siehe Einleitung, oben 55.

CII.

3b.4a *Qui sanat omnes infirmitates tuas: qui redimit de corruptione vitam tuam.* Haec omnia, quae in utilitatem animae facta referuntur, Dominus Iesus Xpistus et corporaliter et spiritaliter praestitit.

CIII.

6a *Abyssus ut vestimentum amictus eius.* Non, ut plerique male aestimant, amictus Dei abyssus est: sed secundum hebraea volumina amictus est legendum genere feminino, ut subaudiatur ‚terrae‘: quo scilicet omnes terrae claudantur oceano, et aquis omnia conprehendantur.

6b.7a *Super montes stabunt aquae: ab increpatione tua fugient.* Haec omnia possunt stare et iuxta historiam: quo scilicet in similitudinem montium fluctus maris adtollantur, et rursum instar vallis unda desidat. Sed et iuxta allegoriam sequitur intellectus.

20 *Posuisti tenebras et facta est nox: in ipsa pertransibunt omnes bestiae silvae.* Locus iste secundum historiam manifestus est: quod bestiae magis nocte procedant, insidias hominum tenebris declinantes, et statim, ut sol exortus fuerit, regrediantur ad cubilia sua. Potest autem et iuxta anagogen de saeculi huius nocte cantari: quod cum aliquis fuerit errore circumdatus, statim bestiae, id est, adversariae potestates in eum desaeviant, et quaerant escam sibi;

---

[175] Das lateinische *eius* kann ‚sein‘ oder ‚ihr‘ bedeuten. Als Masculinum könnte man es auf Gott beziehen.

[176] Das heißt mit femininem Pronominalsuffix, also ‚ihr (*sc.* der Erde) Mantel‘. Im masoretischen Text steht zwar ein maskulines Pronominalsuffix, das sich aber auf ein Femininum (*’æræṣ* Erde) bezieht; vgl. dazu DELITZSCH, *Psalmen* 684, und GESENIUS, *Grammatik* § 135,5 Anm. 1. Die Septuaginta hat an dieser Stelle ein maskulines Pronomen, dagegen AQUILA, THEDOTION und das Targum ein feminines (siehe BHS zur Stelle). Was Septuaginta und Vulgata als Substantiv lesen (‚Decke‘, ‚Mantel‘) ist im Hebräischen ein Verb (‚bedecken‘, ‚einhüllen‘). In *psalt. sec. Hebr.* 103,6a (901 WEBER/GRYSON) übersetzt Hieronymus daher: „Mit der Meerestiefe wie mit einem Gewand hast du sie (*sc.* die Erde)

CII.

3b.4a *Der alle deine Krankheiten heilt, der vor dem Verderben dein Leben errettet.* Dies alles, von dem berichtet wird, dass es zum Nutzen der Seele geschehen ist, hat der Herr Jesus Christus sowohl körperlich als auch geistig gewährt.

CIII.

6a *Wie ein Gewand ist die Meerestiefe ihr*[175] *Mantel.* Nicht, wie die meisten fälschlich annehmen, ist die Meerestiefe der Mantel Gottes; sondern gemäß den hebräischen Buchrollen ist *amictus* (‚Mantel') mit femininem Suffix[176] zu lesen,[177] so dass man mitzuhören hat: ‚der Erde'; weil ja alle Länder vom Ozean umschlossen werden und alles von den Wassern zusammengehalten wird.

6b.7a *Über den Bergen werden die Wasser stehen; vor deinem Schelten werden sie fliehen.* Dies alles kann bestehen auch gemäß der Historie, so dass also die Wellen des Meeres wie Berge emporsteigen und wiederum die Woge in der Art eines Tales niedersinkt. Aber auch gemäß der Allegorie ergibt sich ein Verständnis.[178]

20 *Du hast die Dunkelheit gesetzt und es ist Nacht geworden; in ihr streifen umher alle Tiere des Waldes.* Diese Stelle ist nach dem geschichtlichen Sinn offenkundig: dass die wilden Tiere mehr des Nachts hervorkommen, wenn sie den Nachstellungen der Menschen durch die Dunkelheit ausweichen können – und dass sie, sobald die Sonne aufgegangen ist, zu ihren Lagerstätten zurückkehren. Diese Stelle kann aber auch nach dem höheren Sinn von der Nacht dieser Weltzeit gesungen werden: dass, wenn jemand von Irrtum umgeben ist, sogleich die wilden Tiere, das heißt feindliche Mächte gegen ihn wüten und für sich Nahrung verlangen;

---

bedeckt"; lateinisch: *abysso quasi vestimento operuisti eam* (*sc. terram*).

[177] Die ungenaue Formulierung – hier wie an anderen Stellen – ist wohl mit dem Diktiertempo des Hieronymus zu erklären.

[178] Vgl. *tract. in psalm. I* 103 (CCL 78,183f): „Allegorisch aber sind die Wasser als die Lehre, die Berge als die Heiligen zu verstehen".

cum vero per conversionem et paenitentiam coeperit in
cor|pore eius verum lumen oboriri, tunc recedant bestiae, et 229
ad sua cubilia revertantur. Quod autem ait, eas quaerere a Deo escam sibi: hoc indicat, quod bestiae nullos magis cupiant devorare, quam sanctos.

23a *Egreditur homo ad opus suum.* Cum bestiae regressae fuerint in caulas suas, et sol fuerit exortus, statim egreditur homo ad opus suum.

24ab *Quam magnificata sunt opera tua, Domine: omnia in sapientia fecisti.* Si omnia fecit in sapientia, ubi sunt qui detrahunt creatori, quod serpentes, lacertas, pulices, cimicesque, et cetera istiusmodi minuta animalia, vel superflua fecerit, vel nocentia?

25 *Hoc mare magnum et spatiosum: ibi reptilia quorum non est numerus, animalia parva cum magnis.* Grande est mare saeculi: et quicumque in eo sunt, ‚reptilia' appellantur, et eorum magnus est numerus. Sunt quoque in eo animalia parva cum magnis: quo scilicet nemo de sua magnitudine praesumat, sed donec in mari saeculi est, quamvis magnus sit, tamen sciat esse se reptilem.

26a *Ibi naves pertransibunt.* Illa pertransit navis, cuius vestigium iuxta Salomonem non potest inveniri. Et adtende quam caute dixit draconem, qui in praesenti versiculo scriptus est:

26b *Draco iste quem formasti ad inludendum ei.* Draco iste propterea factus est, ut iuxta Esaiam a parvulis inludatur. Aliter: draco ideo factus est, ut inludat mari, et regnet in saeculo.

---

[179] Siehe Einleitung, oben 59.

[180] Vgl. *in psalm.* 76,20a, oben 170f. Dort wird damit erklärt, dass die Absichten Gottes für die Menschen nicht zu erkennen sind.

[181] Andere Übersetzungsmöglichkeit: dass man mit ihm spiele. Diese Übersetzung entspricht der folgenden ersten Deutung, die obige Über-

wenn aber durch Bekehrung und Buße in seinem Leib das wahre Licht zu erscheinen beginnt, dass dann die wilden Tiere weichen und zu ihren Lagerstätten zurückkehren. Wenn er nun sagt, sie verlangen Nahrung für sich von Gott, so weist dies darauf hin, dass die wilden Tiere niemand lieber zu verschlingen wünschen als die Heiligen.

23a *Es geht der Mensch hinaus an sein Werk.* Wenn die wilden Tiere in ihre Höhlen zurückgekehrt sind und die Sonne aufgegangen ist, geht sogleich der Mensch hinaus an sein Werk.

24ab *Wie erhaben sind deine Werke, Herr; alles hast du mit Weisheit gemacht.* Wenn er alles mit Weisheit gemacht hat, wo sind dann die, welche den Schöpfer schmähen, weil er Schlangen, Eidechsen, Flöhe, Wanzen und die übrigen gleichartigen kleinen Tiere – teils überflüssige, teils schädliche – gemacht hat?[179]

25 *Dieses Meer – groß und weit; dort ist ein Gewimmel ohne Zahl, kleine mit großen Tieren.* Groß ist das Meer der Weltzeit und alle, die darin sind, werden ‚Gewimmel' genannt und deren Zahl ist groß. Darin sind auch kleine Tiere mit großen, auf dass also niemand sich über seine Größe etwas einbilde, sondern solange er im Meer der Weltzeit ist – mag er auch groß sein –, soll er dennoch wissen, dass er Gewimmel ist.

26a *Dort werden Schiffe dahinziehen.* Jenes Schiff zieht dahin, dessen Spur gemäß Salomo nicht zu finden ist (vgl. Weis 5,10)[180]. Und beachte, wie vorsichtig er den Drachen nennt, der im vorliegendem Vers beschrieben ist:

26b *Jener Drache, den du geformt hast, dass er mit ihm (sc. dem Meer) sein Spiel treibe.*[181] Jener Drache ist deshalb geschaffen worden, damit die Kleinen gemäß Jesaja (vgl. Jes 11,6–8) mit ihm spielen. Eine andere Erklärung: Der Drache ist darum geschaffen worden, damit er im Meer sein Spiel treibe und in der Weltzeit herrsche.

---

setzung der zweiten.

CIIII.

1a *Alleluia.* Usque hodie consuetudinis Iudaeorum est, ut nulli alteri psalmo Alleluia in canendo subnectant, nisi ei qui in psalterio Alleluia praescriptum aut subiectum habet. Nos autem indifferenter uti solemus, etiam in his psalmis Alleluia dicentes, qui aut historiam replicant, aut per paenitentiam | lacrimabiliter ingemescunt, aut de ini- | 230
micis victoriam postulant aut ut de angustia liberemur precantur. Quod autem semel dicimus, hoc in omnibus observandum est: in quocumque psalmo primum Alleluia fuerit praenotatum, eum etiam in fine habere Alleluia subiectum. Et plerique nescientes sequentis psalmi arbitrantur esse principium: quod nequaquam est. Denique saepe repperies in uno psalmo duo Alleluia praeposita: quod significat, unum ad finem prioris, alterum ad sequentis principium pertinere.

13 *Et pertransivit de gente in gentem, et de regno in populum alterum.* Dicitur ad Abraham: „Exi de terra tua et de cognatione tua".

15a *Nolite tangere xpistos meos.* Notandum quod ante unctionem ‚xpisti' vocentur: ex quo animadvertimus, unctionem non tam olei esse, quam Spiritus.

CV.

12b *Et laudaverunt laudationem eius.* De illo dicit cantico, quod in Exodo legitur: „Laudate Dominum, gloriose enim magnificatus est".

---

[182] Vgl. Einleitung, oben 39.

[183] Vgl. *tract. in psalm. I* 104 (CCL 78, 190f): „Das sagt er von den Patriarchen. Daher sollen sich die Juden schämen, die sagen, dass jemand nicht Gesalbter genannt werden kann, wenn er nicht mit königlichem Öl gesalbt wird. Dies nämlich sagen sie, dass unser Herr nicht Christus (*sc.* der Gesalbte) ist, weil er nicht mit königlichem Öl gesalbt wurde. Sieh, noch vor dem Gesetz werden die Patriarchen Gesalbte genannt, obwohl

CIIII.

1 a *Halleluja.* Bis heute ist es Brauch der Juden, dass keinem anderen Psalm beim Singen ein Halleluja angefügt wird, als einem, welcher im Psalter ein voran- oder nachgestelltes Halleluja hat. Wir dagegen pflegen das Halleluja unterschiedslos zu gebrauchen, indem wir auch bei den Psalmen Halleluja sagen, die entweder die Geschichte darstellen oder aus Reue mit Tränen aufseufzen oder den Sieg über die Feinde fordern oder bitten, dass wir aus Bedrängnis befreit werden. Was wir aber nur einmal hier sagen, das ist bei allen Fällen zu beachten: Bei welchem Psalm auch immer ein erstes Halleluja vorangesetzt ist, der hat auch ein am Ende angefügtes Halleluja. Und die meisten halten dieses angefügte Halleluja aus Unwissenheit für den Anfang des folgenden Psalms, was es keineswegs ist. Schließlich wirst du oft bei einem Psalm zwei Halleluja vorangestellt finden, was andeutet, dass eines zum Ende der vorherigen, das andere zum Anfang des folgenden Psalms gehört.[182]

13 *Und er zog von Volk zu Volk und von einem Reich zu einem anderen Volk.* Zu Abraham wird gesagt: „Geh fort aus deinem Land und von deiner Verwandtschaft" (Gen 12,1).

15a *Rührt meine Gesalbten nicht an.* Zu beachten ist, dass sie vor der Salbung ‚Gesalbte' genannt werden; woraus wir erkennen, dass es nicht so sehr eine Salbung mit Öl ist, als mit dem Geist.[183]

CV.

12b *Und sie sangen sein Lob.* Von jenem Gesang spricht er, den man im Buch Exodus liest: „Lobet den Herrn, denn ruhmvoll ist er verherrlicht" (Ex 15,1).

---

sie nicht mit königlichem Öl gesalbt sind. Gesalbte aber sind die, welche mit heiligem Geist gesalbt werden. Daher wird auch unser Herr mit Recht Christus (der Gesalbte) genannt."

19 *Et fecerunt vitulum in Oreb, et adoraverunt sculptile.* Hunc locum consulte Iosephus in Archaeologiae libris praetergreditur.

26 *Et levavit manum suam super eos, ut deiceret illos in deserto.* Manus elevatio habitum irascentis et percutientis ostendit.

45d.46a *Et paenitentiam egit secundum multitudinem misericordiae: et dedit eos in misericordias et miserationes.* De variis loquitur captivitatibus, quando dimissi a Cyro de Babylone laxati sunt: quam indulgentiam confirmat postea Darius, et post eum Artaxerxes. Ptolomaeus quoque de Aegypto captivos in Iudaeam remisit, quos transtulerunt Macedones.

48b *Et dicet omnis populus: Fiat.* Quarti libri finis unum tantum Amen habet, licet in graeco duo legantur.

CVI. 231

10 *Sedentes in tenebris et umbra mortis, vinctos in paupertate et ferro.* Isti sunt pauperes, de quibus in vicesimo et primo psalmo loquitur: „Manducabunt pauperes, et saturabuntur". Hi in vinculis et in tenebris, quibus Esaias quoque praecipit dicens: „Exite, et revelamini". Manifesta igitur allegoria in praesenti loco est: non enim legimus Iudaeos in eremo vinctos et in tenebris fuisse.

---

[184] Flavius Josephus, *AJ* 3,5,7f (1,176–178 Niese; Übersetzung: 1,153f Clementz), berichtet von den Ereignissen am Sinai, ohne den Vorfall mit dem goldenen Kalb (Ex 32) zu erwähnen.

[185] Im Brief des Aristeas 3,12–27 (SCh 89,106–117; Übersetzung: 2,5–7 Wendland) heißt es, Ptolemäus II. Philadelphus (etwa 283–245 v. Chr.) habe sowohl die von seinem Vater nach Ägypten gebrachten Juden als auch die schon früher oder später gekommenen freigelassen. Über den Legenden-Charakter des Briefes siehe Wendland, *Aristeasbrief* 1–4. Zu den Ptolemäern und ihrem Verhalten zu den Juden siehe Solomon, *Ptolemy* 1347–1349.

19 *Und sie machten ein Kalb am Horeb und beteten das Bild an.* Diese Stelle übergeht Josephus in den Büchern der Altertümer absichtlich.[184]

26 *Und er erhob seine Hand über sie, um sie niederzustrecken in der Wüste.* Das Erheben der Hand zeigt die Haltung des Zürnenden und Schlagenden.

45b.46a *Und er empfand Reue gemäß der Größe seiner Barmherzigkeit; und er ließ sie viel Barmherzigkeit und Erbarmen finden.* Er spricht von verschiedenen Gefangenschaften: Als sie von Kyrus entlassen (vgl. Esra 1,1–11), aus Babylon befreit wurden, welche Gnadenerweisung später Darius bestätigt (vgl. Esra 6,1–12) und nach ihm Artaxerxes (vgl. Esra 7,11–23). Auch Ptolemäus[185] hat aus Ägypten Gefangene nach Judäa zurückgeschickt, welche die Macedonier hingebracht haben.

48b *Und alles Volk wird sagen: Es geschehe!* Das Ende des vierten Buches hat nur ein Amen, mag man auch im Griechischen zwei lesen.[186]

CVI.

10 *Die saßen in Finsternis und im Schatten des Todes, gefesselt in Armut und Eisen.* Dies sind die Armen, über die im einundzwanzigsten Psalm gesagt wird: „Essen werden die Armen und satt werden" (Ps 21,27). Diese sind in Fesseln und in Finsternis, denen Jesaja auch die Weisung gibt: „Geht hinaus und kommt ans Licht" (Jes 49,9). Offenkundig ist demnach die sinnbildliche Bedeutung an der vorliegenden Stelle; denn wir lesen nicht, dass die Juden in der Wüste gefesselt und in Finsternis waren.

---

186 Die Vulgataversion nach der Septuaginta lautet: *fiat, fiat*. In *psalt. sec. Hebr.* 105,48b (907 WEBER/GRYSON) hat Hieronymus, dem hebräischen Text entsprechend, nur ein ‚Amen' gesetzt. Siehe Einleitung, oben 35f.

23.24a *Qui descendunt mare in navibus, faciunt opus in aquis multis, ipsi viderunt mirabilia Domini.* Per metaforam ‚maris', ‚fluctuum', ‚tempestatis', temptationes quibus cotidie quatimur indicantur.

43 *Quis sapiens, et servabit ista, et intelleget misericordias Domini?* Simile quid et in Osee fine dicitur: ex quo docemur, licet historiam videantur sonare quae scripta sunt, tamen sacratiorem intellegentiam flagitare.

CVII.

10b *Super Idumaeam inmittam calciamentum meum.* Pro inmittam, Aquila ‚proiciam' interpretatus est: quo scilicet etiam ei Idumaea subiecta sit. Idumaea autem aut ‚terrena' interpretatur, aut ‚sanguinaria'. Et totus psalmus secundum sensum duplicem aut ad David refertur, quod super has gentes Deo se adiuvante regnaverit: aut ad Xpistum, ut secundum interpretationem nominum hebraeorum diversas ecclesiae reputemus esse virtutes.

CVIII.

6b *Et diabolus stet a dextris eius.* Pro ‚diabolo' in hebraeo ‚satan' scriptum est, quod interpretatur ‚adversarius'. *Diabolus* vero graecum vocabulum est: quem nos interpretari possumus ‚cri|minatorem'. | 232

7b *Et oratio eius fiat in peccatum.* Cum enim eum proditionis paeniteret, laqueo se suspendit.

---

[187] Diese Erklärung bezieht sich mehr auf die folgenden Verse 25–28.

[188] Gemeint sind die Völker in den Versen 8–11. Siehe Einleitung, oben 34f.

[189] Hier ist von JUDAS die Rede, vgl. Mt 27,3–5. Bei der voraufgehenden Erklärung zu Vers 6b ist wohl auch schon an JUDAS gedacht, vgl. Lk 22,3. Die Stelle Apg 1,20 bezieht Ps 108,8b auf JUDAS. Hieronymus setzt das als bekannt voraus. In *tract. in psalm. I* 108 (CCL 78,212) spricht Hieronymus offen von JUDAS: „Die Reue des Judas ist zu einer schlimmeren

23.24a *Die sich in Schiffen aufs Meer begeben, Handel treiben auf großen Wassern, sie haben die Wunderwerke des Herrn gesehen.* Mit den Metaphern ‚Meer', ‚Fluten', ‚Sturm' werden die Versuchungen angezeigt, durch die wir täglich geplagt werden.[187]

43 *Wer ist weise und wird dies beachten und wird verstehen die Gnadenerweise des Herrn?* Etwas Ähnliches wird auch am Ende des Hosea-Buches gesagt (vgl. Hos 14,10). Wir lernen daraus: Mag auch das, was geschrieben ist, wie Historie klingen, es verlangt dennoch ein geheiligteres Verständnis.

CVII.

10b *Auf Idumäa werde ich meinen Schuh werfen.* Für ‚ich werde werfen' hat Aquila ‚ich werde ausstrecken' übersetzt, wodurch Idumäa natürlich ihm auch unterworfen ist. Idumäa aber wird entweder mit ‚die Irdische' übersetzt oder mit ‚die Blutige'. Und der ganze Psalm bezieht sich gemäß dem zweifachen Sinn entweder auf David, dass er über diese Völker mit Gottes Hilfe geherrscht hat, oder auf Christus, so dass wir sie (*sc.* die Völker) gemäß der Übersetzung der hebräischen Namen als die verschiedenen Tugenden der Kirche ansehen.[188]

CVIII.

6b *Und der Teufel stehe zu seiner Rechten.* Für ‚Teufel' steht im Hebräischen ‚Satan', das übersetzt wird mit ‚Widersacher'. *Diabolus* (‚Teufel') aber ist ein griechisches Wort, das wir mit ‚Ankläger' übersetzen können.

7b *Und sein Gebet werde zur Sünde.* Da ihn der Verrat nämlich reute, hängte er sich mit einer Schlinge auf.[189]

Sünde geworden ... Sein Gebet hätte zur Buße führen sollen und verkehrte sich zur Sünde."

27 Et cognoscant quia manus tua ista, et tu Domine fecisti ea. Intellegant Pilatus, Herodes, atque Iudaei, quod non eorum potestate, sed tua voluntate sum passus, nec invitus bibi calicem, quem cum scirem esse potandum, sponte hausi: non meam, sed tuam, id est, non hominis quem indueram, sed Dei faciens voluntatem.

CVIIII.

1b *Dixit Dominus Domino meo.* Prius nomen ,Domini' τετραγράμματον est, quod proprie in Deo ponitur: secundum, quod commune est cum ceteris, quo et reges et ceteri homines appellantur. Quod si nobis obponere voluerit haeresis Arriana, ex hac diversitate minorem Filium, Patrem esse maiorem, respondebimus ei: illi nomen inferius convenire, cui ut sedeat imperatur.

3ab *Tecum principium in die virtutis tuae in splendoribus sanctorum.* Cum Xpisto semper principium est: et in die quoque qua secundum incarnationem vincit inimicum, habet suae naturae ineffabile semper exordium. Hoc autem vero principium et haec virtus in proelio tunc magis elucescet, cum sancti, hoc est, credentes in eum illo splenduerint praesolante.

---

[190] Vgl. das Gebet Jesu am Ölberg Mt 26,39 und Joh 18,11.

[191] Vgl. *in psalm.* 8,2a, oben 202f.

[192] MORIN, *Hieronymus* 232, bemerkt, dass das Wort *praesolante* den Lexikographen bisher unbekannt sei. BLAISE, *Dictionnaire* 655, deutet das nur hier belegte *praesolo* als Ableitung von *prae* und *sol* mit der Bedeutung ,voranleuchten wie die Sonne' (vgl. Mal 3,20). Das Strahlen der Heiligen ist dann Widerschein der Sonne Christi — eine gängige Vorstellung bei den Kirchenvätern. Doch kann (vgl. ThLL 10/2,895.951) *praesolo* auch als eine Ableitung von *praesul* („Vorsitzender") aufgefasst werden. Dann wäre die Stelle in dem Sinn zu verstehen, daß Christus den Vorsitz beim Jüngsten Gericht hat. Vielleicht ist der überlieferte Text aber auch korruppt und hinter *praesolante* verbirgt sich ein anderes Verbum des Leuchtens wie zum Beispiel *praefulgente* oder *praelucente*.

[193] Den Tag, an dem Christus den Feind besiegt, deutet Hieronymus auf den Tag der Kreuzigung; vgl. *tract. in psalm. I* 109 (CCL 78,223). Auch an diesem Tag besaß er seine göttliche Natur, deren Ursprung alles menschliche Verstehen und Sprechen übersteigt. Christi Herrschaft

27 *Und sie sollen erkennen, dass dieses deine Hand ist und du, Herr, dies getan hast.* Erkennen sollen Pilatus, Herodes und die Juden, dass nicht durch ihre Macht, sondern durch deinen Willen ich gelitten habe. Und ich habe den Kelch nicht wider Willen getrunken. Da ich wusste, dass er getrunken werden musste, habe ich ihn freiwillig ausgetrunken.[190] Dabei habe ich nicht meinen, sondern deinen Willen getan, das heißt nicht des Menschen, den ich angenommen hatte, sondern Gottes Willen.

CVIIII.
1b *Es sprach der Herr zu meinem Herrn.* Das erste Wort ‚Herr' ist das Tetragramm[191], das ausschließlich für Gott gebraucht wird; das zweite ist ein Wort, das allgemein ist wie andere (*sc.* Wörter); mit ihm werden auch Könige und andere Menschen benannt. Wenn nun die arianische Häresie uns entgegenhalten wollte, auf Grund dieses Unterschieds sei der Sohn geringer, der Vater größer, werden wir ihr antworten: Der geringere Name kommt dem zu, dem geboten wird, sich zu setzen.

3ab *Mit dir ist die Herrschaft am Tage deiner Macht im Glanz der Heiligen.* Mit Christus ist immer die Herrschaft; und auch an dem Tag, da er gemäß der Fleischwerdung den Feind besiegt, hat er den immer unsagbaren Ursprung seiner Natur. Diese Herrschaft aber und diese Macht im Kampf wird dann stärker aufleuchten, wenn die Heiligen, das heißt, die an ihn Glaubenden, strahlen werden, wobei er die voranleuchtende[192] Sonne ist.[193]

---

wird in vollem Glanz aufleuchten am Tag des Gerichtes, wenn auch der Glanz der Heiligen erstrahlen wird. Das lateinische *principium* kann hier jeweils auch mit ‚Ursprung' übersetzt werden. Eine Erklärung in diesem Sinn findet sich in dem ORIGENES zugeschriebenen Katenenfragmenten: *selecta in psalmos* 109,3 (PG 12,1569; vgl. CPG 1,151): „Wenn der Ursprung des Sohnes der Vater ist, der Ursprung aber immer mit Christus war, sagt er in den Evangelien treffend: ‚Ich bin nicht allein, sondern ich und der Vater, der mich gesandt hat'" (vgl. Joh 16,32).

7 *De torrente in via bibit: propterea exaltavit caput.* Propter similitudinem hebraearum litterarum, ubi ‚caput' Septuaginta transtulerunt, potest et ‚princeps' legi. De torrente vero bibit et Helias. Et Dominus noster aquas de turbine saeculi concitatas et variis mundi vitiis turbidas in sua passione sustinuit, superavit, obpressit: nobis esuriens, nobis bibens, nobis elevans caput.

CX. 233

Iste primus secundum ordinem scribitur litterarum: licet multi vicesimum quoque quartum psalmum et tricesimum sextum scriptum putent in hebraeo secundum ordinem litterarum. Sed in illis vel desunt aliquae litterae, vel supersunt: et nonnumquam cum unus versus brevis sit, alter infinita longitudine maior est. Ex quo puto, observatione potius hoc legentium, quam studio scriptoris effectum. Denique et Septuaginta interpretes, quia aliquis in eis scrupulus nascebatur, in translatione hebraeas litteras ponere noluerunt.

CXI.

Et hic psalmus, sicuti superior, secundum ordinem scribitur litterarum: et ideo ethicus est, mores nos instruens, et per elementorum exordia provehens ad maiora. Longitudinem

---

[194] Das lateinische *princeps* (‚Fürst') steht in der Vulgata für mehrere hebräische Worte, die häufigsten sind *nāśîʾ* und *śar*. Es besteht eigentlich keine Ähnlichkeit mit *roʾš*, dem hebräischen Wort für ‚Haupt', ‚Kopf'. ‚Fürst' wäre nach Hieronymus Christus, den Gott erhebt, nachdem Christus aus dem Wildbach des Leidens getrunken hat.

[195] Vgl. Hieronymus, *in eccles.* 1,7 (CCL 72,256): „Und wenn ich mich nicht täusche, dann ist ‚Wildbach' ohne eine Beifügung niemals im guten Sinn gemeint".

[196] Zum Thema ‚alphabetische Psalmen' siehe die Einleitung, oben 36f.

7 *Aus dem Wildbach am Weg trank er, deshalb erhob er das Haupt.* Wegen der Ähnlichkeit der hebräischen Buchstaben kann man, wo die Siebzig ‚Haupt' übersetzt haben, auch ‚Fürst' lesen.[194] Aus dem Wildbach[195] aber hat auch Elija getrunken (vgl. 1 Kön 17,4). Und unser Herr hat die Wasser, die von dem Wirbel der Welt in Aufruhr gebracht und durch die verschiedenen Laster der Welt stürmisch waren, in seinem Leiden ertragen, überwunden, niedergedrückt, indem er für uns dürstete, für uns trank, für uns das Haupt erhob.

CX.

Dieser ist als erster nach der Reihenfolge der Buchstaben geschrieben, mögen auch viele meinen, dass der vierundzwanzigste und der sechsunddreißigste Psalm im Hebräischen ebenfalls nach der Reihenfolge der Buchstaben geschrieben sind. Aber in diesen fehlen entweder irgend welche Buchstaben oder sind überzählig; und während bisweilen ein Vers kurz ist, ist ein anderer in seiner maßlosen Länge zu groß. Daher meine ich, dies sei eher durch die Wahrnehmung der Lesenden als durch das Bestreben der Schreibers hervorgebracht. Schließlich wollten auch die Siebzig Übersetzer, weil in ihnen sich irgend ein Bedenken regte, in der Übertragung nicht die hebräischen Buchstaben setzen.[196]

CXI.

Auch dieser Psalm ist wie der vorhergehende nach der Reihenfolge der Buchstaben geschrieben; und er ist deshalb ein Ethik-Psalm, der uns gute Sitten lehrt und der durch elementare Anfänge[197] weiterführt zu Größerem.[198] Die Länge

---

[197] Hier liegt ein Wortspiel vor, da *elementa* auch ‚die Buchstaben' bedeuten kann.

[198] Siehe dazu die Einleitung, oben 36f.

autem versus hebraici, qui in centesimo octavo decimo psalmo texitur, in his duo explent versiculi: ut quod ibi *una* efficit littera, hic duae diversae efficiant secundum ordinem se sequentes.

CXII.
1 b *Laudate pueri Dominum.* Hic pueri provocantur ad laudem, de quibus in Esaia Salvator ait: „Ecce ego et pueri, quos mihi dedit Dominus“. Ex ore quippe infantium et lactantium laus in Deum plena perficitur.

CXIII.
5 *Quid tibi est, mare, quia fugisti? et tu, Iordanis, quare conversus es retrorsum?* Insensibilia quasi sensibilia interrogat, cur eorum natura mutata est.

7 a *A facie Domini commota est terra.* Ipse pro his respondet, quod ad conspectum Dei universa facta sint, et omnia illum sentiant, qui creator est omnium.

24 *Caelum caeli Domino: terram autem dedit filiis hominum.* Ubi nullum delictum est, et quod omni altitudine sublimius est, ibi habitat Dominus: humilia vero et deiecta hominibus ad inhabitandum tradidit.

---

[199] In den Ps 110 und 111 beginnt jeder Halbvers mit einem Buchstaben nach der Reihenfolge des hebräischen Alphabets. In Ps 118 stehen die Buchstaben des Alphabets nur am Anfang eines Verses. In diesem Psalm beginnen jeweils acht Verse mit demselben Buchstaben und bilden auf diese Weise eine Strophe (vgl. *in psalm.* 118, unten 210f).

[200] Das lateinische *pueri* hat an dieser Stelle eher die Bedeutung: ‚Diener‘, ‚Knechte‘. In *psalt. sec. Hebr.* 112,1b (915 WEBER/GRYSON) übersetzt Hieronymus deshalb: *servi.* Die Erklärung zeigt jedoch, dass Hieronymus das Wort *pueri* hier im Sinne von ‚Knabe‘ / ‚Kind‘ versteht.

des hebräischen Verses aber, wie er im hundertundachtzehnten Psalm geformt wird, füllen in diesen (*sc.* Ps 110 und 111) zwei kleine Verse aus. Was also dort *ein* Buchstabe bewirkt, bewirken hier zwei verschiedene, die nach dem Alphabet einander folgen.[199]

CXII.

1b *Lobet, ihr Kinder,*[200] *den Herrn.* Hier werden die Kinder zum Lob aufgerufen, über die in Jeasaja der Erlöser[201] sagt: „Siehe, ich und die Kinder, die mir der Herr gegeben hat" (Jes 8,18). Aus dem Mund der Kinder und Säuglinge wird ja das volle Lob auf Gott bereitet (vgl. Ps 8,3; Mt 21,16).

CXIII.

5 *Was ist dir, Meer, dass du geflohen bist? Und du, Jordan, warum hast du dich zurückgewandt?* Empfindungslose Wesen fragt er, als ob sie Empfindungen besäßen, warum ihre Natur verändert wurde.

7a *Vor dem Angesicht des Herrn erbebte die Erde.* Er (*sc.* der Psalmist) antwortet für diese,[202] dass alles gemacht sei, damit Gott es anschaue und alles ihn spüre, der der Schöpfer von allen ist.

24 *Der Himmel des Himmels gehört dem Herrn; die Erde aber gab er den Menschenkindern.* Wo keine Sünde ist und was höher ist als jede Erhabenheit, dort wohnt der Herr. Das Geringe jedoch und das Niedrige hat er den Menschen zum Wohnen übergeben.

---

201 Der Hebräer-Brief legt dieses Zitat Christus in den Mund (Hebr 2,13).

202 Bezieht sich besonders auf die Berge und Hügel in Vers 6, die gefragt werden, warum sie hüpfen wie Widder und junge Lämmer.

CXIIII.

9 *Placebo Domino in regione viventium.* Pro ‚placebo', habet in hebraeo ‚deambulabo' [habet]. Quod etiam in Genesi de Enoch scribitur: „Ambulavit Enoch cum Deo, et translatus est": non ‚placuit Deo', sicut in nostris codicibus legitur.

CXV.

Hunc psalmum quinta et sexta editio cum superioribus copulant: Symmachus vero et Septuaginta interpretes dividunt.

2 (11) *Ego dixi in excessu mentis meae: ‚omnis homo mendax'.* Ubi nos legimus ‚mendax', ibi in hebraeo positum est KIVZHB: quod interpretatur Symmachus ‚mendacium', quinta vero editio ‚deficit'. Non igitur tam omnis homo mendax est, quam omnis homo mendacium atque defectio: quod cito transeat, et in imagine perambulet, et umbrae similis vita nostra brevi curriculo finiatur.

4 (13) *Calicem salutaris accipiam, et nomen Domini invocabo.* Pro hoc beneficio, quod mihi Deus largitus est animam, quod me fecit de nihilo subsistere, quid aliud possum facere, nisi creatori meo eam offerre, quam tribuit?

5a(14) *Vota mea Domino reddam.* Dicit se laudaturum esse post mortem, ne finis credatur interitus.

6(15) *Pretiosa in conspectu Domini mors | sanctorum eius.* | 235
Mors in lege et contaminata est, et contaminat: igitur de martyribus evangelii prophetatur.

[203] Die Septuaginta hat in Gen 5,24 εὐηρέστησεν „er gefiel".

[204] Die Pss 114 und 115 der Septuaginta und Vulgata sind im masoretischen Text ein einziger Psalm: Ps 116.

CXIIII.
9 *Ich werde dem Herrn gefallen im Land der Lebenden.* Für ‚ich werde gefallen', steht im Hebräischen ‚ich werde wandeln'. Dies wird auch in der Genesis von Henoch geschrieben: „Henoch wandelte mit Gott und er ist aufgenommen worden" (Gen 5,24); nicht ‚er gefiel Gott', wie in unseren Codices zu lesen ist.[203]

CXV.
Diesen Psalm verbinden die Fünfte und Sechste Edition mit den vorhergehenden (*sc.* Versen), Symmachus aber und die Siebzig Übersetzer trennen ihn ab.[204]

2(11) *Ich sagte in meiner Bestürzung: ‚Jeder Mensch ist ein Lügner'.* Wo wir ‚Lügner' lesen, dort steht im Hebräischen KOSEB[205], das Symmachus mit ‚Täuschung' übersetzt, die Fünfte Edition aber mit ‚schwindet hin'. So ist nicht jeder Mensch in dem Maße ein Lügner, wie jeder Mensch Täuschung und Hinschwinden ist: Er vergeht schnell und wandelt dahin wie ein Schattenbild (vgl. Ps 38,7) und gleich einem Schatten wird unser Leben nach kurzem Lauf beendet.

4(13) *Den Kelch des Heiles werde ich nehmen und den Namen des Herrn anrufen.* Für diese Wohltat, dass Gott mir das Leben schenkte, dass er mich aus dem Nichts hat entstehen lassen — was kann ich da anderes tun, als meinem Schöpfer das darzubringen, was er mir gab?

5a(14) *Meine Gelübde werde ich dem Herrn erfüllen.* Er sagt, dass er nach dem Tod Gott lobpreisen werde, damit man nicht glaube, das Lebensende sei Vernichtung.

6(15) *Kostbar ist vor dem Herrn der Tod seiner Heiligen.* Der Tod ist im Gesetz unrein und macht unrein (vgl. Num 19,11–22); daher wird hier von den Blutzeugen des Evangeliums geweissagt.

---

205 Die hebräischen Wörter sind (von den Abschreibern) oft entstellt worden.

CXVI.

1 a *Laudate Dominum, omnes gentes.* Pro eo quod est ‚laudate Dominum', in hebraeo scriptum habet ‚alleluia'.

CXVII.

25a *O Domine, salvum me fac.* Illud quod in evangelio scribitur, quia intrante Domino Hierosolymam parvuli palmas sumpserint, et antecedentes eum consona voce clamaverint „Osanna in excelsis, benedictus qui venit in nomine Domini", de praesenti psalmo sumptum est. Denique ubi nos habemus σῶσον δή, hoc est ‚salvum me fac' in hebraeo OSIANNA scriptum habet.

CXVIII.

Totus et hic psalmus est scriptus secundum ordinem litterarum: ita ut ab una littera octo versus incipiant, et rursum a sequenti octo alii conpleantur, et hoc similiter ad finem usque texatur. Iosephus autem refert in libris Ἀρχαιολογίας hunc psalmum et Deuteronomii canticum uno metro esse conpositum: et putat elegiacum metrum in utroque posse deprehendi, quod scilicet prior versus sex pedibus constet, et inferior uno minus in pentametrum finiatur.

CXVIIII.

Quindecim graduum psalmi per quosdam profectus nos ad summa perducunt, ut in Domini atriis possimus dicere:
„Ecce | nunc benedicite Dominum, omnes servi Domini, | 236

---

206 Im masoretischen Text beginnt dieser Psalm mit: *hal^{e}lû ʾæṯ-j^{e}hwāh.* Das davor stehende *hal^{e}lû-jāh* wird im masoretischen Text zum vorhergehenden Psalm gezogen, in Septuaginta und Vulgata zu Ps 116. Vgl. *in psalm.* 104, 1 a, oben 196f.

207 Eine ausführliche Erklärung des ‚Hosianna' gibt Hieronymus in einem Brief an Papst DAMASUS, *epist.* 20 (CSEL 54, 104–110).

208 Zu den alphabetischen Psalmen siehe Einleitung, oben 36f.

CXVI.

1a *Lobet den Herrn, alle Völker.* Für die Wendung ,lobet den Herrn' steht im Hebräischen geschrieben ,Halleluja'.[206]

CXVII.

25a *O Herr, rette mich.* Was im Evangelium geschrieben steht, nämlich dass beim Einzug des Herrn in Jerusalem die Kinder Palmzweige genommen und vor ihm herziehend mit einer Stimme gerufen haben: „Hosanna in den Höhen! Gepriesen sei, der da kommt im Namen des Herrn" (Mt 21,9), das ist aus dem vorliegenden Psalm genommen (vgl. Vers 26a). Und wo wir σῶσον δή, haben, das ist ,rette mich', da steht im Hebräischen geschrieben HOSIANNA.[207]

CXVIII.

Auch dieser Psalm ist ganz nach der Reihenfolge der Buchstaben verfasst,[208] so, dass mit einem Buchstaben acht Verse beginnen und dann wieder mit dem folgenden Buchstaben acht weitere Verse zusammengestellt werden; und dies wird in gleicher Weise bis zum Ende durchgeführt. Josephus aber gibt in den Büchern der Altertümer an, dass dieser Psalm und das *canticum* des Deuteronomium in ein und demselben Versmaß abgefasst sind und er meint, man könne in beiden ein elegisches Versmaß finden, dass nämlich der vordere Vers aus sechs Füßen bestehe und der nachstehende um einen Fuß weniger zu einem Pentameter begrenzt werde.[209]

CXVIIII.

Die fünfzehn Stufenpsalmen führen uns Schritt für Schritt zum Höchsten hin, auf dass wir in den Vorhöfen des Herrn sagen können: „Wohlan, nun preiset den Herrn, alle Diener des

---

209 FLAVIUS JOSEPHUS, *AJ* 4,8,44 (1,285 NIESE; Übersetzung: 1,246 CLEMENTZ); 7,12,3 (2,156 NIESE; Übersetzung: 1,448 CLEMENTZ), ist in seinen Angaben wesentlich kürzer.

in atriis domus Dei eius". Et quia a plerisque super his latissime disputatum est, stultum est parva dicere velle pro magnis.

1 bc *Ad Dominum, cum tribularer, clamavi: et exaudivit me.* Tres res in uno versiculo velociter explicantur: angustia, preces, exauditio.

4 *Sagittae potentis acutae cum carbonibus desolatoriis.* Pro ‚desolatoriis' carbonibus in hebraeo ἀρκευθίνοις habet. Desolatorem puto et in Esaia esse carbonem, qui ad labia eius defertur, ut purget vitia quae loquendo, sive ob timorem quae tacendo contraxerat. Et hic itaque carbonem, similem deprecatur: ut detur ei carbo de altario Dei, qui in eius labiis peccatorum solitudinem faciat, id est, a vitiis eum praestet alienum.

CXX.

6 *Per diem sol non uret te, neque luna per noctem.* Iustus nec in prosperis elevari potest, nec in tristibus deici. Quod in die et nocte, hoc et in sole significatur et luna.

CXXI.

1 b *Laetatus sum in his quae dicta sunt mihi.* Quia in priori psalmo audierat: „Dominus custodiat introitum tuum et exitum tuum", nunc propterea laetum esse se dicit, quod sibi in do|mum Dei introitus repromissus sit. | 237

---

210 Die Worte ‚in den Vorhöfen des Hauses unseres Gottes' (*Dei nostri*) stehen nicht im masoretischen Text, sondern sind im Text der Septuaginta und Vulgata hinzugefügt worden. In den Handschriften der *Commentarioli* ist *Dei eius* (‚seines Gottes') überliefert. Vielleicht bezieht sich *eius* auf das Volk, das heißt auf Israel.

211 Ps 133 ist der letzte Stufenpsalm und damit der Höhepunkt. Zu den Stufenpsalmen siehe Einleitung, oben 37f.

212 Das heißt Kohlen, die aus Wüstensträuchern hergestellt werden. Es ist hier an glühende Kohlen zu denken.

213 Hieronymus bezieht offenbar die ‚boshaften Lippen' und die ‚listige Zunge' in Vers 2 und 3 auf den Beter, nicht auf die Feinde des Beters.

214 Eigentlich: ‚verbrennen'.

215 Diese Deutung bezieht sich offenbar auf die 15 Stufen, die zum

Herrn, in den Vorhöfen des Hauses seines[210] Gottes" (Ps 133,1).[211] Und weil von den meisten hierüber sehr ausführlich abgehandelt wurde, ist es töricht, zu einem großen Thema kurze Anmerkungen machen zu wollen.

1 bc *Als ich bedrängt wurde, habe ich zum Herrn gerufen, und er hat mich erhört.* Drei Dinge werden in einem Vers schnell entfaltet: Bedrängnis, Bitte, Erhörung.

4 *Die scharfen Pfeile des Mächtigen mit Wüstenkohlen*[212]. Für ‚Wüstenkohlen' steht im Hebräischen ‚Wacholderkohlen'. Wüste bewirkend ist meines Erachtens auch die Kohle bei Jesaja (vgl. Jes 6,6f), die an seine Lippen gebracht wird, damit sie die Sünden reinige, die er durch Reden oder die er durch Schweigen aus Furcht verschuldet hatte. Auch hier[213] erbittet er (*sc.* der Psalmist) eine ähnliche Kohle, dass ihm also eine Kohle vom Altar Gottes gegeben werde, die auf seinen Lippen eine Einöde, die frei ist von Sünden, bewirke, das heißt, ihn von Vergehen frei stelle.

CXX.

6 *Bei Tag wird dir die Sonne nicht schaden*[214] *und nicht der Mond in der Nacht.* Der Gerechte kann weder bei Wohlergehen erhoben, noch bei Trauer herabgeworfen werden.[215] Was mit Tag und Nacht, das wird auch mit Sonne und Mond angezeigt.

CXXI.

1 b *Ich freute mich über das, was mir gesagt wurde.* Weil er im vorhergehenden Psalm gehört hatte: „Der Herr behüte deinen Eingang und deinen Ausgang" (Ps 120,8a), deshalb sagt er nun, er sei froh, dass ihm der Eingang in das Haus Gottes verheißen worden sei.[216]

Höchsten führen (vgl. Ps 119). In gleicher Weise deutet Hieronymus diesen Psalmvers im Jesaja-Kommentar (*in Is.* 26,7–9 [CCL 73,333]): „Weder bei Wohlergehen noch bei Missgeschick wirst du (*sc.* der Gerechte) jemals von deinem Schritt abgebracht".

216 Nämlich in Vers 1c: ‚Zum Haus des Herrn werden wir ziehen'.

3b *Cuius participatio eius in idipsum.* Haec est sanctae aedificatio civitatis, si sibi in omni parte sit particeps, et invicem pro se membra sollicita sint.

CXXII.

1 *Ad te levavi oculos meos, qui habitas in caelo.* Notandum quod per singulos psalmos quidam graduum sunt profectus. Qui in primo dixerat, „Ad Dominum cum tribularer clamavi“: et in secundo oculos ad montes se levasse narraverat: laetatus quoque fuerat, quia sibi ingressus in domum Dei fuerat repromissus: nunc ad maius proficit, ut ad ipsum Deum oculos levet, qui habitat in caelo.

CXXIII.

5a *Torrentem pertransivit anima nostra.* Melius in hebraeo habet: ‚Torrens pertransivit super animam nostram‘: quod scilicet multi temptationum turbines super animam eius transierint, nec potuerint eam necare, iusto dicente:

1bc.5b *Nisi quia Dominus erat in nobis, dicat nunc Israhel. Forsitan pertransisset anima nostra aquam intolerabilem.* Verbum ἀνυπόστατον apud Graecos ambiguum est, et potest sonare, quod non subsistat, et quod intolerabile sit, hoc est, quod nemo ferre queat. Pro quo et Aquila, et Symmachus, et Theodotion, et omnes interpretes pari voce consentiunt, ‚superbas‘ aquas et ‚adrogantes‘ pro ἀνυποστάτῳ transferentes.

---

[217] Vgl. ORIGENES, *selecta in psalmos* 121 (PG 12, 1633; vgl. CPG 1, 151): „Wenn die Glaubenden ein Herz und eine Seele sind und die Glieder füreinander dieselbe Fürsorge haben, dann sind sie Jerusalem und wie eine Stadt, deren Zusammenhang in sich geschlossen ist.“

[218] Vgl. die einleitende Erklärung zu Ps 119, dem ersten Stufenpsalm, oben 210–213.

3b *Deren Teilhabe in sich geschlossen ist.* Das ist der Bau der heiligen Stadt, wenn sie an jedem Teil Anteil nimmt und die Glieder umeinander besorgt sind.[217]

CXXII.

1 *Zu dir erhob ich meine Augen, der du im Himmel wohnst.* Es ist zu beachten, dass durch die einzelnen Psalmen hindurch sozusagen ein Fortschreiten auf Stufen sich findet.[218] Der im ersten Stufenpsalm gesagt hatte: „Zum Herrn habe ich gerufen, als ich bedrängt wurde“ (Ps 119,1b) und im zweiten erzählte, er habe die Augen zu den Bergen erhoben (vgl. Ps 120,1b), auch froh gewesen war, weil ihm der Eingang in das Haus Gottes verheißen worden war (vgl. Ps 121,1bc), der schreitet nun fort zu Größerem, so dass er die Augen zu Gott selbst erhebt, der im Himmel wohnt.

CXXIII.

5a *Einen Sturzbach hat unsere Seele durchquert.* Besser steht im Hebräischen: ‚Ein Sturzbach ist über unsere Seele hinweggegangen‘, dass nämlich viele Versuchungsstürme über seine Seele hinweggingen und sie nicht umbringen konnten, wobei der Gerechte sagt:

1bc.5b *Wenn der Herr nicht bei uns gewesen wäre, soll Israel nun sagen. Vielleicht hätte unsere Seele durch unerträgliches Wasser gehen müssen.* Das Wort ἀνυπόστατον bei den Griechen ist doppeldeutig; zum einen kann es etwas bezeichnen, was nicht standhält, zum anderen, was nicht auszuhalten ist, das heißt, was niemand ertragen kann. Diesbezüglich stimmen sowohl Aquila als auch Symmachus und Theodotion und alle Übersetzer einmütig überein, indem sie ‚stolze‘ und ‚anmaßende‘[219] Wasser statt ἀνυποστάτῳ übersetzen.

---

219 Das hebräische Wort ist ein Hapaxlegomenon, das ‚wallend‘ bedeutet (HALAT 257).

CXXIIII. 238

3ab *Quia non derelinquetur virga peccatorum super sortem iustorum.* Pro ‚virga' in hebraeo ‚sceptrum' habet. Hoc est ergo quod petimus: ‚Ne nos inducas in temptationem, quam sufferre non possumus'.

5ab *Declinantes autem in obligationes adducet Dominus.* Pro obligationibus, Aquila διαπλοκάς interpretatus est, Symmachus σκολιότητας quinta editio διεστραμμένας.

CXXV.

1c *Facti sumus sicut consolati.* Pro ‚consolatis' omnes pariter editiones ‚somniantes' transtulerunt. Et pulchre somniantes: nondum est enim plena laetitia, in captivitate reliquis constitutis.

CXXVI.

Ideo psalmus iste ‚Salomonis' titulo praenotatur, ut ipse fabricator templi doceat se nihil valere aedificationem eius sine Domini auxilio.

2c *Qui manducatis panem doloris.* Pro ‚dolore' Theodotion et quinta editio ‚idola' interpretati sunt, sexta vero ‚errorem'. Sensus itaque iuxta simplicem intellegentiam iste est: Sine causa diluculo ad templum curritis, et Deum adorare vos creditis, qui idola pariter adoratis, et inmundo vescimini pane.

---

[220] Das Folgende ist mitzuhören: ‚mit denen, die Unrecht tun'.

[221] Das hebräische Wort bedeutet ‚krumm' und ist hier wie in Ri 5,6, dem einzigen anderen Vorkommen des Wortes, im Sinne von ‚krummen Wegen' gebraucht. In *psalt. sec. Hebr.* 124,5b (933 WEBER/GRYSON) übersetzt Hieronymus: *ad pravitates suas* (‚zu ihren Verkehrtheiten' / ‚Schlechtigkeiten').

[222] Der vorangehende Halbvers ist mitzuhören: ‚Als der Herr die Gefangenschaft Zions wendete'. Es kehrten nicht sogleich alle Exilierten aus Babylon zurück (vgl. Esra 1f und 7f). — Hieronymus denkt hier wohl nicht nur an den Literalsinn, sondern besonders an den geistlichen Sinn: Die Freude im Himmel ist erst vollständig, wenn alle aus dem Exil dieses Lebens heimgekehrt sind (vgl. Phil 3,20).

CXXIIII.
3ab *Denn nicht wird die Rute der Sünder auf dem Los der Gerechten bleiben.* Für ‚Rute' steht im Hebräischen ‚Zepter'. Dies ist also, was wir erbitten: ‚Führe uns nicht in Versuchung, die wir nicht ertragen können' (vgl. Mt 6,13; 1 Kor 10,13).

5ab *Die aber zu Fallstricken sich hinwenden, wird der Herr zusammenführen.*[220] Statt ‚Fallstricke' hat Aquila ‚Betrügereien' übersetzt, Symmachus ‚Krümmungen', die Fünfte Edition ‚gewundene' (*sc.* Wege).[221]

CXXV.
1c *Wir sind geworden wie Getröstete.* Statt ‚Getröstete' haben alle Editionen in gleicher Weise ‚Träumende' übersetzt. Und ‚Träumende' ist schön übersetzt; noch ist nämlich die Freude nicht vollständig, da die Übrigen noch in der Gefangenschaft sind.[222]

CXXVI.
Dieser Psalm trägt deshalb die Überschrift ‚Von Salomo', damit der Erbauer des Tempels selbst lehrt, er habe nichts vermocht bezüglich seiner Erbauung ohne die Hilfe des Herrn.

2c *Die ihr esst das Brot des Kummers.* Statt ‚Kummer' haben Theodotion und die Fünfte Edition ‚Götzenbilder'[223] übersetzt, die Sechste aber ‚Irrtum'. Der Sinn ist nach dem einfachen Verständnis daher dieser: Ohne Grund lauft ihr in der Morgendämmerung[224] zum Tempel und glaubt, Gott anzubeten, die ihr in gleicher Weise Götzenbilder anbetet und unreines Brot verzehrt.

---

223 Vgl. die ausführlichere Erklärung *epist.* 34,2 (CSEL54,260f). Das hebräische Wort kann ‚Götzenbild', aber auch ‚Mühsal' bedeuten. Letzteres entspricht mehr dem Kontext.

224 Bezieht sich auf Vers 2a: ‚Nutzlos ist es für euch, vor Tagesanbruch aufzustehen'.

4 *Sicut sagittae in manu potentis, ita filii excussorum.* ‚Excussos‘, expeditos et adcinctos ad proelium vocat: quo verbo et in Ezrae libro Septuaginta interpretes transtulerunt.

5 a *Beatus vir qui explevit desiderium suum ex illis.* Pro ‚desiderio‘ in hebraeo ‚pharetram‘ habet: ut quia sagittas praemiserat in conparationem sanctorum, consequenter pharetram sagittis inferret explendam.

CXXVIII.

4 *Dominus iustus concidit cervices peccatorum.* Pro ‚cervicibus‘ | in hebraeo habet ‚vincula‘ vel ‚catenas‘. Ut sit sensus: illi quidem me suis insidiis hinc inde vallarunt, et iam vinctum tenebant, sed auxiliante Domino omnes nexus soluti sunt.

CXXXI.

1 bc.2 a *Memento Domine David, et omnis mansuetudinis eius: sicut iuravit Domino.* Pro eo quod est ‚sicut‘, in hebraeo habet ‚qui‘. Ut sit sensus: Memento Domine David, et omnis mansuetudinis eius: qui iuravit Domino, et votum fecit Deo Iacob.

6 a *Ecce audivimus eum in Efrata.* Regio Bethleem usque hodie appellatur Efrata: huius rei et aliae scripturae testes sunt.

---

[225] Vgl. die ausführlichere Erklärung *epist.* 34,3f (CSEL54,261–264). Wie hier in Ps 126 versteht die LXX 2 Esra 4,16 (= Neh 4,16) das betreffende hebräische Wort als Partizip des Verbs *n’r* (‚abschütteln‘). Es handelt sich aber bei Neh um das Substantiv *n’r* (‚junger Mann‘) und in Ps 126 um das davon abgeleitete *n*^{e}*‘ûrîm* (‚Jugend‘). In *psalt. sec. Hebr.* 126,4 (935 WEBER/GRYSON) übersetzt Hieronymus: ‚Söhne der Jugend‘ und in 2 Esra 4,16 Vg.: ‚der jungen Männer‘.

[226] Siehe dazu Einleitung, oben 22.

[227] Vgl. Vers 2 b.

[228] Im masoretischen Text, in der Septuaginta und in der Vulgata steht ‚ihr‘, das sich auf die Bundeslade (Ps 131,8) bezieht. Der hebräische Text, den Hieronymus benutzte, bot möglicherweise ‚ihm‘ (vgl. BHS

4 *Wie Pfeile in der Hand eines Mächtigen, so sind die Söhne der Hinausgestoßenen.* ‚Hinausgestoßene' nennt er diejenigen, die zum Kampf bereit und gerüstet sind. Mit diesem Wort haben es die Siebzig Übersetzer auch im Buch Esra wiedergegeben.[225]

5a *Selig der Mann, der sein Verlangen mit ihnen erfüllt hat.* Statt ‚Verlangen' steht im Hebräischen ‚Köcher'. Da er die Pfeile voranschickte, um sie mit den Heiligen zu vergleichen, so fügte er sachgemäß nun den Köcher an, der mit Pfeilen zu füllen ist.[226]

CXXVIII.

4 *Der gerechte Herr hat die Nacken der Sünder zerschlagen.* Statt ‚Nacken' steht im Hebräischen ‚Stricke' oder ‚Ketten', so dass der Sinn ist: Jene haben mich zwar mit ihrer Hinterlist von allen Seiten belagert und hielten mich schon gebunden, aber durch die Hilfe des Herrn sind alle Fesseln gelöst.

CXXXI.

1bc.2a *Gedenke, Herr, Davids und all seiner Frömmigkeit, wie er dem Herrn geschworen hat.* Statt des Wortes ‚wie' steht im Hebräischen ‚welcher', so dass der Sinn ist: Gedenke, Herr, Davids und all seiner Frömmigkeit, welcher dem Herrn geschworen hat und ein Gelübde machte dem Gott Jakobs[227].

6a *Seht, wir hörten von ihm*[228] *in Efrata.* Die Gegend von Betlehem wird bis heute Efrata genannt; dafür sind auch andere Schriftstellen Zeugen.[229]

1213). So übersetzt er in *psalt. sec. Hebr.* 131,6a (937 WEBER/GRYSON) und in *tract. in psalm. I* 131 (CCL 78,275) bezieht er das ‚ihm' ausdrücklich auf Christus; ebenso in *epist.* 108,10 (CSEL 55,318). Vgl. BURSTEIN, *La compétence* 8.

[229] Zu Efrata als Bezeichnung für Betlehem siehe Gen 35,19; 48,7; Rut 4,11; Mi 5,1.

15 *Viduam eius benedicens benedicam: pauperes eius saturabo panibus.* Pro ‚vidua' χήρα et hebraea volumina et ipsi Septuaginta θήραν habent. Sed propter novitatem verbi et unius litterae demutationem, paulatim θήρα obtinuit ut legeretur χήρα: maxime quia in sequenti versiculo ‚pauperes' sequebantur. Θήραν Symmachus et Aquila ‚cibaria' interpretati sunt.

18b *Super ipsum autem floriet sanctificatio mea.* Pro ‚sanctificatione' NAZER in hebraeo habet, quod Aquila ‚consecratum' interpretatur: et significat laminam ex auro, quae in fronte pontificis ligabatur, sculptum habens nomen Domini.

CXXXII.

2ab *Sicut unguentum in capite, quod descendit in barbam Aaron.* Casu genetivo legendum est Aaron: hoc est, quod descendit | in barbam Aaron. | 240

3ab *Sicut ros Ahermon, qui descendit super montem Sion.* Ahermon ἀνάθημα interpretatur. Ipse est autem mons qui mutato vocabulo ‚Hermoni' et ‚Sanir' appellatur, idolis consecratus, et adsiduo hostiarum cruore perfusus. Hoc ergo est, quod dicit: quia omnis gratia et potentia idolatriae et sublimitas ac pompa culturae ad montem transeat Sion, hoc est, ad ecclesiam Xpisti.

CXXXIII.

1d *In atriis domus Dei nostri.* Hic versiculus nec in hebraeis voluminibus, nec in quaquam editione, nec in ipsis quoque

[230] Θήρα bedeutet ‚Jagd(beute)'. Das entsprechende hebräische Wort *ṣajiḏ* kann nach HALAT 956f, von zwei Wurzeln abgeleitet werden und hat dementsprechend entweder die Bedeutung ‚Jagd(beute)' oder ‚Reisekost' bzw. ‚Speise'.

[231] Zu diesem Diadem des Hohenpriesters (*nezǣr*) siehe Ex 39,30f.

15 *Seine Witwe werde ich reichlich segnen, seine Armen sättigen mit Brot.* Statt ‚Witwe', χήρα, haben sowohl die hebräischen Buchrollen als auch selbst die Siebzig θήρα. Aber wegen der Ungewöhnlichkeit des Wortes und des Unterschieds nur in einem Buchstaben gelangte θήρα allmählich dazu, dass es als χήρα gelesen wurde, besonders weil im anschließenden Halbvers ‚die Armen' folgten. θήρα haben Symmachus und Aquila mit ‚Nahrungsmittel' übersetzt.[230]

18b *Über ihm aber wird glänzen meine Heiligkeit.* Statt ‚Heiligkeit' steht im Hebräischen NAZER, das Aquila mit ‚das Geweihte' übersetzt; und es bezeichnet eine Platte aus Gold, die an der Stirn des Hohenpriesters gebunden wurde und den Namen des Herrn eingeprägt hatte.[231]

CXXXII.

2ab *Wie Salböl auf dem Haupt, welches herabfließt in Aarons Bart.* Aaron ist als Genitiv zu lesen,[232] das heißt, dass es hinabfließt in den Bart des Aaron.

3ab *Wie der Tau des Hermon, der sich senkt auf den Berg Zion.* Hermon wird mit ‚Anathema' (‚Verfluchung') übersetzt. Er ist aber auch der Berg, der mit anderer Bezeichnung ‚Hermoni' und ‚Sanir' genannt wird (vgl. Dtn 3,9); er ist Götzenbildern geweiht und unablässig mit Opferblut übergossen. Dies ist also, was er sagt: dass alle Anmut und Macht des Götzendienstes und die Erhabenheit und Pracht der Verehrung auf den Berg Zion übergeht, das heißt auf die Kirche Christi.

CXXXIII.

1d *In den Vorhöfen des Hauses unseres Gottes.* Dieser Versteil findet sich weder in den hebräischen Buchrollen, noch in irgendeiner Edition und selbst auch nicht bei den

[232] In der Septuaginta steht an dieser Stelle der Akkusativ: τὸν Ααρων.

Septuaginta interpretibus reperitur, sed de consequenti psalmo in hoc mihi videtur adpositus.

3 *Benedicat te Dominus ex Sion, qui fecit caelum et terram.* Decens finis cantico graduum, psalmum in benedictione concludens.

CXXXIIII.

4 *Quia Iacob elegit sibi Dominus: Israhel in substantiale sibi.* Verbo περιουσίῳ id est ,substantiali', – exceptis sanctis scripturis – nullus foris disertorum usus est: et propterea obscurus redditur sensus, quia verbum, per quod sensus intellegitur, novitas occultum facit. Denique et Aquila et quinta editio similiter transtulerunt. Solus Symmachus ,praecipuum', id est ἐξαίρετον posuit: quod in hebraeo dicitur SUGULL et latino sermone significantius exprimi potest ,peculium'.

7a *Qui eduxit nubes ab | extremo terrae.* Istae sunt nubes, | 241
quibus mandat Dominus, ne pluant super peccatores imbrem, et quae de piscatoribus et humillimis hominum congregantur.

7b *Fulgura in pluviam fecit.* Loquentibus apostolis et prophetis, mundum splendor inluminat.

7c *Qui educit ventos de thesauris suis.* Diversae Spiritus gratiae de Patre et Filio et Spiritu sancto producuntur.

---

233 Die Septugintaversion lautet ἐν αὐλαῖς οἴκου θεοῦ ἡμῶν.

234 In der Septuaginta steht hier und in Koh 2,8 περιουσιασμός (,besonderes' oder ,privates Eigentum'; vgl. LIDDELL/SCOTT, *Lexicon* 1381; LAMPE, *Lexicon* 1069. MORIN hat an Stelle der entstellten Formen der Manuskripte das Wort περιουσίον (,besonderes' / ,auserwähltes') gesetzt, das in der Bibel sechsmal vorkommt (siehe BAUER/ALAND, *Wörterbuch* 1307).

235 Für *s*[e]*ḡullāh* wird die Bedeutung: ,persönliches Eigentum' angegeben (HALAT 701). Zu Israel als besonderem Eigentum JHWHs vgl. Ex 19,5; Dtn 7,6; 14,2; 26,18; Mal 3,17.

236 Die segensreichen Wolken stehen hier als Bild für die Kirche, die von

Siebzig Übersetzern,[233] sondern er scheint mir vom folgenden Psalm in diesen eingefügt worden zu sein (vgl. Ps 134,2).

3 *Es segne dich der Herr vom Zion aus, der Himmel und Erde erschaffen hat.* Ein geziemendes Ende für den Stufengesang, das den Psalm mit einem Segensspruch beschließt.

CXXXIIII.

4 *Denn der Herr hat sich Jakob auserwählt, Israel zum besonderen Eigentum für sich.* Das Wort περιουσίῳ,[234] das heißt ‚besonderes', hat – die Heiligen Schriften ausgenommen – niemand der außerhalb (*sc.* der Kirche) stehenden Schriftsteller gebraucht. Und daher wird der Sinn dunkel wiedergegeben, weil die Ungewöhnlichkeit das Wort, durch das ja der Sinn erkannt wird, schwer verständlich macht. Sodann haben sowohl Aquila als auch die Fünfte Edition ähnlich übersetzt. Allein Symmachus hat dafür ‚auserlesenes' gesetzt, das heißt ἐξαίρετον. Im Hebräischen heißt es SEGULLAH[235] und kann in lateinischer Sprache treffender mit ‚Vermögen' / ‚Besitz' ausgedrückt werden.

7a *Der Wolken heraufführte vom Ende der Erde.* Das sind die Wolken, denen der Herr aufträgt, über die Sünder keinen Regen zu ergießen (vgl. Jes 5,6) und die aus den Fischern und den Geringsten der Menschen gesammelt werden.[236]

7b *Blitze machte er zum Regen.* Wenn die Apostel und Propheten sprechen, erhellt Glanz die Welt.

7c *Er führt Winde heraus aus seinen Vorratskammern.* Die verschiedenen Gnadengaben des Geistes werden vom Vater und dem Sohn und dem Heiligen Geist hervorgebracht.

---

den Enden der Erde gesammelt wird, zu der die Apostel, die Fischer vom See Genezaret, gehören (vgl. Mt 4,18f; Mk 1,16f) und die Geringen der Welt (vgl. 1 Kor 1,28).

CXXXV.

1b *Confitemini Domino, quoniam bonus.* Confessio pro laude ponitur, ut ibi: „Confiteor tibi, Domine Pater caeli et terrae“. Similis autem priori psalmus iste est, laudans Deum primum a creaturis, deinde a beneficiis: id est, generaliter et specialiter.

23a *Quia in humilitate nostra memor fuit nostri Dominus.* Hic ‚humilitatem‘ non pro ‚mansuetudine‘, sed pro ‚angustia‘ posuit.

CXXXVI.

1b *Super flumina Babylonis, ibi sedimus et flevimus.* Tripliciter iste psalmus intellegi potest: et de captivitate quae populo accidit Iudaeorum, quando in Babylonem translati sunt, et ibi variis modis ludificati: et de peccatoribus, qui de ecclesia eiecti traduntur diaboli potestati: et de superiori, ut quidam volunt, captivitate, qua in vallem lacrimarum generosa quondam caterva deducta est.

2 *In salicibus in medio eius suspendimus organa nostra.* Qui super Babylonis flumina sedet, et recordatur Sion, nec potest tenere lacrimas, non penitus desperandus est a salute. — Salix autem infructuosa arbor est, quae semper humo-ribus, semper aquis delectatur et pluviis. Ita et nos si quando sancti fuerimus: si nosmet ipsos vitiis, libidini, lasciviae dederimus, organa quibus quondam canebamus Deo, in infructuosis arboribus suspendimus.

3d *Cantate nobis de canticis Sion.* Superbus victor vult sibi ludos et delicias de Dei canticis exhiberi.

[237] Siehe *in psalm.* 6, 6b, oben 90f. Vgl. MEERSHOEK, *Latin Biblique* 69.

CXXXV.
1b *Bekennet den Herrn, denn er ist gut.* Bekenntnis steht für Lobpreis[237] wie an der Stelle: „Ich bekenne (*sc.* preise) dich, Herr, Vater des Himmels und der Erde“ (Mt 11,25; Lk 10,21). Dieser Psalm ist dem vorherigen ähnlich, indem er Gott zuerst wegen der Geschöpfe lobt, danach wegen der Wohltaten, das heißt: im Allgemeinen und im Besonderen.

23a *Denn in unserer Niedrigkeit war unser eingedenk der Herr.* Hier hat er ‚Niedrigkeit‘ nicht für ‚Sanftmut‘ eingesetzt, sondern für ‚Bedrängnis‘.

CXXXVI.
1b *An den Flüssen Babylons, dort saßen wir und weinten.* Dreifach kann dieser Psalm verstanden werden: Sowohl von der Gefangenschaft, die dem Volk der Juden widerfuhr, als sie nach Babylon verschleppt und dort auf verschiedene Weise verspottet wurden; als auch von den Sündern, die, von der Kirche ausgestoßen, der Macht des Teufels übergeben werden (vgl. 1 Kor 5,5); als auch von der, wie einige wollen, höheren Gefangenschaft, durch welche die einst edle Schar ins Tal der Tränen weggeführt wurde.[238]

2 *An den Weiden in seiner Mitte hängten wir unsere Harfen auf.* Wer an Babylons Flüssen sitzt und sich an Zion erinnert und nicht die Tränen zurückhalten kann, der muss nicht völlig am Heil verzweifeln. – Die Weide ist aber ein fruchtloser Baum, der immer Feuchtigkeit, immer Wasser und Regen liebt. So steht es auch mit uns, wenn wir einmal heilig gewesen sind: Wenn wir dann uns selbst den Lastern, der Begierde, der Ausschweifung ergeben, so haben wir die Harfen, auf denen wir einst für Gott spielten, an fruchtlosen Bäumen aufgehängt.

3d *Singt uns eins von den Liedern Zions.* Der übermütige Sieger will, dass ihm Zeitvertreib und Vergnügen mit den Gottesliedern geboten werden.

---

[238] Zur dritten Deutung siehe Einleitung, oben 59f.

4 *Quomodo cantabimus canticum Domini in terra aliena?* Quando caro nostra peccatis servit et vitiis, et facta est terra aliena, Deo cantare non possumus.

7a *Memento Domine filiorum Edom.* Lege Abdiam prophetam, et ibi invenies Idumaeos in die captivitatis Iudaeorum exsultasse, et | [242] stetisse in exitibus ad conprehendendos eos qui fugerunt, ne quis posset evadere. Quia vero Edom ‚terrenus' sive ‚deficiens' interpretatur, intellege contrarias inimicasque virtutes semper hoc agere, ut nihil in ecclesia, nihil in Ierusalem remaneat.

8a *Filia Babylonis misera.* Pro genetivo casu, vocativum in hebraeo habet. Ἀποστροφή, ad Babylonem dirigitur, ut sit sensus: ‚O filia Babylon'. ‚Miseram' Aquila et Symmachus ‚depopulatam' interpretati sunt atque ‚vastatam'.

8bc *Beatus qui restituet tibi quod restituisti nobis.* Cyrum, inquiunt, significat qui subvertit Babylonem, et usque ad innoxiam aetatem eius in Chaldaeos feritas desaevit, et captivitatem Israhel in Iudaeam primus remisit. Alias autem, omnis sanctus Babyloni vicem restituit: captivam eam ducit, quae se quondam captivum habuerat: et incipientes sordidos cogitatus elidit ad petram — petra autem est Xpistus —, ne crescant, ne adolescant, ne ad pubertatem venientes adversus eum resistant fortius, et interfici nequeant.

CXXXVIII.

6a *Mirabilis facta est scientia tua ex me.* Manifestius hoc Symmachus interpretatus est: ‚Praetergreditur me scientia

---

239 Vgl. *in psalm.* 107, 10b, oben 200f.

240 Apostrophe (= Abwendung) ist eine rhetorische Stilfigur, die Abwendung vom bisher Angeredeten (zuvor in Vers 7 ist es der Herr) zu einem anderen (hier: Babylon).

241 KYRUS ist bei der Eroberung Babylons wohl nicht grausam vorgegangen; siehe JACQUET, *Les Psaumes* 3, 590f.

242 Die Stadt Babylon steht hier in allegorischer Bedeutung für die

4 *Wie werden wir singen das Lied des Herrn in fremden Land?* Wenn unser Fleisch an Sünden und Laster gebunden und fremdes Land geworden ist, dann können wir Gott nicht lobsingen.

7a *Gedenke, Herr, der Söhne Edoms.* Lies den Propheten Obadja (vgl. Obd 11.14) und du wirst dort finden, dass die Idumäer am Tag der Gefangennahme Israels frohlockten und sich an die Tore stellten, um die zu ergreifen, die flohen, damit keiner entkommen könne. Weil aber Edom ‚Irdischer' oder ‚Abtrünniger' bedeutet,[239] so begreife, dass die gegnerischen und feindlichen Mächte dies immer tun, damit nichts in der Kirche, nichts in Jerusalem verbleibt.

8a *Tochter Babylons, Elende!* Statt des Genitivs steht im Hebräischen der Vokativ. Die Apostrophe[240] richtet sich an Babylon, so dass der Sinn ist: ‚O Tochter Babylon'. Aquila und Symmachus haben ‚elende' mit ‚entvölkerte' und mit ‚verwüstete' übersetzt.

8bc *Selig, der dir vergelten wird, was du uns angetan hast.* Dies deutet auf Kyrus hin, sagt man, der Babylon vernichtet und gegen die Chaldäer bis hin zu ihren unschuldigen Kindern grausam gewütet[241] (vgl. Ps 136,9) und als Erster die Gefangenen Israels nach Judäa hat zurückkehren lassen (vgl. Esra 1,1–11). Andererseits aber übt jeder Heilige an Babylon Vergeltung: Er führt sie[242] als Gefangene, die einst ihn als Gefangenen hatte. Und die anfänglichen schmählichen Gedanken zerschmettert er am Felsen (vgl. Ps 136,9) – der Fels aber ist Christus (vgl. 1 Kor 10,4) –, damit sie nicht wachsen und erstarken und nicht, zur Reife gelangend, gegen ihn stärker Widerstand leisten und dann nicht mehr vernichtet werden können.

CXXXVIII.

6a *Zu wunderbar ist dein Wissen für mich.* Deutlicher hat Symmachus dies übersetzt: ‚Dein Wissen entgeht mir',

---

Macht des Bösen.

tua', id est, non possum tua scire secreta, et in profundum sapientiae tuae mens mea non potest introire.

7 *Quo ibo ab spiritu tuo, aut a facie tua quo fugiam?* Quomodo autem tuam possum conprehendere notitiam, cum in te sint omnia, nihilque sit quod te fugiat, et ubique sit Spiritus tuus? Ex quo intellegimus Deum esse, qui totus ubique sit.

8 *Si ascendero in caelum, tu ibi es: si descendero in infernum, ades,* et reliqua. Nulla altitudo te altior est, nullum profundum te profundius: oriens et occidens in tua continentur manu.

11 *Et dixi, Ergo tenebrae conculcabunt me: et nox lux mea in deliciis meis.* In hebraeo sensus iste est: ,Et dixi, Forsitan tenebrae occultabunt me': e con|trario autem nox | 243
ipsa apud te lumen fuit, quia nihil celare te potest. Quod et Symmachus melius interpretatus est dicens: ,Et nox lux circum me'. Sed et sequentes versiculi hoc idem significant.

12 *Quia tenebrae non obscurabuntur a te, et nox quasi dies inluminabitur: sicut tenebrae eius, ita et lumen eius.* Id est, tam clara sunt omnia, quae a te putantur occulta, ut manifestiora sint luce.

13b *Suscepisti me de ventre matris meae.* Quinta editio ita transtulit: ,Conflasti me in ventre matris meae'.

16a *Inperfectum meum viderunt oculi tui.* ,Inperfectum' hic pro ,incomposito' posuit: quod etiam elementa hominis ante, quam formentur in utero, cognoscat Deus.

16b *Et in libro tuo omnes scribentur.* Et quod nullus absque voluntate nascatur Dei, nec quisquam eius notitiam subterfugiat.

---

[243] Das heißt: Finsternis der Nacht und Licht des Tages sind für Gott gleich; vgl. *psalt. sec. Hebr.* 138,12 (943 WEBER/GRYSON): *similes sunt tenebrae et lux.*

[244] Vgl. Hieronymus, *in Gal.* 4,19 (PL 26,41f): „Wie nämlich zuerst der formlose Samen in den Schoß der Frau gesenkt wird, so dass er dessen Furchen und Boden gewissermaßen mit einem Leim anhaftet – wovon auch der Prophet, seinen Anfang bedenkend, sagt: ,Deine Augen haben

das heißt: Ich kann deine Geheimnisse nicht wissen und in die Tiefe deiner Weisheit kann mein Geist nicht eintreten.

7 *Wohin werde ich gehen vor deinem Geist oder vor deinem Angesicht wohin fliehen?* Wie kann ich deine Kenntnis begreifen, da alles in dir ist und es nichts gibt, das vor dir fliehen kann, und überall dein Geist ist? Woraus wir erkennen, dass Gott der ist, der überall ganz da ist.

8 *Wenn ich zum Himmel aufsteige, so bist du dort; wenn ich zur Unterwelt hinabsteige, du bist da,* und so weiter. Keine Höhe ist höher als du; keine Tiefe tiefer als du. Osten und Westen werden in deiner Hand zusammengehalten.

11 *Und ich sprach: Also wird die Finsternis mich bedecken und die Nacht ist mein Licht in meinen Vergnügungen.* Im Hebräischen ist dies der Sinn: ‚Und ich sprach: Vielleicht wird die Finsternis mich verbergen'; im Gegenteil aber war selbst die Nacht bei dir Licht, weil nichts dich einhüllen kann. Dies hat Symmachus besser übersetzt mit den Worten: ‚Und die Nacht ist Licht um mich her'. Aber auch die folgenden Verse zeigen dasselbe an.

12 *Denn die Finsternis wird nicht dunkel sein vor dir und die Nacht wird hell werden wie der Tag, wie ihre Finsternis, so auch sein Licht.*[243] Das heißt: Alles, von dem man meint, es sei vor dir verborgen, ist so klar, dass es offenbarer ist als das Licht.

13b *Du hast mich aufgenommen vom Schoß meiner Mutter.* Die Fünfte Edition hat so übersetzt: ‚Du hast mich gebildet im Schoß meiner Mutter'.

16a *Deine Augen haben meine unvollendete Gestalt gesehen.* ‚Unvollendet' setzte er hier an Stelle von ‚ungeformt'. Gott erkenne die Anfänge des Menschen, auch bevor sie im Mutterleib geformt werden.[244]

16b *Und in deinem Buch werden alle aufgeschrieben.* Und keiner werde ohne Gottes Willen geboren und niemand seinem Erkennen entgehen.

---

meine ungeformte Gestalt gesehen'".

16c *Dies formabuntur, et nemo in eis.* Hunc locum Symmachus ita transtulit: ,Dies quibus formati sunt, – ne una quidem deest ex his'. Et est sensus: Omne tempus aetatis, cui iam ab exordio vitae istius sunt curricula deputata, certo fine decurrit: nec una dies aut plus aut minus est, quam tu conditor esse voluisti. Secundum Septuaginta autem interpretes, et altiorem intellegentiam, sensus est: Tu omnes in dies formas, tu cunctos vis esse filios diei: sed nullus est in hominibus qui non peccato obnoxius fiat, et per hoc noctis esse incipiat filius: nec quisquam eorum luce ipsius diei toto vitae suae tempore digna perficit. Unde et apostolus ad eos, qui filii noctis esse cessaverant, loquitur: ,Nos autem, fatres, non sumus filii noctis, sed filii diei'.

CXXXVIIII.

10 *Circuitus eorum, labor labiorum eorum operiet eos.* Prophetia est poenarum in malos: quod insidiae, quas contra iustos magno labore paraverant, in eos reccidant.

CXL. 244

5ab *Corripiet me iustus in misericordia, et arguet me: oleum autem peccatoris non inpinguet caput meum.* Melius est a iusto corripi quam a peccatore laudari.

5c *Quia adhuc et oratio mea in beneplacitis eorum.* In tantum omnia quae bona sunt apud eos habentur despectui, ut etiam de oratione mea ludos sibi faciant, et me inrideant, quod a Deo inplorem misericordiam.

7 *Quasi crassitudo terrae erupit super terram: dissipata sunt ossa nostra secus infernum.* Symmachus hunc locum

16c *Tage werden gebildet und niemand ist in ihnen.* Diese Stelle hat Symmachus so übersetzt: ‚Die Tage, für die sie gebildet wurden, – nicht einmal einer von ihnen fehlt'. Und der Sinn ist: Alle Lebenszeit, für die schon vom Lebensanfang an der Ablauf bestimmt ist, durchläuft er (*sc.* der Mensch) mit gewissem Ende und da ist nicht ein einziger Tag mehr oder weniger, als du, Schöpfer, gewollt hast. Gemäß den Siebzig Übersetzern und einem höheren Verständnis ist der Sinn jedoch: Du bildest alle für die Tage; du willst, dass alle Kinder des Tages sind. Aber es gibt keinen unter den Menschen, der nicht der Sünde untertan wird und dadurch beginnt ein Kind der Nacht zu sein. Und niemand von ihnen vollbringt während der ganzen Zeit seines Lebens, was dem Licht seines Tages würdig ist. Daher spricht auch der Apostel zu denen, die aufgehört hatten, Kinder der Nacht zu sein: ‚Wir aber, Brüder, sind nicht Kinder der Nacht, sondern Kinder des Tages' (vgl. 1 Thess 5,5).

CXXXVIIII.

10 *Ihre Umtriebe, die Mühe ihrer Lippen wird sie zudecken.* Dies ist eine Prophezeiung von Strafen gegen die Bösen: dass die Nachstellungen, die sie gegen die Gerechten mit großer Mühe angestellt hatten, auf sie selbst zurückfallen.

CXL.

5ab *Zurechtweisen wird mich der Gerechte in Barmherzigkeit und mich anklagen; das Öl des Sünders aber soll nicht mein Haupt salben.* Besser ist es, von einem Gerechten zurechtgewiesen, als von einem Sünder gelobt zu werden.

5c *Denn noch gereicht auch mein Gebet zu ihrem Vergnügen.* In dem Maße fällt alles, was gut ist, bei ihnen der Verachtung anheim, dass sie auch über mein Gebet sich lustig machen und mich verspotten, weil ich von Gott Erbarmen erflehe.

7 *Wie Erdschollen über die Erde fielen, so sind unsere Gebeine verstreut am Rand der Unterwelt.* Symmachus hat diese

ita interpretatus est: ‚Sicut agricola cum scindit terram, sic dissipata sunt ossa nostra in ore inferi'.

10a *Cadent in rete eius peccatores.* Melius legimus, si pro ‚eius' ‚eorum' dicamus, ut sit sensus: Cadent in rete suum peccatores: ut ipsi sentiant dolos, quos innocentibus paraverunt.

CXLIII.

1bc *Benedictus Dominus Deus meus, qui docet manus meas in proelium.* Spiritale et carnale bellum intellegi potest, in quo proeliante pro nobis Deo vincuntur inimici.

2d *Qui subicis populum meum sub me.* Potest hoc et David dicere, qui regnavit populis in Iudaea: melius autem ex apostolorum persona accipi potest, quibus Dei subiectus fuit populus.

CXLIIII.

Et iste psalmus apud Hebraeos secundum ordinem litterarum est: et eodem scribitur metro, quo centesimus octavus decimus scriptus est. Sed inter illum et hunc hoc interest, quod ille sub singulis litteris octonos versus habet, hic singulos. Notandum quoque et illud, quod NUN littera in hoc psalmo a Septuaginta addita est, et in hebraeis voluminibus non habetur. Et continet versum hunc: ‚Fidelis Dominus in omnibus sermonibus suis, et sanctus in universis operibus suis'.

9 *Suavis est Dominus omnibus: et misericordiae eius super omnia opera eius.* Adversum Novatianos hoc psalmo uti possumus: quod nullus sit extraneus a salute. Si autem misencordiae Domini supra omnia opera eius, recte et iu-

---

[245] Im Hebräischen steht oft der Singular, wo wir den Plural erwarten würden. DELITZSCH, *Psalmen* 850, zur Stelle: „der einfließende Sing. bezieht das von Vielen Gesagte auf jeden Einzelnen insonderheit".

[246] Zu den alphabetischen Psalmen siehe Einleitung, oben 36f.

[247] Zu NOVATIAN und Novatianismus siehe Einleitung, oben 61.

Stelle so übersetzt: ‚Wie der Bauer, wenn er die Erde aufreißt (*sc.* beim Pflügen), so sind unsere Gebeine verstreut am Eingang der Unterwelt'.

10a *Die Sünder werden in sein Netz fallen.* Besser lesen wir, wenn wir statt ‚sein' ‚ihr' sagen,[245] so dass der Sinn ist: Es werden in ihr eigenes Netz fallen die Sünder, so dass sie selbst die Heimtücken erfahren, die sie den Unschuldigen bereitet haben.

CXLIII.

1bc *Gepriesen sei der Herr, mein Gott, der meine Hände unterweist zum Kampf.* Dieser Vers kann als geistlicher oder fleischlicher Krieg verstanden werden, in dem die Feinde besiegt werden, weil Gott für uns kämpft.

2d *Der mein Volk mir unterwirft.* Dies kann auch David sagen, der in Judäa König war über Völker. Besser aber kann es von der Person der Apostel aufgefasst werden, denen Gottes Volk unterworfen war.

CXLIIII.

Auch dieser Psalm ist bei den Hebräern entsprechend der Reihenfolge der Buchstaben geformt. Und er ist in demselben Versmaß geschrieben, in dem der hundertachtzehnte geschrieben ist. Aber zwischen jenem und diesem besteht der Unterschied, dass jener unter den einzelnen Buchstaben jeweils acht Verse hat, dieser jeweils einen.[246] Es ist auch dies zu beachten, dass der Buchstabe NUN von den Siebzig in diesem Psalm hinzugefügt worden ist und in den hebräischen Buchrollen nicht steht. Und er enthält (*sc.* in der LXX-Fassung) diesen Vers: ‚Zuverlässig ist der Herr in all seinen Worten und heilig in all seinen Werken'.

9 *Gütig ist der Herr zu allen und seine Barmherzigkeiten sind über all seinen Werken.* Diesen Psalm können wir gegen die Novatianer[247] gebrauchen: dass niemand ausgeschlossen ist vom Heil. Wenn aber die Barmherzigkeiten des Herrn über all seinen Werken sind, wird er mit Recht

stus laudatur, | quod misereatur animabus iumentorum suorum. 245

14 *Suffulcit Dominus omnes corruentes, et erigit universos qui adlisi sunt.* Et ante quam cadant praestat auxilium, ne proni ferantur in mortem: et cum elisi fuerint, erigit. Et erigit, non aliquos, sed omnes: et adulter, et fornicator, et homicida, si agant paenitentiam, possunt consequi sanitatem. Et conteruntur haereses, quae maiorum criminum veniam repudiant.

CXLV.

2d.3 *Nolite confidere in principibus: super filios hominum, quibus non est salus,* et reliqua. ‚Nolite in principibus confidere': quia cum sint homines atque mortales, puncto horae pereunt, et omnis spes quam in eis habebamus, cum ipsis repente praeciditur.

7b *Qui facit iudicium iniusta patientibus.* Si quando iniquum iudicem patimur, relegamus hunc versum, et confidamus iustum habere nos iudicem.

9c *Et viam peccatorum disperdet.* Et hinc notandum, quia non peccatores, sed peccatorum viam disperdet.

CXLVI.

1bc *Laudate Dominum, quia bonus psalmus.* Pro eo quod est ‚laudate Dominum', in hebraeo habet ‚Alleluia'. Pro quo quinta editio posuit ‚laudate Ia', id est Dominum. Ia unum est de decem nominibus Dei.

---

[248] Vgl. Spr 12, 10: „Der Gerechte kennt das Leben seines Viehes"; lateinisch: *novit iustus animas iumentorum suorum.*

auch als der Gerechte gepriesen, weil er sich des Lebens seines Viehes erbarmt.[248]

14 *Der Herr stützt alle, die stürzen, und richtet alle auf, die niedergeschlagen sind.* Schon bevor sie fallen, verschafft er Hilfe, damit sie nicht wankend zu Tode gebracht werden; und wenn sie zerschlagen sind, richtet er sie auf. Und er richtet nicht nur manche auf, sondern alle: Sowohl der Ehebrecher als auch der Unzüchtige und der Mörder können, wenn sie Buße tun, Heilung erlangen. Und die Irrlehren werden ausgetilgt, welche die Vergebung größerer Vergehen verwerfen.

CXLV.

2d.3 *Vertraut nicht auf Fürsten, auf Menschenkinder, bei denen es keine Rettung gibt,* und so weiter. ‚Vertraut nicht auf Fürsten', weil sie, da sie nur Menschen sind und sterblich, in einem Augenblick vergehen und alle Hoffnung, die wir auf sie gesetzt hatten, mit ihnen plötzlich zerschlagen wird.

7b *Der Recht schafft denen, die Unrecht leiden.* Wenn wir einmal einen ungerechten Richter hinnehmen müssen, lasst uns diesen Vers wieder lesen und darauf vertrauen, dass wir einen (*sc.* anderen) gerechten Richter haben.

9c *Und den Weg der Sünder wird er zugrunde richten.* Auch hier ist zu beachten, dass er nicht die Sünder, sondern den Weg der Sünder zugrunde richten wird.

CXLVI.

1bc *Lobet den Herrn, denn gut ist ein Psalm.* Für die Worte ‚lobet den Herrn' steht im Hebräischen ‚Halleluja'. Dafür hat die Fünfte Edition ‚Lobet Jah', das heißt: den Herrn. ‚Jah' ist einer von den zehn Namen Gottes.[249]

---

[249] Die zehn Namen Gottes hat Hieronymus in einem Brief an MARCELLA (*epist.* 26 [CSEL54,220–223]) erklärt; vgl. Einleitung, oben 12.

3b *Qui conligat contritiones eorum.* Iste est de evangelio Samarites, qui seminecis ligavit vulnera, et oleum misericordiae infudit, et revexit ad ecclesiam, curandumque episcopis tradidit.

Expliciunt excerpta de Psalterio.

3b *Der ihre Wunden verbindet.* Dies ist der Samariter aus dem Evangelium (vgl. Lk 10,33f), der die Wunden des Halbtoten verbunden und Öl der Barmherzigkeit daraufgegossen und ihn zur Kirche zurückgeführt und den Bischöfen zur Pflege übergeben hat.[250]

Ende der Anmerkungen zum Psalter

[250] Hier wird der Samariter als Typos für Christus verstanden.

ABKÜRZUNGEN

Werkabkürzungen

Ambrosius von Mailand
spir. de spiritu sancto

Athanasius von Alexandrien
exp. Ps. expositiones in Psalmos

Augustinus
epist. epistulae

Basilius von Caesarea
hom. in Ps. homiliae in Psalmos

Cicero
Verr. in C. Verrem orationes sex

Cyprian
epist. epistulae

Cyrill von Alexandrien
Ps. explanatio in Psalmos

Eusebius von Caesarea
Ps. commentarius in Psalmos

Hieronymus
adv. Iovin. adversus Iovinianum
adv. Pelag. dialogus adversus Pelagianos
adv. Rufin. adversus Rufinum
c. Ioh. contra Iohannem Hierosolymitanum episcopum
chron. chronicon omnimodae historiae
epist. epistulae
in Am. commentarii in Amos prophetam
in Dan. commentarii in Danielem prophetam
in eccles. commentarii in Ecclesiasten

in Eph.	commentarii in epistulam Pauli ad Ephesios
in Ezech.	commentarii in Hiezechielem prophetam
in Gal.	commentarii in epistulam ad Galatas
in Ier.	commentarii in Ieremiam prophetam imperfecti
in Ion.	commentarii in Ionam prophetam
in Is.	commentarii in Isaiam prophetam
in Matth.	commentarii in Mattheum
in psalm.	commentarioli in Psalmos
in Zach.	commenatrii in Zachariam prophetam
hom. Orig. in Ez.	homiliae XIV Origenis in Ezechielem
hom. Orig. in Is.	homiliae IX Origenis in Isaiam
nom. hebr.	hebraica nomina
praef. Vulg.	praefationes ad singulas Vulgatae partes conscriptae
psalt. sec. Hebr.	psalterium secundum Hebraeos
tract. in psalm. I	tractatus in Psalmos, series prior
tract. in psalm. II	tractatus in Psalmos, series altera
vir. ill.	de illustribus viris

JOHANNES CHRYSOSTOMUS

exp. in Ps.	expositiones in Psalmos quosdam

JOSEPHUS FLAVIUS

AJ	Antiquitates Judaicae

LAKTANZ

ira	de ira dei

NOVATIAN

Cypr. epist.	epistulae ad Cyprianum

ORIGENES

exc. in Ps.	excerpta in Psalmos
princ.	de principiis
sel. in Ps.	selecta in Psalmos

TERTULLIAN

anim.	de anima
spect.	de spectaculis

THEODORET VON CYRRHUS

Ps.	commentarii in Psalmos

Allgemeine Abkürzungen

Aufl.	Auflage
Bd(e).	Band (Bände)
bearb.	bearbeitet
bzw.	beziehungsweise
ders.	derselbe
ebd.	ebenda
eingel.	eingeleitet
Frg.	Fragment
hrsg.	herausgegeben
LXX	Septuaginta
N.F.	Neue Folge
o.O.	ohne Ort
o.S.	ohne Seiten
praef.	praefatio
prol.	prologus
sc.	scilicet
u.a.	und andere
übers.	übersetzt
V.	Vers
Vg.	Vulgata
vgl.	vergleiche

Bibliographische Abkürzungen

AMar	Anecdota Maredsolana seu monumenta ecclesiasticae antiquitatis, 1. Reihe: 1, 1893 – 4, 1932; 2. Reihe: 1, 1913 Maredsous/Oxford
AnGr	Analecta Gregoriana, Rom
BAug	Bibliothèque augustienne, Paris
BC	Biblischer Commentar über das Alte Testament (hrsg. von K.F. Keil / F. Delitzsch), Leipzig 1861ff
BHS	Biblia Hebraica Stuttgartensia (hrsg. von K. Ellinger / W. Rudolf), Stuttgart 1, 1969 – 15, 1975 (7, 1968) ^{2}1984
Bib.	Biblica. Commentarii periodici ad rem biblicam scientifice investigandam, Rom
BiTeu	Bibliotheca Teubneriana, Leipzig
BKV	Bibliothek der Kirchenväter, Kempten u.a. 1, 1869 – 80, 1888; ^{2}1, 1911 – 62/63, 1931; 2. Reihe: 1, 1932 – 20, 1938

BPat	Biblioteca patristica, Florenz
BSt(F)	Biblische Studien, Freiburg
CAnt	Christianisme antique, Paris
CBLa	Collectanea biblica latina, Rom
CCL	Corpus Christianorum, Turnhout. Series Latina
CPG	Clavis patrum Graecorum, Turnhout
CPL	Clavis patrum Latinorum, Steenbrugge
CRAI	Comptes rendus des séances de l'Académie des Inscriptions et Belles Lettres, Paris
CSEL	Corpus scriptorum ecclesiasticorum Latinorum, Wien
CUFr	Collection des universités de France, Paris
EHS.T	Europäische Hochschulschriften. Reihe 23: Theologie, Frankfurt a.M. u.a.
EJ	Encyclopaedia Judaica, Jerusalem
Exp.	Expositor, London
FaCh	Fathers of the Church, Washington, D.C.
FC	Fontes Christiani, 1. und 2. Reihe: Freiburg u.a. 1991–2003; 3. Reihe: Turnhout 2002ff
FlorPatr	Florilegium patristicum, Bonn u.a.
GCS	Die griechischen christlichen Schriftsteller der ersten drei Jahrhunderte, Berlin
HALAT	Hebräisches und aramäisches Lexikon zum AT (hrsg. von L. KÖHLER / W. BAUMGARTNER), Leiden ³1967ff
Hist.	Historia. Zeitschrift für alte Geschichte, Wiesbaden u.a.
HThK.AT	Herders Theologischer Kommentar zum Alten Testament, Freiburg u.a.
JBL	Journal of biblical literature, Philadelphia, Pa.
JSHRZ	Jüdische Schriften aus hellenistisch-römischer Zeit (hrsg. von W.G. KÜMMEL), Gütersloh
JSSt	Journal of Semitic studies, Manchester
Kairos	Kairos. Zeitschrift für Religionswissenschaft und Theologie, Salzburg
LACL	Lexikon der antiken christlichen Literatur (hrsg. von S. DÖPP / W. GEERLINGS), Freiburg u.a. ³2002
LCL	Loeb classical library, London u.a.
LCP	Latinitas Christianorum primaeva, Nimwegen/Utrecht
LThK	Lexikon für Theologie und Kirche, Freiburg u.a. ³1993ff
MMAS	Münstersche Mittelalterschriften, München
NBAC	Nuovo bullettino di archeologia cristiana, Rom
NEB	Neue Echter Bibel, Würzburg
PG	Patrologiae cursus completus (hrsg. von J.-P. MIGNE), Paris. Series Graeca

PL	Patrologiae cursus completus (hrsg. von J.-P. MIGNE), Paris. Series Latina
PLS	Patrologiae Latinae supplementum, Paris 1,1958 – 5,1970
PP	Philosophia patrum. Interpretations of patristic texts, Leiden
PTS	Patristische Texte und Studien, Berlin
QD	Quaestiones disputatae, Freiburg u.a. 1958ff
RAC	Reallexikon für Antike und Christentum (hrsg. von T. KLAUSER), Stuttgart 1950ff
RBen	Revue bénédictine de critique, d'histoire et de littérature religieuses, Maredsous
REAug	Revue des études augustiniennes, Paris
SAEMO	Sancti Ambrosii Episcopi Mediolanensis Opera, Mailand/Rom
SBA	Schweizerische Beiträge zur Altertumswissenschaft, Basel
SBEC	Studies in the Bible and early Christianity, Lewiston, N.Y.
SCBO	Scriptorum classicorum bibliotheca Oxoniensis, Oxford
SCh	Sources chrétiennes, Paris
SKV	Schriften der Kirchenväter, München
STA	Studia et testimonia antiqua, München
STAC	Studien und Texte zu Antike und Christentum, Tübingen
StT	Studi e testi, Biblioteca Apostolica Vaticana, Rom
THAT	Theologisches Handwörterbuch zum Alten Testament (hrsg. von E. JENNI / C. WESTERMANN), München u.a. 1–2,1971–1976; 41,1984; 32,1984
ThWAT	Theologisches Wörterbuch zum Alten Testament (hrsg. von G.J. BOTTERWECK/ H. RINGGREN), Stuttgart u.a.1973ff
ThWNT	Theologisches Wörterbuch zum Neuen Testament (hrsg. von G. KITTEL), Stuttgart u.a.1973ff
TRE	Theologische Realenzyklopädie (hrsg. von G. KRAUS / G. MÜLLER), Berlin 1976ff
TThSt	Trierer theologische Studien, Trier
TU	Texte und Untersuchungen zur Geschichte der altchristlichen Literatur, Berlin u.a.
TzF	Texte zur Forschung, Darmstadt
VigChr	Vigiliae Christianae. Review of early Christian life and language, Amsterdam

ZHTh	Zeitschrift für die historische Theologie, Leipzig
ZNW	Zeitschrift für die neutestamentliche Wissenschaft und die Kunde der älteren Kirche, Berlin u.a.

BIBLIOGRAPHIE

Quellen

AMBROSIUS VON MAILAND

De spiritu sancto:

— De Spiritu Sancto libri tres: *Opera 9* (hrsg. von O. FALLER = CSEL 79), Wien 1964, 1–222.
— Lo Spirito Santo: *SAEMO 16* (hrsg. und übers. von C. MORESCHINI), Mailand/Rom 1979, 48–355.

ARISTEAS-BRIEF

— Aristeasbrief: *Unterweisung in erzählender Form* (eingel. und übers. von N. MEISNER = JSHRZ 2/1), Göttingen 1973, 45–85.
— Brief des Aristeas: *Altjüdisches Schrifttum außerhalb der Bibel* (übers. und erläutert von P. RIESSLER), 2. Aufl. Darmstadt 1966 (Heidelberg 1928), 193–233.
— Der Aristeasbrief: *Die Apokryphen und Pseudepigraphen des Alten Testaments 2* (eingel. und übers. von P. WENDLAND, hrsg. von E. KAUTZSCH), Darmstadt 1962 (Tübingen 1900), 4–31.
— *Lettre a Philocrate* (hrsg. und übers. von A. PELLETIER = SCh 89), Paris 1962.

ATHANASIUS VON ALEXANDRIEN

Expositiones in Psalmos:

— Expositiones in psalmos: *Opera omnia quae exstant 3* (PG 27), 59–546.

AUGUSTINUS

Briefwechsel:

Separatausgaben des Briefwechsels mit Hieronymus:

— *Epistulae mutuae* (hrsg. von J. SCHMID = FlorPatr 22), Bonn 1930.
— *Epistulae mutuae / Briefwechsel*, 2 Bde. (hrsg. und übers. von A. Fürst = FC 41/1–2), Turnhout 2002.
— *The Correspondence (394–419) between Jerome and Augustine of Hippo* (hrsg. von C. WHITE = SBEC 23), Lewiston, N.Y. 1990.

Epistulae:

— *Ausgewählte Briefe*, 2 Bde. (übers. von A. HOFFMANN = BKV^2 1. Reihe 29.30, Des heiligen Kirchenvaters Aurelius Augustinus ausgewählte Schriften 9.10), Kempten/München 1917.

– *Epistolae ex duobus codicibus nuper in lucem prolatae* (hrsg. von J. DIVJAK = CSEL 88, Sancti Aureli Augustini opera 2/4), Wien 1981.
– *Epistulae,* 5 Bde. (hrsg. von A. GOLDBACHER = CSEL 34/1–2.44. 57.58, S. Aureli Augustini Opera 2/1–5), Wien u.a. 1895.1889.1904. 1961 (1911.1923).
– *Le Lettere,* 3 Bde. (hrsg. und übers. von M. PELLEGRINO / T. ALIMONTI / L. CARROZZI = NBAC 21.22.23), Rom 1969.1971.1974.
– Letters: *A Select Library of the Nicene and Post-Nicene Fathers of the Christian Church 1* (übers. von J.G. CUNNINGHAM), Grand Rapids, Mich. 1988 (New York 1886), 209–619.
– *Letters,* 5 Bde. (hrsg. und übers. von W. PARSONS = FaCh 12.18.20. 30.32), Washington 2. Aufl. 1964 (1951).1966 (1953).1965 (1953). 1955.1956.
– *Letters 6* (hrsg. und übers. von R.B. ENO = FaCh 81), Washington 1989.
– *Lettres 1*–29** (hrsg. von J. DIVJAK, übers. von M.-L. AMADEI u.a. = BAug 46B), Paris 1987.
– *Select Letters* (hrsg. von J.H. BAXTER = LCL 239), Cambridge, Mass. / London 1980 (1930).

BABYLONISCHER TALMUD
– *Der Babylonische Talmud mit Einschluss der vollständigen Mišnah, herausgegeben nach der ersten, zensurfreien Bombergschen Ausgabe (Venedig 1520–1523), nebst Varianten der späteren,* von S. LORJA / J. BERLIN / J. SIRKES u.a. revidirten Ausgaben und der Münchener Talmudhandschrift, erläutert von L. GOLDSCHMIDT, 9 Bde., Haag 1933.1935.

BASILIUS VON CAESAREA
Homiliae in Psalmos:
– Homiliae in psalmos: *Opera omnia quae exstant 1* (PG 29), 209–494.

CICERO
In C. Verrem orationes sex:
– *In C. Verrem actio prima et secunda* (hrsg. von W. PETERSON = SCBO, M. Tulli Ciceronis orationes 3), Oxford 2. Aufl. 1917.
– *Die Reden gegen Verres / In Verrem,* 2 Bde. (hrsg. und übers. von M. FUHRMANN), Zürich/Düsseldorf 1995.

CYPRIAN
Epistulae:
– *Epistularium,* 3 Bde. (hrsg. von G.F. DIERCKS = CCL 3B–D, Sancti Cypriani episcopi opera 3/1–3), Turnhout 1994.1996.1999.

CYRILL VON ALEXANDRIEN
Explanatio in Psalmos:
– Explanatio in psalmos: *Opera quae reperiri potuerunt omnia* (PG 69),717–1272.

EUSEBIUS VON CAESAREA
Commentarius in Psalmos:
– *Commentaria in psalmos I–CXVIII* (PG 23).
– Commentariorum in psalmos CXIX–CL: *Opera omnia quae exstant 5* (PG 24),9–76.
– Eusèbe de Césarée († 339): *Les anciens commentateurs grecs des Psaumes* (hrsg. von R. DEVREESSE = StT 264), Rom 1970,89–146.
– In psalmum XXXVII: *Basilii opera omnia quae exstant* (PG 30),81–104.

HIERONYMUS
Adversus Iovinianum:
– Adversus Iovinianum libri duo: *Opera omnia* (PL 23),211–338.
– Gegen Jovinianus: *Ausgewählte Schriften 2* (übers. von P. LEIPELT = BKV 57), Kempten 1874,249–471.
Adversus Rufinum:
– Ad Pammachium et Marcellam pro se contra accusatorem defensio (Apologia contra Rufinum): *Opera 3/1* (hrsg. von P. LARDET = CCL 79), Turnhout 1982,1–72.
– *Apologie contre Rufin* (hrsg. von P. LARDET = SCh 303), Paris 1983.
Chronicon omnimodae historiae:
– *A translation of Jerome's Chronicon with historical commentary* (hrsg. von M.D. DONALSON), Lewiston u.a. 1996.
– *Chronicon* (hrsg. von R. HELM = GCS 47), Berlin 3. Aufl. 1984.
Commentarii in Amos prophetam:
– Commentariorum in Amos prophetam libri tres: *Opera 1/6* (hrsg. von M. ADRIAEN = CCL 76), Turnhout 1969,211–348.
Commentarii in Danielem prophetam:
– *Commentariorum in Danielem libri tres (quattuor)* (hrsg. von F. GLORIE = CCL 75 A, S. Hieronymi presbyteri opera 1/5), Turnhout 1964.
Commentarii in Ecclesiasten:
– Commentarius in Ecclesiasten: *Opera 1/1* (hrsg. von M. ADRIAEN = CCL 72), Turnhout 1959,247–361.
Commentarii in epistulam Pauli ad Ephesios:
– Commentariorum in epistolam ad Ephesios libri tres: *Opera omnia* (PL 26), 439–554.
Commentarii in epistulam ad Galatas:
– Commentariorum in epistolam ad Galatas libri tres: *Opera omnia* (PL 26),307–438.

Commentarii in Hiezechielem prophetam:
– *Commentariorum in Hiezechielem libri XIV* (hrsg. von F. GLORIE = CCL 75, S. Hieronymi presbyteri opera 1/4), Turnhout 1964.

Commentarii in Ieremiam prophetam imperfecti:
– *In Hieremiam libri VI* (hrsg. von S. REITER = CCL 74, S. Hieronymi presbyteri opera 1/3), Turnhout 1960.
– *In Hieremiam prophetam libri sex* (hrsg. von S. REITER = CSEL 59, S. Eusebii Hieronymi opera 2/1), New York / London 1961 (Wien 1913).

Commentarii in Ionam prophetam:
– Commentarii in Ionam prophetam: *Opera 1/6* (hrsg. von M. ADRIAEN = CCL 76), Turnhout 1969, 377–419.

Commentarii in Isaiam prophetam:
– *Commentaires sur le prophète Isaie,* 5 Bde. (hrsg. von R. GRYSON), Freiburg u.a. 1993.1994.1996.1998.1999.
– *Commentariorum in Esaiam libri I–XI* (hrsg. von M. ADRIAEN = CCL 73, S. Hieronymi presbyteri opera 1/2), Turnhout 1963.
– Commentariorum in Esaiam libri XII–XVIII: *Opera 1/2A* (hrsg. von M. ADRIAEN = CCL 73 A), Turnhout 1963, 463–799.

Commentarii in Matthaeum:
– *Commentariorum in Matheum libri IV* (hrsg. von D. HURST / M. ADRIAEN = CCL 77, S. Hieronymi presbyteri opera 1/7), Turnhout 1969.

Commentarii in Zachariam prophetam:
– Commentarii in Zachariam prophetam: *Opera 1/6* (hrsg. von M. ADRIAEN = CCL 76 A), Turnhout 1970, 747–900.

Commentarioli in Psalmos:
– Commentarioli in psalmos (PLS 2), 29–75.
– *Commentarioli in psalmos* (hrsg. von G. MORIN = AMar 3/1), Maredsous/Oxford 1895.
– Commentarioli in psalmos: *Opera 1/1* (hrsg. von G. MORIN = CCL 72), Turnhout 1959, 163–245.

Contra Iohannem Hierosolymitanum episcopum:
– *Contra Iohannem* (hrsg. von J.-L. FEIERTAG = CCL 79 A, Sancti Hieronymi presbyteri opera 3/2), Turnhout 1999.

De illustribus viris:
– *De viris illustribus* (hrsg. von E. C. RICHARDSON = TU 14/1 a), Leipzig 1896.
– *Gli uomini illustri / De viris illustribus* (hrsg. und übers. von A. CERESA-GASTALDO = BPat 12), Florenz 1988.

Dialogus adversus Pelagianos:
– Dialog gegen die Pelagianer: *Ausgewählte Schriften 1* (übers. von L. SCHADE = BKV^{2} 15), Kempten/München 1914, 335–497.
– Dialogus adversus Pelagianos (hrsg. von C. MORESCHINI = CCL 80, Sancti Hieronymi presbyteri opera 3/2), Turnhout 1990.

Epistulae:
– *Ausgewählte Briefe,* 2 Bde. (übers. von L. SCHADE = BKV² 16.18, Des heiligen Kirchenvaters Eusebius Hieronymus ausgewählte Schriften aus dem Lateinischen übersetzt 2.3), München 1936.1937.
– *Briefe über die christliche Lebensführung* (hrsg. und übers. von L. SCHADE / J.B. BAUER = SKV 2), München 1983.
– *Epistulae,* 3 Bde. (hrsg. von I. HILBERG = CSEL 54.55.56, S. Eusebii Hieronymi opera 1/1–3), Wien u.a. 1910.1961.1961 (Wien/Leipzig 1912.1918; 2. Aufl. 1996 mit *Indices et Addenda* von M. KAMPTNER = CSEL 56/2).
– *Le Lettere,* 4 Bde. (hrsg. und übers. von S. COLA), Rom 1962.1963. 1964.
– *Lettres,* 8 Bde. (hrsg. von J. LABOURT = CUFr), Paris 1949.1951. 1953–1955.1958.1961.1963.
– Nekrologe: *Ausgewählte historische, homiletische und dogmatische Schriften* (übers. von L. SCHADE = BKV² 15), München 1914, 95–194.
– *Select Letters* (übers. von F.A. WRIGHT = LCL 262), Cambridge, Mass. / London 1980 (1933).
– The Principal Works of St. Jerome : *A Select Library of the Nicene and Post-Nicene Fathers 2/6* (übers. von W.H. FREMANTLE / G. LEWIS / W.G. MARTLEY), Grand Rapids, Mich. 1983 (1892).
Hebraica nomina:
– Liber interpretationis hebraicorum nominum: *Opera 1/1* (hrsg. von P. DE LAGARDE = CCL 72), Turnhout 1959, 57–161.
Homiliae XIV Origenis in Ezechielem:
– Die 14 Ezechielhomilien: *Origenes Werke 8* (hrsg. von W.A. BAEHRENS = GCS 33), Leipzig 1925, 319–454.
Homiliae IX Origenis in Isaiam:
– Translatio homiliarum novem in visiones Isaiae Origenis adamantii: *Opera omnia 4* (PL 24), 901–936.
Homiliae Origenis in Isaiam VIII:
– Die acht Jesajahomilien: *Origenes Werke 8* (hrsg. von W.A. BAEHRENS = GCS 33), Leipzig 1925, 242–289.
Praefationes ad singulas Vulgatae partes conscriptae: siehe Scriptura sacra, Vulgata.
Tractatus in psalmos:
– Tractatus in librum psalmorum: *Opera 2* (hrsg. von G. MORIN = CCL 78), Turnhout 1958, 1–352.

PS.-HIERONYMUS
Breviarium in psalmos:
– Breviarium in psalmos: *Opera omnia* (PL 26), 863–1382.

JOHANNES CHRYSOSTOMUS
Expositiones in Psalmos quosdam:
– Expositio in psalmos: *Opera omnia quae exstant 5* (PG 55), 35–528.

JOSEPHUS FLAVIUS
Antiquitates Judaicae:
– *Antiquitatum Iudaicorum libri XX*, 4 Bde. (hrsg. von B. NIESE = Flavii Iosephi opera 1–4), Berlin 1955.
– *Jüdische Altertümer*, 2 Bde. (übers. von H. CLEMENTZ), Köln 1959 (1899).

LAKTANZ
De ira dei:
– De ira dei liber: *Opera omnia 2/1* (hrsg. von S. BRANDT = CSEL 27), Prag/Wien/Leipzig 1965 (1893), 67–132.
– *La colère de dieu* (hrsg. und übers. von C. INGREMEAU = SCh 289), Paris 1982, 90–213.

NOVATIAN
Epistulae ad Cyprianum:
– Epistulae 30.31.36: *Sancti Cypriani episcopi opera 3/1* (hrsg. von G.F. DIERCKS = CCL 3B), Turnhout 1994, 139–161.173–176.

ORIGENES
De principiis:
– *De principiis* (hrsg. von P. KOETSCHAU = GCS 22, Origenes 5), Leipzig 1913.
– *Vier Bücher von den Prinzipien* (hrsg. und übers. von H. GÖRGEMANNS / H. KARPP = TzF 24), Darmstadt 3. Aufl. 1992.
Excerpta in Psalmos:
– Excerpta in psalmos: *Opera omnia* (PG 17), 105–149.
Hexapla:
– *Hexaplorum quae supersunt sive veterum interpretum Graecorum in totum vetus Testamentum fragmenta*, 2 Bde. (hrsg. von F. FIELD), Hildesheim 1964 (Oxford 1875).
Selecta in Psalmos:
– Ex Origenis commentariis in Psalmos: *Opera omnia* (PG 12), 1053–1685.
– *Homélies sur les psaumes 36 à 38* (hrsg. von E. PRINZIVALLI / H. CROUZEL / L. BRÉSARD = SCh 411), Paris 1995.
– In psalmos: *Analecta Sacra Spicilegio Solesmensi parata 2* (hrsg. von J.B. PITRA), Westmead/Farnborough 1966, 395–483.
– In psalmos / Psalmi: *Analecta Sacra Spicilegio Solesmensi parata 3* (hrsg. von J.B. PITRA), Westmead/Farnborough 1966, 1–522.557–560.

– Origène († 253–254): *Les anciens commentateurs grecs des Psaumes* (hrsg. von R. DEVREESSE = StT 264), Rom 1970, 1–88.

SCRIPTURA SACRA
Septuaginta:
– *Septuaginta, id est Vetus Testamentum graece iuxta LXX interpretes* (hrsg. von A. RAHLFS = BiTeu), Stuttgart 1979 (1935).
Vulgata:
– *Biblia Sacra iuxta Vulgatam versionem* (hrsg. von R. WEBER / R. GRYSON, bearb. von B. FISCHER u.a.), Stuttgart 4. Aufl. 1994.

TERTULLIAN
De anima:
– De anima: *Opera 1* (hrsg. von A. REIFFERSCHEID / G. WISSOWA = CSEL 20), Prag/Wien/Leipzig 1890, 298–396.
– De anima: *Opera 2* (hrsg. von J.H. WASZINK = CCL 2), Turnhout 1954, 779–869.
– *Über die Seele* (eingel., übers. und erläutert von J.H. WASZINK), München 1980.
– Über die Seele: *Ausgewählte Schriften 2* (übers. von H. KELLNER = BKV 73), Kempten 1872, 16–153.
De spectaculis:
– De spectaculis: *Opera 1* (hrsg. von E. DEKKERS = CCL 1), Turnhout 1954, 173–183.
– *Les spectacles / De spectaculis* (hrsg. von M. TURCAN = SCh 332), Paris 1986.
– Über die Schauspiele: *Ausgewählte Schriften 1* (übers. von H. KELLNER = BKV[2] 7), Kempten/München 1912, 101–136.

THEODORET VON CYRRHUS
Commentarii in Psalmos:
– Interpretatio in Psalmos: *Opera omnia* (PG 80), 857–2002.

VATICANUM II
Declaratio de ecclesiae habitudine ad religiones non-christianas:
– Declaratio de ecclesiae habitudine ad religiones non-christianas / Erklärung über das Verhältnis der Kirche zu den nichtchristlichen Religionen: *Das zweite Vatikanische Konzil. Dokumente und Kommentare: Konstitutionen, Dekrete und Erklärungen, Lateinisch / Deutsch II:* LThK[2] 13, 403–495.

LITERATUR

ALTANER, B. / STUIBER, A., *Patrologie,* Freiburg u.a. 9. Aufl. 1980.
AMATO, A., Nestorius, Nestorianismus: LThK³ 7,745–749.
ANDRESEN, C., Zur Entstehung und Geschichte des trinitarischen Personbegriffs: ZNW 52 (1961) 1–39.
BARR, J., St Jerome and the Sounds of Hebrew: JSSt 12 (1967) 1–36.
BARTELINK, G.J.M., Fragilitas humana bei Hieronymus: *Roma renascens, Beiträge zur Spätantike und Rezeptionsgschichte,* FS für I. OPELT (hrsg. von M. WISSEMANN), Frankfurt a.M. u.a. 1988, 9–23.
—, Hieronymus über die Schwäche der conditio humana: Kairos 28 (1986) 23–32.
BAUER, W. / ALAND, K. / ALAND, B., *Griechisch-deutsches Wörterbuch zu den Schriften des Neuen Testaments und der frühchristlichen Literatur,* Berlin / New York 6. Aufl. 1988.
BIENERT, W.A., Alexandrinische Schule. I. Theologenschule: LThK³ 1,377–379
BLAISE, A., *Dictionnaire Latin-Français des Auteurs Chrétiens,* Turnhout 1954.
BÖHM, T., Arius: LACL 61f.
BROWN, D., *Vir Trilinguis. A Study in the Biblical Exegesis of Saint Jerome,* Kampen 1992.
BRUNS, P., Aristeasbrief: LACL 60.
BRUYNE, D. DE, La lettre de Jérôme à Sunnia et Fretela sur le Psautier: ZNW 28 (1929) 1–13.
—, Le Problème du Psautier Romain: RBen 62 (1930) 101–126.
BURSTEIN, E., La compétence de Jérôme en hébreu. Explication de certaines erreurs: REAug 21 (1975) 3–12.
CAVALLERA, F., *Saint Jérôme, sa vie et son oeuvre,* Löwen/Paris 1922.
CONRING, B., *Hieronymus als Briefschreiber. Ein Beitrag zur spätantiken Epistolographie* (STAC 8), Tübingen 2001.
CROUZEL, H. / BRÉSARD, L., siehe Quellen: Hieronymus.
DELITZSCH, F., *Biblischer Commentar über die Psalmen* (BC 4/1), Leipzig 4. Aufl. 1883.
DEVREESSE, R., *Les anciens commentateurs grecs des Psaumes* (StT 264), Rom 1970.
DOHMEN, C., Vom vielfachen Schriftsinn. Möglichkeiten und Grenzen neuerer Zugänge zu biblischen Texten: *Neue Formen der Schriftauslegung?* (hrsg. von T. STERNBERG = QD 140), Freiburg u.a. 1992, 13–74.
DOMAGALSKI, B., Hirsch: RAC 15,551–577.
DROBNER, H.R., *Person-Exegese und Christologie bei Augustinus. Zur Herkunft der Formel una persona* (PP 8), Leiden 1986.
DURST, M., Hieronymus: LThK³ 5,91–93.

ESTIN, C., *Les Psautiers de Jérôme a la lumière des traductions juives antérieures* (CBLa 15), Rom 1984.

FENGER, A.-L., Mysterium igitur in figura, peccatum in historia. Wie die Bibel in der Alten Kirche gelesen wurde: *Die Bibel: das bekannte Buch – das fremde Buch* (hrsg. von H. FRANKEMÖLLER), Paderborn u.a. 1994, 23–42.

FEUER, A.C., *Tehillim. A new translation with a commentary anthologized from talmudic, midrashic and Rabbinic sources,* Brooklyn, N.Y. 1991.

FRAINE, J. DE, Kreuzigung: *Bibel-Lexikon* (hrsg. von H. HAAG), Einsiedeln u.a. 2. Aufl. 1968, 992f.

FUHRER, T., Kommentar: LACL 437–439.

FÜRST, A., *Hieronymus, Askese und Wissenschaft in der Spätantike,* Freiburg 2003.

GEERLINGS, W., Die lateinisch-patristischen Kommentare: *Der Kommentar in Antike und Mittelalter. Beiträge zu seiner Erforschung 1* (hrsg. von W. GEERLINGS / C. SCHULZE), Leiden 2002, 1–14.

GESENIUS, W., *Hebräische Grammatik,* Leipzig 27. Aufl. 1902.

GRÜTZMACHER, G., *Hieronymus. Eine biographische Studie zur Alten Kirchengeschichte,* 3 Bde., Aalen 1986 (Leipzig/Berlin 1901.1906. 1908).

HAGEMANN, W., *Wort als Begegnung mit Christus. Die christozentrische Schriftauslegung des Kirchenvaters Hieronymus* (TThSt 23), Trier 1970.

HAINTHALER, T., Antiochenische Schule und Theologie: LThK³ 1, 766f.

HARNACK, A. VON, *Geschichte der altchristlichen Litteratur bis Eusebius 1/1: Die Überlieferung und der Bestand der altchristlichen Litteratur bis Eusebius,* Leipzig 2. Aufl. 1958.

HILBERATH, J.B., *Der Personbegriff der Trinitätstheologie in Rückfrage von Karl Rahner zu Tertullians „Adversus Praxean"*, Innsbruck/Wien 1986.

HOSSFELD, F.-L. / ZENGER, E., *Die Psalmen I. Psalm 1–50* (NEB 29), Würzburg 1993.

–, *Psalmen 51–100* (HThK.AT), Freiburg/Basel/Wien 2000.

JACQUET, L., *Les Psaumes et le cœur de l'Homme, Étude textuelle, littéraire et doctrinale* 3, o.O. 1979.

JAY, P., Jérôme à Bethléem: Les Tractatus in Psalmos: *Jérôme entre l'Occident et l'Orient, Actes du colloque de Chantilly, Septembre 1986* (hrsg. von Y.-M. DUVAL), Paris 1988, 367–380.

JEREMIAS, J., ῥακά: ThWNT 6, 973f.

KAMESAR, A., *Jerome, Greek Scholarship, and the Hebrew Bible,* Oxford 1993.

KELLER, A., *Translationes Patristicae Graecae et Latinae, Bibliographie der Übersetzungen altchristlicher Quellen 1,* Stuttgart 1997.

KELLERMANN, D., *kᵉlājôṯ:* ThWAT 4, 185–192.

KELLY, J.N.D., *Jerome, His Life, Writings and Controversies*, London 1975.

KRUMEICH, C., *Hieronymus und die christlichen feminae clarissimae* (Habelts Dissertationsdrucke, Reihe Alte Geschichte 36), Bonn 1993.

LAMPE, G.W.H., *A Patristic Greek Lexicon*, Oxford 1972 (1961).

LIDDELL, H.G. / SCOTT, R., *A Greek-English Lexicon*, Oxford 9. Aufl. 1961 (1940).

LIWAK, R., *r^{e}pā'îm:* ThWAT 7,625–636.

LUST, J. / EYNIKEL, E. / HAUSPIE, K., *A Greek-English Lexicon of the Septuagint*, 2 Bde., Stuttgart 1992.1996.

MARKS, J.H., *Der textkritische Wert des Psalterium Hieronymi iuxta Hebraeos*, Winterthur 1956.

MARTI, H., *Übersetzer der Augustin-Zeit* (STA 14), München 1974.

MEERSHOEK, G.Q.A., *Le Latin Biblique d'après Saint Jérôme, Aspects linguistiques de la rencontre entre la Bible et le monde classique* (LCP 20), Nimwegen/Utrecht 1966.

MEYER, H. / SUNTRUP, R., *Lexikon der mittelalterlichen Zahlenbedeutungen* (MMAS 56), München 1987.

MORIN, G., siehe Quellen: Hieronymus.

—, Un essai d'autocritique: RBen 12 (1895) 385–390.

—, *Études, textes, découvertes* (AMar 2/1), Maredsous/Paris 1913.

MÜHLENBERG, E., *Psalmenkommentare der Katenenüberlieferung*, 3 Bde. (PTS 15.16.19), Berlin 1975.1977.1978.

NAUTIN, P., *Origène, Sa vie et son œuvre* (CAnt 1), Paris 1977.

—, Hieronymus: TRE 15,304–315.

NEUSCHÄFER, B., Katene: LACL 424f.

—, *Origenes als Philologe* (SBA 18/1), Basel 1987.

PEASE, A.S., *Notes on St. Jerome's Tractates on the Psalms*: JBL 26 (1907) 107–131.

PERI, V., *Omelie origeniane sui Salmi, Contributo all'identifizatione del testo latino* (StT 289), Rom 1980.

PERRIN, M., Jérôme lecteur de Lactance: *Jérôme entre l'Occident et l'Orient, Actes du colloque de Chantilly, Septembre 1986* (hrsg. von Y.-M. DUVAL), Paris 1988, 99–114.

PUECH, H.-C., Audianer: RAC 1,910–915.

REBENICH, S., *Hieronymus und sein Kreis. Prosopographische und sozialgeschichtliche Untersuchungen* (Hist. [Einzelschriften] 72), Stuttgart 1992.

—, Jerome: The „Vir trilinguis" and the „Hebraica veritas": VigChr 47 (1993) 50–77.

REDEPENNING, R., Des Hieronymus wiederaufgefundenes Verzeichniß der Schriften des Origenes: ZHTh 21 (1851) 66–79.

ROTH, W., *'ll*: ThWAT 6,151–160.

SCHADE, L., *Die Inspirationslehre des hl. Hieronymus* (BSt[F] 15), Freiburg 1910.

SCHRECKENBERG, H., *Die christlichen Adversus-Judaeos-Texte und ihr literarisches und historisches Umfeld (1. - 11. Jh.)* (EHS.T 172), Frankfurt a.M. / Bern 1982.
SCHULTE, R., Generatianismus: LThK[3] 4,449f.
—, Kreatianismus: LThK[3] 7,433f.
—, Traduzianismus: LThK[3] 10,161f.
SCHULZ-FLÜGEL, E., Vulgata: LACL 726f.
SOLOMON, D., Ptolemy: EJ 13,1347–1349.
STEINMANN, J., *Hieronymus, Ausleger der Bibel. Weg und Werk eines Kirchenvaters,* Köln 1961.
SUTCLIFFE, E.F., St. Jerome's Pronuntiation of Hebrew: Bib. 29 (1948) 112–125.
SWETE, H.B., *St. Jerome on the Psalms*: Exp. 5/1 (1895) 424–434.
VISINTAINER, S., *La dottrina del peccato in san Girolamo* (AnGr. 117), Rom 1962.
VOGT, H.-J., Seminar I: Texte zum Hauptreferat: *Origeniana Quarta* (hrsg. von L. LIES), Innsbruck/Wien 1987, 100–111.
—, Warum wurde Origenes zum Häretiker erklärt?: *Origeniana Quarta* (hrsg. von L. LIES), Innsbruck/Wien 1987, 78–99.
—, Origenes: LACL 528–536.
—, Origenes, Origenismus: LThK[3] 7,1131–1135.
—, Novatian: LACL 522–524.
—, Novatian, Novatianismus: LThK[3] 7,938f.
WACHTEL, K., Katenen: LThK[3] 5,1326f.
WENDLAND, P., siehe Quellen: *Aristeas-Brief*
WILLIAMS, R.D., Arius, Arianismus: LThK[3] 1,981–989.
ZEILLER, J., La lettre de saint Jérôme aux Goths Sunnia et Fretela: CRAI (1935) 238–250.
ZOBEL, H.-J., *jāḏîḏ:* ThWAT 3,474–479.

REGISTER

Bibelstellen

Personen

BIBLISCHE NAMEN

ANTIKE UND MITTELALTER

MODERNE

Sachen

Lateinische Stichwörter

Griechische Stichwörter

Hebräische Stichwörter